»Richtig wandern«

Bretagne

Umschlaginnenseite: Übersichtskarte Bretagne

»Richtig wandern«

Bretagne

Karin Lucke

DuMont Buchverlag Köln

Umschlagvorderseite: Pointe du Château
Umschlagrückseite: Petros-Guirec
Frontispiz: Calvaire von St-Thégonnec

2. Auflage 1991

Satz und Druck: Rasch, Bramsche
Buchbinderische Verarbeitung: Bramscher Buchbinder Betriebe

Printed in Germany ISBN 3-7701-2092-2

Inhalt

Wanderungen in der Bretagne 40

Vorbemerkung

Die Bretagne ist das ganze Jahr über ein ideales Wandergebiet. Selbst im Winter bleibt sie meist von Eis und Schnee verschont; im Dezember blüht sogar der Ginster. Die Temperaturen sind, bedingt durch den Golfstrom, das ganze Jahr über ausgeglichen; an der Südküste wachsen Steineichen und Erdbeerbäume, und in den Gärten gedeihen Mimosen, Palmen und Araukarien.

Die abwechslungsreiche Landschaft wird zu einem großen Teil durch eindrucksvolle Küstenbereiche geprägt, wo sich Land und Meer in unzähligen Formen begegnen und durchdringen. Der faszinierende Golf von Morbihan mit seinem fast mediterranen Klima, die Côte Sauvage, deren unablässig an die Küste brechende Wellen die ganze Naturgewalt des Meeres erahnen lassen, oder die wildzerklüftete Nordküste mit Gezeitenunterschieden bis zu 14 m sind nur einige Beispiele. Doch auch viele Gebiete im Landesinnern gewinnen mit ihrer Ruhe und bescheidenen Ursprünglichkeit bald die Zuneigung des Wanderers.

Auf meinen zwölf Reisen bin ich kreuz und quer durch die Bretagne gekommen und habe die schönsten Gegenden auch zu Fuß durchwandert. Es gibt für mich keine angenehmere und bessere Art, Land und Leute kennenzulernen. Wer sich die Zeit nimmt und gelegentlich auf die Bequemlichkeit des Autos verzichtet, wird es nicht bereuen. Die reizvolle Landschaft erschließt sich dem Wanderer auf sehr eindrucksvolle und vielfältige Weise. Die Auswahl der Wanderwege entspricht meiner persönlichen Vorliebe für bestimmte Orte und Gebiete. Die Kriterien dafür waren – neben der landschaftlichen Schönheit – auch der Besuch historischer und kultureller Stätten. Besondere Formen der Landnutzung wie die traditionelle Salzgewinnung bei Guérande, der Erdbeeranbau bei Plougastel und die Austernzucht bei Cancale waren ebenfalls Anlaß für manche Wanderrouten.

Es war nicht ganz einfach, gut begehbare Wanderwege zu finden, da viele Wege in Privatbesitz sind oder plötzlich in undurchdringlichem Gebüsch enden. Dies kann dem Wanderer besonders in den traditionellen Abwanderungsgebieten des Landesinnern, aber auch auf der Crozon-Halbinsel passieren. Ehemalige Wirtschaftswege der Bauern werden nach der Aufgabe der Landwirtschaft weder genutzt noch gepflegt. Sie sind meist nach zwei bis drei Jahren überwuchert. Aus diesem Grund wählte ich häufig markierte Wanderwege, in der Hoffnung, daß diese auch weiterhin von den Gemeinden instand gehalten werden. Oft sind es Rundwege, manchmal auch Abschnitte großer Fernwanderwege, deren Rückweg, ohne Markierung, auf Wegen oder kleinen, wenig befahrenen Straßen verläuft. Busverbindungen zwischen den Dörfern gibt es sehr selten, da die öffentlichen Verkehrsmittel meist nur noch zwischen den Städten fahren.

Die Kapitel im Wanderteil informieren in der Rubrik ›Wichtige Hinweise‹ zunächst über Wissenswertes wie Dauer, Wegbeschaffenheit, Orientierung und Anfahrt. Daran anschließend folgt eine kurze Einführung zur Gegend und eine ausführliche Wegbeschreibung.

Die Autorin dankt ganz herzlich all jenen, die durch ihre Anregungen und Hinweise zum Gelingen dieses Wanderführers beigetragen haben.

Ein landeskundlicher Überblick

Naturlandschaft der Bretagne

Die Bretagne, im Nordwesten Frankreichs gelegen, ist die größte Halbinsel unseres Nachbarlandes. Die vier Départements Ille-et-Vilaine, Morbihan, Côtes-du-Nord und Finistère, die die Region Bretagne bilden, umfassen mit einer Fläche von rund 27208 km^2 fünf Prozent von ganz Frankreich. Die höchsten Erhebungen sind im Westen zu finden, ihre ›Gipfel‹ liegen im Höhenzug der Monts d'Arrée und messen gerade noch 384 Höhenmeter (Roc Trévezel und Signal de Toussaines). Ebenso wie die südliche Kette der Montagnes Noires sind die Monts d'Arrée Reste eines mächtigen paläozoischen Gebirges.

Entstehungsgeschichte des Armorikanischen Massivs

Die Bretagne bildet mit der normannischen Cotentin-Halbinsel und der südöstlich gelegenen Vendée das Armorikanische Massiv. Die Gesteine dieser alten Landmasse gehören zu den ältesten Europas. Drei Gebirgshebungen und die drei darauf folgenden Erosionsvorgänge haben die heutigen geomorphologischen Strukturen geprägt.

Vor über einer Milliarde Jahren kam es im Bereich der heutigen Bretagne, am Südrand einer großen Landmasse, zu der im Norden Teile Skandinaviens und Rußlands gehörten, zu einer Gebirgsbildung. Es folgten Zeiten mit verstärktem Vulkanismus, dann die Abtragung des Gebirges und schließlich mächtige Ablagerungen von Tonen und Sandsteinen.

Vor 650 Mio. Jahren wurde das Gebiet erneut von Hebungsprozessen erfaßt. Durch regionale Faltung (cadomische Phase) innerhalb der großen assyntischen Gebirgsbildung entstand das Armorikanische Massiv. Noch im gleichen geologischen Zeitalter wurden die Bergzüge durch Erosion wieder abgetragen. Durch Vulkanismus und Sedimentation kam es dann zu weiteren Gesteinsbildungen. Besonders bemerkenswert ist die Entstehung des Armorikanischen Sandsteins im Ordovizium, der an manchen Stellen bis zu 1000 m mächtig ist.

Im Devon und Karbon wurde das Land, im Rahmen der großen variskischen Gebirgsbildung (bretonische Phase), zum dritten Mal gehoben. In der Folgezeit, im Perm, wurde das Gebirge wieder abgetragen.

Im Tertiär, dem Zeitalter der Alpenauffaltung, kam es erneut zu Krustenbewegungen, in deren Verlauf das Armorikanische Massiv an den Störungsflächen zerbrach. Das trockenheiße Klima führte zu einer verstärkten Erosion. Im kühlen Klima des

Quartär waren mit den großen Eismassen immense Wassermengen gebunden. Die bretonische Halbinsel sank in dieser Zeit als Folge der tertiären Tektonik immer noch leicht ab. Als dann gegen Ende der Eiszeit durch das Abschmelzen der Inlandseismassen der Meeresspiegel anstieg, versanken weite Bereiche der Küstengebiete und die Flußmündungen im Meer. Die Mündungstrichter der Flüsse liegen heute nur bei Niedrigwasser frei, bei Flut dringt das Meer tief ins Landesinnere ein (Riasküste).

Etwa ein Drittel der heutigen Halbinsel besteht aus **magmatischen Gesteinen,** hauptsächlich Graniten, die im Verlauf der Gebirgsbildungen entstanden sind. Beispiele hierfür sind der Mont-Saint-Michel, die rosa Granitküste, die Ile de Batz und die Quiberon-Halbinsel.

Die Sedimentgesteine entstanden vor allem durch marine Ablagerungen, aber auch aus Erosionsmaterial von Gebirgen. Hier ist unter anderen der armorikanische Sandstein zu nennen, der auf der Crozon-Halbinsel, dem Ménez-Hom und am Cap Fréhel anzutreffen ist.

Tonablagerungen sind später unter hohem Druck und hohen Temperaturen zu Schiefer umgewandelt (**metamorphisiert**) worden. Beispiele für die weitverbreiteten Schiefervorkommen sind die Monts d'Arrée, der Wald von Paimpont und die Gegend um Le Faouët. Auch andere Gesteine haben sich stellenweise durch Metamorphose verändert. Aus Granit wurde Gneis (in der Grande-Brière und bei Pont-Aven) oder Granulit (Pointe du Raz), aus Sandstein der helle Quarzit, der häufig mit Kalkstein verwechselt wird (z. B. Monts d'Arrée, Ménez-Hom).

Die drei Gesteinsarten

Magmatische Gesteine bestehen aus erstarrtem Magma. Erfolgte die Erstarrung an der Erdoberfläche und ging sehr schnell vor sich, spricht man von Vulkaniten. Erstarrte das flüssige Magma unter der Erdoberfläche und damit langsam, nennt man die Gesteine Plutonite (z. B. Granit).

Sedimentgesteine entstanden durch Ablagerung von Verwitterungsprodukten (z. B. Sandsteine), gelösten Stoffen im Meer- oder Süßwasser (z. B. Kalkstein) oder von Muscheln und Schneckengehäusen am Meeresboden.

Metamorphe Gesteine entstanden durch Umwandlung eines Sediment- oder magmatischen Gesteins unter hohen Druck- und Temperaturbedingungen (z. B. Schiefer, Quarzit, Gneis, Marmor).

Amorikanischer Sandstein an der Pointe de Dinan

	Formation	vor Mio. Jahren	Geologische und morphologische Ereignisse
Känozoikum – Erdneuzeit	*Quartär*	heute	Während der Kaltzeiten war die Bretagne nicht mit Eis bedeckt. Der Ärmelkanal lag trocken, Sande wurden von hier in die Nordbretagne geweht und als fruchtbarer Löß abgelagert. Beim Auftauen der Inlandseismassen stieg der Meeresspiegel an, die Küsten und Flußmündungen versanken. Es entstanden der Golf von Morbihan und die Bucht von Brest. Die letzten Meeresspiegeleinbrüche fanden vom 4.–8. Jh. n. Chr. statt: Der Mont-Saint-Michel wurde eine Insel, Siedlungen wie bewirtschaftetes Ackerland versanken im Meer.
	Tertiär	2	Die alpidische Gebirgsbildung belebte mit ihren Ausläufern die Strukturen des Armorikanischen Massivs. Es kam zwar nicht zu bedeutenden Hebungen, unter den Beanspruchungen zerbrach jedoch das Land, die Brüche wurden bei trokkenheißem Klima zu den heutigen Talformen erodiert.
Mesozoikum = Erdmittelalter	*Kreide*	65	Durch die Vendée und das Poitou verband sich die Bretagne mit dem Zentralmassiv und wurde zur Halbinsel.
	Jura	140	Die Iberische Halbinsel driftete nach Süden, der Golf von Biskaya entstand, die Bretagne wurde eine große Insel.
	Trias	195	Die amerikanisch-kanadische Scholle löste sich vom Urkontinent der Nordhalbkugel, im Westen der Bretagne bildete sich eine Küste.
Paläozoikum = Erdaltertum	*Perm*	230	Das variskische Gebirge wurde wieder abgetragen.
	Karbon	280	Unter erhöhtem Druck und erhöhter Temperatur wurden Eruptivgesteine und Sedimente zu metamorphen Gesteinen umgewandelt.
	Devon	345	Meeresspiegeleinbruch: Tonablagerungen (später Schiefer), Ablagerungen von Sandsteinen, dann wieder Vulkanismus. Zwischen Mittel- und Oberdevon begann die variskische (herzynische) Gebirgsbildung in der Bretagne.
	Silur	395	Ausläufer der kaledonischen Gebirgsbildung der Nordhalbkugel führten zu Vulkanismus, außerdem wurden wieder Sandsteine abgelagert.
	Ordovizium	435	Starker Meeresspiegelanstieg: Der Armorikanische Sandstein wurde abgelagert. Auf der Crozon-Halbinsel ist er bis 1000 m, in den Monts d'Arrée bis 500 m mächtig. Der Stein ist sehr hart, und oft zu Quarzit umgewandelt.
	Kambrium	500	Am Ende des Kambriums war das Cadomische Gebirge abgetragen. Meereseinbrüche führten zu Tonablagerungen (später Schiefer); durch plutonische Aktivitäten entstanden Granite.
Präkambrium	*Brioverian*	570	Das Gebirge des Pentevrian wurde abgetragen. Anschließend begann die Geschichte des Armorikanischen Massivs: Durch Magmatismus entstanden Granite und Dolerite, durch zeitweilige Meeresbedeckung wurden Sandsteine und Tone abgelagert. Die Sedimente hatten eine Mächtigkeit von bis zu 15000 m und bildeten die Grundlage für eine neue Gebirgshebung: Die Faltungen des Cadomian (vor 680–540 Mio. Jahren), wobei Ost-West verlaufende Ketten entstanden.
	Pentevrian	900	Vor über einer Milliarde Jahren wurden Granite und metamorphe Schiefer zu einem Gebirge angehoben.
		2500–2600	

Küsten und Gezeiten

Halbinseln, Kaps, Steilküsten, enge und weite Buchten bieten ein ständig wechselndes Bild. Die Pointe du Raz (72 m hoch) und die Pointe du Van, die Crozon-Halbinsel mit dem Cap de la Chèvre und der Pointe de Penhir (70 m hoch) im Westen, im Norden das Cap Frèhel (57 m hoch) und die Pointe du Grouin (43 m hoch) und im Süden die Quiberon-Halbinsel mit der Côte Sauvage gehören in ihrer rauhen Schönheit zu den eindrucksvollsten Naturerscheinungen der Bretagne.

Die stark gegliederte Küstenzone mit ihren 1200 km Länge und den vorgelagerten Inseln nennen die Bretonen *Armor,* das ›Land am Meer‹. Eine Besonderheit der bretonischen Küste sind die versunkenen Flußmündungen, die die Einheimischen *Abers* nennen, landläufig sind sie unter dem Namen *Rias* bekannt. Diese schlauchförmigen, tief ins Land zurückgreifenden Meeresbuchten sind nach den Eiszeiten entstanden, als die bretonische Landmasse absank und der Meeresspiegel anstieg. Nur bei Niedrigwasser ist das wahre Ausmaß der Flüsse zu erkennen, deren schmale Wasserläufe in einem viel zu breiten Mündungstrichter ins Meer fließen.

Nicht nur die Flußtäler füllen sich bei Flut mit Meerwasser, ebenso die großen Buchten wie der Golf von Morbihan und die Rade de Brest sind bei Flut vom Meer umspült; aber auch die Küstenzone verändert bei Hochwasser ihr Gesicht. Besonders die bretonische Nordküste ist einem der stärksten Gezeitenströme der Welt ausgesetzt, was durch die Tiefenverhältnisse des Ärmelkanals und die Stauwirkung der Cotentin-Halbinsel und der Kanalinseln erklärt wird. Der höchste Tidenhub (Höhendifferenz zwischen Hoch- und Niedrigwasser) wird mit 14 m in der Bucht des Mont-Saint-Michel verzeichnet. Hier zieht sich das Meer bei Niedrigwasser bis zu 18 km weit zurück. Bei St Malo nutzt man den Mündungstrichter der Rance als Staubecken für ein Gezeitenkraftwerk.

Typisch für viele kleine bretonische Häfen ist der sich im Turnus verändernde Anblick der Schiffe, die bei Niedrigwasser im Schlick liegen, sechs Stunden später bei Hochflut aber wieder munter auf den Wellen tanzen.

Das Klima

Das gemäßigte ozeanische Klima zeichnet sich durch milde Winter, kühle Sommer und reichliche Niederschläge aus. Die fast ständig wehenden Westwinde bringen laufend feuchte Luftmassen vom Atlantik, die jedoch schnell wieder weitergeblasen werden. Den dauernden Wechsel zwischen strahlend blauem Himmel und kurzen, kräftigen Regengüssen kann man in der Bretagne sehr häufig erleben.

Durch den Golfstrom sind winterliche Frosteinbrüche äußerst selten. Ausnahmen waren die eisigen Winter 1985/86 und 1986/87, als in der Südbretagne die Mimosen und Palmen erfroren und im Norden die Artischockenbauern große Einbußen hinnehmen mußten.

◁ *Geologische Zeittafel*

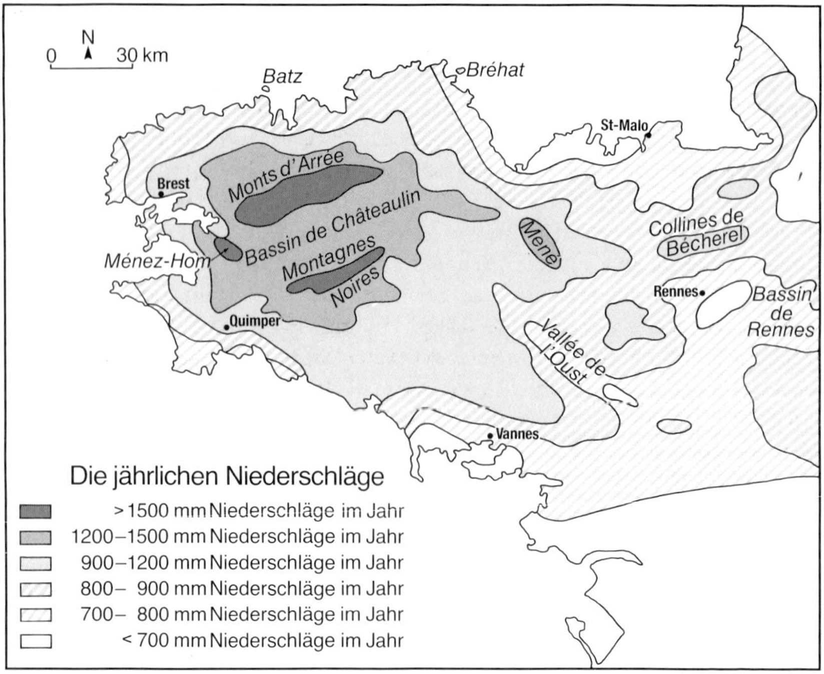

Die jährlichen Durchschnittstemperaturen liegen an der Küste mit 11–12 °C etwas höher als im Landesinneren mit 10–11 °C. Der kälteste Monat an der Küste ist der Februar, wobei das Thermometer selten unter 6 °C sinkt. Im Landesinneren sind im Januar 2–4 °C weniger selten. Im Sommer kehrt sich das Temperaturgefälle um. Im Osten werden im Juli als wärmstem Monat im Durchschnitt 18 °C gemessen, an den Küsten liegen die Durchschnittstemperaturen im August jedoch nur bei 16 °C.

Interessant ist der Gegensatz zwischen den trockeneren Küstenzonen und dem feuchten Landesinneren. In den Monts d'Arrée gibt es Gebiete, in denen jährlich 1500 mm Niederschläge fallen, in Brest mißt man dagegen nur 1129 mm, in Roscoff 760 mm und in Vannes 750 mm. Nach Osten hin nehmen auch im Landesinneren die Niederschläge ab, in Rennes fallen nur noch 669 mm im Jahr.

Die milden Temperaturen begünstigen daher das ganze Jahr über einen Wanderurlaub in der Bretagne. Gegen den Regen sollte man im Sommer und Winter entsprechende Schutzkleidung mitnehmen.

Vegetation von Armor und Argoat

Bedingt durch die unterschiedlichen Temperaturen und Niederschläge finden wir im Landesinneren nicht die gleiche Vegetation wie an den Küsten. *Argoat* bedeutet auf bretonisch ›Land des Waldes‹, was zwar nicht mehr dem heutigen Charakter des

Landesinneren entspricht, aber doch verrät, wie es früher dort ausgesehen haben muß. Die dichte Bewaldung ist längst verschwunden, sei es, um das Holz zum Haus- oder Schiffsbau zu nutzen, als Heizmaterial für den Hausgebrauch oder die Erzgewinnung zu verwenden, oder einfach nur, um neue Ackerflächen im Landesinneren zu schaffen. Heute gibt es in der Bretagne nur noch zwei größere geschlossene Waldgebiete, den Wald von Paimpont und den Wald von Huelgoat. Der Waldanteil von 6% liegt weit unter dem französischen Durchschnitt, 19% der Landesfläche sind noch bewaldet.

Wo abgeholzt wurde und keine Landwirtschaft betrieben wird, oder diese aufgegeben wurde, breitet sich überall im Lande die Vegetationsformation der *Landes* (›Heidelandschaft‹) aus. Besenginster, Stechginster, Farn, Brombeersträucher und Heidekraut wuchern bei feuchtmildem Klima zu einer undurchdringlichen Gebüschlandschaft. Im Landesinneren wachsen besonders in der Nähe von Moorgebieten hohe Feuchtheiden. Aufgrund des starken Windes, der den Boden schnell austrocknet, sind im Küstengebiet nur die flachwüchsigen Trockenheiden zu finden. Im Spätsommer, wenn das lila Heidekraut und der gelbe Stechginster in Blüte stehen, kann man sich an der mosaikartig gefärbten Landschaft der *Landes* kaum sattsehen.

Die natürliche Vegetation des Argoat konnte sich noch in den wenigen Wäldern bewahren, in denen Eichen und Buchen dominieren. Der Unterwuchs aus Eiben, Stechpalmen *(Ilex aquifolium)*, Farnen, Moosen und Flechten wuchert wegen der großen Feuchtigkeit bis zur Undurchdringlichkeit.

Im Gebiet des Armor wachsen auf Dünen und im Hinterland der Küsten Strandkiefern *(Pinus pinaster)*. In den letzten Jahren wurde verstärkt mit Monterey-Zypressen *(Cupressus macrocarpa)* aufgeforstet. Nur in der milden Südbretagne finden sich an der Küste die immergrüne Steineiche *(Quercus ilex)*, der Erdbeerbaum *(Arbutus unedo)* und die Cistrose, alles Pflanzen, die man ansonsten nur aus mediterranen Gegenden kennt.

Im gesamten bretonischen Küstenbereich trifft man die gemeine Grasnelke *(Armeria maritima)* an. Dieses Strandnelkengewächs blüht von Mai bis September in leuchtendem Rosa.

Die *Bocage*, die bretonische Heckenlandschaft, ist eine Vegetationsformation, die vom Menschen geschaffen wurde. Man kann sie mit den ›Knicks‹ in Schleswig-Holstein vergleichen. Seit dem 9./10. Jh. pflegten die Bauern mit diesen Baum- oder Gebüschhecken die landwirtschaftlichen Parzellen abzugrenzen. Die Hecken sind außerdem ein guter Windschutz, der die Abtragung der Erdkrume durch Wind und damit die Austrocknung der Felder verhindert. Die Bäume der Bocage wurden immer auch wirtschaftlich genutzt: Der Schiffsbau, die Möbelherstellung, aber auch die heimischen Öfen profitierten von diesem Holz. Heute hat die Flurbereinigung großflächig mit den Hecken ›aufgeräumt‹. Der modernen, hochtechnisierten Landwirtschaft sind sie nur im Wege. Trotzdem gibt es immer noch genügend Gebiete der traditionellen bretonischen Bocage, die das Land wie einen Patchworkteppich erscheinen lassen.

Der Mensch und die Bretagne

Bevölkerungsverteilung und Siedlungen

In der Bretagne leben heute 2,78 Mio. Menschen, das sind 5 % aller Franzosen. Da die Bretagne auch 5 % der französischen Fläche beansprucht, ist die durchschnittliche Bevölkerungsdichte mit 102 Einwohnern pro km^2 genauso hoch wie im übrigen Frankreich (in der Bundesrepublik Deutschland 245 EW/km^2).

Die Bevölkerungsverteilung ist jedoch sehr ungleich. Die Küstenzone ist besonders im Bereich der großen Städte sehr dicht besiedelt, im Landesinneren dagegen liegt die Bevölkerungsdichte häufig unter 50 EW/km^2. Das war nicht immer so. Erst im 19. und 20. Jh. führten immense Wanderungsbewegungen zu dieser neuen Verteilung. Wegen der starken Bevölkerungszunahme war die Landwirtschaft nicht mehr in der Lage, alle Menschen auf dem Lande zu ernähren. Deshalb wanderten viele in die Küstengebiete, um dort in Fischereibetrieben oder der noch jungen Branche des Badetourismus eine Anstellung zu suchen. Dieser Trend zur Küste verstärkte sich nach dem Zweiten Weltkrieg, besonders aber seit 1960, als die französische Wirtschaftsplanung verstärkt auf die industrielle Entwicklung der peripheren Regionen setzte *(Régionalisation)* und davon besonders die Städte an der Küste und Rennes profitierten.

Da die industrielle Revolution des 19. Jh. fast spurlos an der Bretagne vorbeiging und der traditionelle Erwerbszweig der Leinenweberei seinen Niedergang erlebte, verließen viele Bretonen ihre Heimat ganz. Von 1850–1950 wanderten eine Million Menschen ab, die meisten davon nach Paris, so daß sie dort bald die größte Gruppe der Immigranten bildeten. Rund um den Bahnhof Montparnasse entwickelte sich ein bretonischer Stadtteil. In der Bretagne blieb die Bevölkerung wegen der hohen Geburtenüberschüsse dennoch konstant.

Auch heute noch kämpft die Armorikanische Halbinsel mit dem Abwanderungsproblem. Viele kleine Bauern im Landesinnern müssen ihre Landwirtschaft aufgeben, da sie nicht genügend modernisierten und daher auf dem europäischen Markt nicht mehr konkurrenzfähig sind. Als Alternative bleibt ihnen nur die Abwanderung, weil es abseits der Zentren kaum Industrie und Fremdenverkehr gibt, die freiwerdende Arbeitskräfte aufnehmen könnten. Ihr Ziel sind die bretonischen Städte oder die Hauptstadt Paris.

Die stärkste Bevölkerungszunahme der letzten Jahre verzeichnete die Stadt Rennes, die, obschon nicht an der Küste gelegen, als expandierende Industriestadt im Osten der Bretagne verkehrsmäßig gut an Paris angebunden ist. Erhebliche Zuwachsraten gab es auch für die Industrie- und Hafenstädte Vannes, Lorient, Quimper, Brest, St-Brieuc und St-Malo.

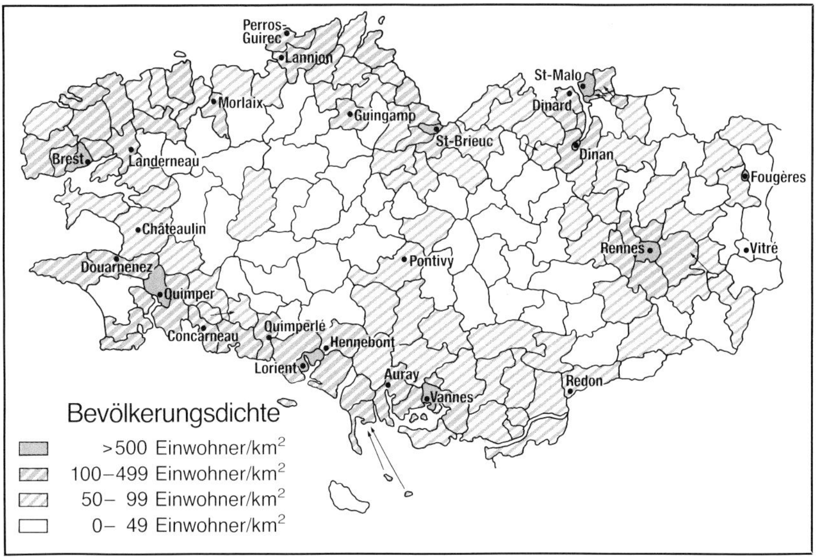

Bei der letzten Volkszählung 1982 lebten 56 % aller Bretonen und 73 % aller Franzosen in Städten (in der Bundesrepublik 85 %). Die Landflucht hält in der Bretagne weiterhin stark an. Das demographische Hauptproblem stellt heute die Überalterung der Bevölkerung dar. Viele junge Fachkräfte wandern wegen geringer Berufschancen ab, gleichzeitig kehren viele Rentner aus Paris in ihre bretonische Heimat zurück.

Administrativ ist die Bretagne seit der Französischen Revolution in Départements unterteilt: Ille-et-Vilaine (Hauptstadt Rennes), Côtes-du-Nord (Hauptstadt St-Brieuc), Finistère (Hauptstadt Quimper), Morbihan (Hauptstadt Vannes) und Loire-Atlantique (Hauptstadt Nantes). Als 1962 die Programmregion ›Bretagne‹ mit Rennes als Hauptstadt geschaffen wurde, ging das Département Loire-Atlantique verloren, obwohl Nantes früher lange Zeit die bretonische Hauptstadt war. Es gehört jetzt zur Programmregion ›Pays-de-Loire‹. Dieses wirtschaftlich und besonders industriell am weitesten entwickelte Département (800 000 EW) würden die Bretonen gerne innerhalb ihrer Verwaltungsregion sehen – die gemeinsame Geschichte und Kultur sprechen dafür.

Interessant für die Erforschung der bretonischen Siedlungsgeschichte sind die Ortsnamen. Die bretonische Vorsilbe gibt oft Hinweise auf die frühere Bedeutung eines Ortes. *Plou* oder *Plo* bedeutet Pfarrgemeinde und weist auf eine kirchliche Gründung hin (z. B. *Plo*goff, *Plou*gastel). *Loc,* der ›heilige Ort‹, zeigt, daß hier eine Einsiedelei oder ein Kloster lag (z. B. *Loc*ronan). *Ker* heißt Dorf oder Haus und ist bei *Ker*maria, *Ker*nascleden oder *Ker*jean zu finden. *Gui* (Weiler) kommt in *Gui*miliau vor.

Landwirtschaft – Vom Subsistenzbauern zum französischen Spitzenreiter

Die Entwicklung eines großen Teils der bretonischen Landwirtschaft von gemischtwirtschaftlichen Betrieben für Selbstversorger zu hochtechnisierten Spezialbetrieben mit Spitzenleistungen in nur 30 Jahren ist einzigartig.

Auf 6 % der landwirtschaftlichen Nutzfläche Frankreichs erzeugen die bretonischen Landwirte heute 3 % der pflanzlichen und 22 % der tierischen Produkte Frankreichs. Das entspricht 12 % des Gesamtwertes der französischen Agrarproduktion.

Den Sprung zur französischen Agrarregion Nummer eins machten folgenden Faktoren möglich:

a) Seit Anfang der 60er Jahre haben Genossenschaften die Vermarktung der Agrarproduktion übernommen. Da die meisten Betriebe organisiert sind, konnten die dadurch gestärkten Genossenschaften auf die französische Agrarpolitik einen großen Einfluß ausüben.

b) Seit Verabschiedung der neuen Agrargesetze von 1960 und 1962 durch die Regierung profitieren die Bretonen von einer verstärkten staatlichen Förderung: Im Rahmen der Flurbereinigung wurden zersplitterte Besitzparzellen zusammengelegt, Wege geschaffen und – leider – viele Kilometer der feldbegrenzenden Hecken (Bocage) beseitigt. 1981 waren 48 % der landwirtschaftlichen Nutzfläche der Bretagne flurbereinigt. Prämien für Betriebsaufgaben wurden ausgeschrieben, um die Kleinbauern zur Aufgabe ihrer Betriebe zu bringen. Berufsumschulungsprogramme und die Gewährung von Frührenten trugen ebenfalls dazu bei, daß die Anzahl der Betriebe zurückging und die durchschnittlichen Betriebsgrößen anstiegen, die Landwirtschaft im ganzen also rentabler wurde.

c) Der Aufschwung der Agroindustrie brachte der Landwirtschaft weitere Wachstumsimpulse. Konservenfabriken nehmen Erbsen und Bohnen ab; Futtermittelfabriken und Fleischverarbeitungsbetriebe bewirkten die starke Ausdehnung der Viehhaltung. Außerdem schmälern Abnahmeverträge mit den Bauern deren Risiko. Oft verteilt die Agroindustrie sogar großzügige Kredite an ihre Lieferanten, um durch Intensivierung der Produktionsmethoden die Rentabilität weiter zu erhöhen.

Die ›zweite Agrarrevolution‹, wie Flatrès die Entwicklung in der Bretagne nennt, brachte folgende Veränderungen mit sich:

a) Die Arbeitskräfte im landwirtschaftlichen Bereich gingen durch Mechanisierung und Betriebsaufgaben stark zurück. 1955 arbeiteten 50 % der Erwerbstätigen im Primären Sektor (Landwirtschaft und Fischerei), 1986 nur noch 14 %. In ganz Frankreich sind nur noch 7 % in diesem Sektor beschäftigt.

b) Der Anteil der Klein- und Mittelbetriebe ging zurück, die produktiveren Großbetriebe nahmen zu. 1955 war ein landwirtschaftlicher Betrieb in der Bretagne im Durchschnitt 9,6 ha groß, 1983 umfaßte er schon 16,5 ha.

c) Bei der Bodennutzung verzichteten viele Landwirte auf den Anbau von Getreide und Hackfrüchten, um dafür die Anbauflächen für Feldfutter stark auszudehnen. Diese Entscheidung hängt direkt mit der zunehmenden Bedeutung der Viehwirtschaft zusammen.

Bodennutzung	1955	1980
Getreide	29,1%	20,4%
Hackfrüchte	17,0%	6,1%
Feldfutter	14,9%	45,9%
Feldgemüseanbau	1,4%	2,3%
Dauergrünland	17,6%	19,6%
Sonstiges, Ödland und Brache	20,0%	5,7%

(nach Dodt 1984)

d) Bei der Viehhaltung entwickelten sich die Schweinemast, die Geflügelhaltung (Legehennen und Masthähnchen) und die Milchwirtschaft zu den französischen Spitzenreitern.

Viehbestand in 1000	1955	1986
Pferde	298	15,3
Rinder	1 795	2 895,2
davon Milchkühe	1 075	1 219
Schweine	1 100	5 953
Schafe	102	169,5

(nach Dodt 1984 und INSEE 1987)

Der Feldbau bringt den Bauern heute nur noch 7,9 % ihrer Einkünfte, die übrigen 92,1 % erwirtschaften sie durch die lukrative Viehzucht, die als Massentierhaltung mit Fertigfutter voll im europäischen Trend liegt.

Die Spezialisierung der Landwirtschaft hat allerdings, neben den höheren Erträgen, auch eine größere Anfälligkeit bei Absatzkrisen und Überproduktion zur Folge. Deshalb blicken viele bretonische Bauern schon voller Besorgnis dem Jahr 1992, dem Zeitpunkt der Öffnung des europäischen Marktes, entgegen. Bis dahin müssen sich die Schweine- und Milcherzeuger neue Märkte erschließen, da der übersättigte europäische Agrarmarkt dann keine Abnahme mehr garantiert.

Trotz der Spitzenproduktion geht es einem Teil der bretonischen Bauernschaft auch heute nicht sehr gut. Es gibt immer noch traditionelle gemischt-wirtschaftliche Kleinbetriebe, die unrentabel arbeiten, nur über ein geringes Einkommen verfügen und daher nach und nach verschwinden. Die Spezialisten, die sich auf ein oder zwei Produkte beschränkten, hierfür teure Maschinen kauften und neue, große Wirtschaftsgebäude errichten mußten, sind hoch verschuldet. Die Belastung durch die Kredite frißt meist einen Großteil der erzielten Gewinne wieder auf. Vergleichsweise gut geht es dagegen den Landwirten, die sich schon Ende der 60er Jahre spezialisierten und heute schuldenfrei sind. Auch die Großunternehmer bei Schweinemast und Hühnerzucht mit ihren agroindustriellen Betrieben haben keinen Grund zur Klage.

Auf der Strecke bleibt der Kleinbauer, der sich die Spezialisierung nicht leisten kann oder sich damit schon übernommen hat.

Obwohl die bretonische Landwirtschaft in den letzten 30 Jahren eine beispiellose Modernisierung erlebt hat, konnten die Einkommen und der Lebensstandard der bäuerlichen Bevölkerung mit der Produktivität des Sektors nicht mithalten.

Fischerei

Auch im Fischereisektor steht die Bretagne im französischen Vergleich ganz vorne. 1986 entsprachen die bretonischen Fänge 44,6 % des französischen Fangwertes.

1986 wurden 6233 Fischer in der Bretagne registriert (34,3 % aller französischen Fischer), 1939 waren es noch 40000 gewesen. Die 2234 Schiffe entsprechen 22 % der französischen Fangflotte. Die bedeutendsten bretonischen Fischereihäfen sind Concarneau (v. a. Thunfisch), Lorient, Guilvinec, Douarnenez, Camaret und St-Malo. Fast ⅔ der Fänge werden in den Häfen der Südküste gelöscht, über 20 % an der Westküste und nur 17 % an der Nordküste. Dort hat einzig St-Malo als letzter Standort einer Kabeljauflotte eine etwas größere Bedeutung. Als Erwerbszweig spielt die Fischerei an der Nordküste nur eine untergeordnete Rolle, da hier der intensive Feldgemüseanbau dominiert.

Die Südküste, mit den größten Häfen und den meisten Fischern, zählt auch die meisten Fischkonservenfabriken. Da diese vor allem Saisonfische wie Makrelen, Sardinen und Thunfisch verarbeiten, regten sie eine Zunahme des Gemüseanbaus an, um

Feierabend und die wohlverdiente Zigarette (Fischer aus Lesconil)

außerhalb der Fischereisaison mit der Eindosung von Erbsen und Bohnen eine bessere Auslastung zu erreichen.

Trotz der guten Stellung im französischen Vergleich hat die bretonische Fischerei ihre Probleme. Durch die Überfischung der Küsten müssen die Schiffe weiter hinausfahren, dies läßt die Treibstoffkosten steigen und macht außerdem Kühlanlagen erforderlich. Die Ausweitung der britischen und irischen Hoheitsgewässer und die neuen marokkanischen und senegalesischen Flotten engen die Fanggründe der Bretonen ein. Hinzu kommt, besonders beim Thunfischfang, die Konkurrenz der schwimmenden Fischfabriken von Japanern, Russen und Amerikanern, die für die bretonische Fischerei ein schwerer Schlag ist, weil ihr die Mittel fehlen, um hier nachzuziehen.

Einer rosigen Zukunft können nur die Großunternehmer entgegensehen, die das Geld zum Kauf großer Schiffe mit modernen Verarbeitungs- und Gefrieranlagen aufbringen können. Wie in der Landwirtschaft sind im Zeitalter einer modernen marktorientierten Wirtschaft die Kleinunternehmer zur Aufgabe gezwungen.

Unbedingt **sehenswert** ist das Spektakel bei der Landung der Fischerboote und der anschließenden Versteigerung der Fänge in der Fischauktionshalle (*La Criée*). In Concarneau an den ersten vier Tagen der Woche von 5–10 Uhr, in Guilvinec unter der Woche zwischen 16.30 und 17 Uhr.

Die Industrie: Das bretonische Sorgenkind

Zu Beginn des 19. Jh. war die Bretagne industriell schon gut entwickelt. In den Eisenhütten und in der Textilindustrie arbeiteten ebenso viele Menschen wie 1974 in der modernen bretonischen Industrie.

Die Industrielle Revolution brachte der Region dann eine fast vollständige Isolierung, weil sich neue Wachstumspole um die englischen und französischen Kohlereviere bildeten. Auch der Eisenbahnbau von 1860 brachte der Bretagne wegen des geringen Industrialisierungsgrades keinen neuen Aufschwung; die Abwanderung ging nur noch schneller vor sich.

Erst Mitte der 50er Jahre beschloß die französische Regierung, die Wirtschaftsentwicklung im Lande zu dezentralisieren. In Rennes wurden daraufhin neue Industriebetriebe gegründet. Ab 1960 setzte dann ganz massiv die neue Dezentralisierungspolitik *(Régionalisation)* de Gaulles ein, wodurch die Bretagne einen spürbaren industriellen Aufschwung erlebte.

Die Voraussetzung für die neue Entwicklung schuf der Staat mit einem verbesserten Infrastrukturnetz. Das Gezeitenkraftwerk an der Rance und das Atomkraftwerk bei Brennilis wurden gebaut, Rennes an das französische Autobahnnetz angeschlossen und an den Küsten vierspurige Schnellstraßen angelegt. Für große französische und internationale Firmen wurden Zweigniederlassungen attraktiv. Bis zu 20 % der Investitionen übernahm der Staat, die Löhne in der Bretagne waren 25–30 % niedriger als in Paris, der Baugrund war billig und die Gemeinden gewährten mehrjährige Steuerbefreiungen.

Von 1954–1972 wurden 170 Zweigbetriebe gegründet und damit fast 50000 neue Arbeitsplätze geschaffen. Die wichtigsten Gründungen waren Werke von Citroën in Rennes (13000 Arbeitsplätze), ein Reifenwerk von Michelin in Vannes (2000 Arbeitsplätze), Werftindustrien in Brest und Lorient (5000 Arbeitsplätze), Werke der Elektro- und Elektronikindustrie und Betriebe der Nahrungsmittelbranche.

Diese neue Industrialisierungswelle schuf jedoch erneut regionale Ungleichheiten, da die meisten Gründungen auf Rennes und die Küstenstädte beschränkt blieben und eine weitere Abwanderung aus dem Landesinnern in die Städte zur Folge hatten. Tragende Säulen der neuen Industrialisierung waren die Bauindustrie, die metallverarbeitende und die Nahrungsmittelindustrie.

Die stürmische Entwicklung kam zwischen 1975 und 1985 allerdings zum Stillstand, in manchen Bereichen gab es sogar eine völlige Umkehr. Im Bausektor sanken die Zahlen der Erwerbstätigen um fast 50%, auch die Automobilindustrie büßte viele Arbeitsplätze ein. Schuld daran waren unter anderem die sogenannten ›Piratenfirmen‹, die nach Ablauf der staatlichen Subventionen und Steuerbefreiungen ihre bretonischen Werke wieder auflösten. Insgesamt blickt die bretonische Industrialisierung der letzten 30 Jahre auf eine negative Bilanz. Hier hat die staatliche Dezentralisierungspolitik versagt. Heute wandern viele gut ausgebildete Fachkräfte ab, da sie in der heimischen Industrie keine adäquaten Arbeitsplätze finden können.

1986 waren 26% der bretonischen Erwerbstätigen in Industrie und Baugewerbe beschäftigt (in Frankreich 32%). An erster Stelle steht die Bauindustrie durch ihren großen Anteil am Straßenbau, beim Bau von Zweitwohnsitzen und im Städtebau. Inzwischen gehen die Aufträge in diesem Bereich zurück. An zweiter Stelle liegt die Nahrungsmittelindustrie, die weiterhin positive Zuwachsraten erwartet. Den dritten Platz nimmt die metallverarbeitende Industrie ein, die hauptsächlich auf den Automobilwerken von Citroën in Rennes und der Werftindustrie in Lorient und Brest basiert.

Energiewirtschaft

Die Bretagne hat fast keine fossilen Energiequellen. Erdöl und Erdgas fehlen ganz; Kohle gibt es nur in einer winzigen Lagerstätte. Lediglich der Torf hatte früher etwas größere Bedeutung. Die Grande Brière (im Département Loire-Atlantique) belieferte lange Zeit Nantes und Umgebung mit dem begehrten Heizmaterial. 1970 wurde die Sumpflandschaft zum Naturpark erklärt, seitdem dürfen die Bewohner nur noch wenige Tage im Jahr Torf abbauen. Im ganzen gibt es in der Bretagne 30000 ha Torfgebiete, die in keinem Vergleich zu Irland stehen, wo auf 1,2 Mio. ha diese fossile Energiequelle abgebaut wird.

Früher deckten die Bretonen ihren Energiebedarf mit bis zu 1500 Wassermühlen, etwa 100 Gezeitenmühlen an den Flußmündungen, 3000 Windmühlen und mit Holz für die Eisenverhüttung und zum Heizen. Seit der zweiten Hälfte des 19. Jh. importiert man Kohle; 1929 wurden die 46 m hohe Talsperre und ein Kraftwerk bei Guerlédan fertiggestellt; seit 1933 wird importiertes Erdöl benutzt, um einige große Wärmekraftwerke zu betreiben.

Als Frankreich begann, die Kernenergie zu nutzen, baute man auch in der Bretagne ein Kraftwerk. Die Anlage bei Brennilis, die 1966 fertiggestellt wurde, war das dritte Kernkraftwerk in Frankreich. Bei einer Leistung von 70 Megawatt wurden dort etwa 500 Mio. kWh im Jahr produziert. 1987 legte man die veraltete und zu klein gewordene Anlage still. Die staatliche Elektrizitätsgesellschaft EDF ist heute auf der Suche nach neuen Standorten für Kernkraftwerke in der Bretagne. Inzwischen werden die Küstengebiete bevorzugt, da die modernen Anlagen einen immensen Kühlwasserbedarf haben. Ende der 70er Jahre wurden zwei neue Standorte festgelegt: Plogoff im Westen an der Pointe du Raz und Pellerin an der Loire. In beiden Orten kam es zu jahrelangen massiven Protesten, so daß schließlich, nach der Wahl Mitterands zum Staatspräsidenten, beide Projekte aufgegeben wurden. Betrachtet man die alternativen Energien, so verfügt die Bretagne über das größte Potential in Europa.

Gezeitenenergie: Die Gezeitenkräfte an den bretonischen Küsten gehören zu den stärksten der Welt. Durch den Ein- und Ausfluß des Gezeitenwassers in Buchten und Flußmündungen kann man auf sehr umweltfreundliche Weise Energie gewinnen. 1961–1966 wurde das erste und einzige bretonische Gezeitenkraftwerk an der Mündung der Rance gebaut. In dem 750 m langen Damm treibt das ein- bzw. auslaufende Wasser 24 Rohrturbinen an. Bei einer Leistung von 240 Megawatt werden im Jahr durchschnittlich 550 Mio. kWh produziert.

Die Anlage von Gezeitenkraftwerken wäre an 16 weiteren Standorten der Bretagne möglich. Pläne gibt es für die Loiremündung, den Ausgang des Golfes von Morbihan und der Rade de Brest, die Bucht von St-Brieuc und für die Bucht des Mont-Saint-Michel. Das Projekt am Mont-Saint-Michel sieht einen 40 km langen Damm und eine Turbinenleistung von insgesamt 12 000 Megawatt vor.

Windenergie: Die Bretagne ist ein idealer Standort für den großzügigen Ausbau der umstrittenen Windenergie. Dänemark deckt mit dieser alternativen Energie inzwischen schon fast 10 % seines Energiebedarfs. In der Bretagne baute die EDF bis jetzt lediglich 38 kleine Windgeneratorenanlagen.

Biomasse: Eine Wiederaufnahme der Holzwirtschaft in der Bretagne wäre lohnenswert, da durch das milde und feuchte Klima die Bäume schnell wachsen. Auch mit dem Anbau von Meeresalgen könnte man Energie erzeugen. In Kalifornien beispielsweise baut eine Versuchsfarm Riesenalgen an, die am Tag bis zu 60 cm wachsen und zur Methan-Erzeugung genutzt werden. Auch bei der Gülle, die bei der bretonischen Massentierhaltung anfällt und heute ein ernsthaftes Umweltproblem darstellt, könnte man das durch Gärung entstehende Methan nutzen.

Der französische Staat ist leider nur wenig an Erforschung und Ausbau der alternativen Energien interessiert. Er setzt weiterhin auf die Atomenergie.

Fremdenverkehr

Die Bretagne ist nach der Region Provence-Côte d'Azur die zweitwichtigste Fremdenverkehrsregion Frankreichs. Etwa drei Millionen Touristen besuchen jährlich die Armorikanische Halbinsel, wovon 80 % Franzosen sind, von denen wiederum die

Moderne Ferienapartements an der Strandpromenade von La Baule

Mehrheit aus Paris und Umgebung kommt. Bei den Ausländern liegen die Engländer und Iren vorne, dicht gefolgt von Deutschen und Belgiern.

Die Mehrzahl der Urlauber bevorzugt die Küstenzone der Bretagne, die mit 57 % der Hotels und 80 % der Campingplätze die meisten Übernachtungsmöglichkeiten bietet. Mit den Badeorten Dinard, St-Malo und La Baule fing im letzten Jahrhundert alles an. Aristokratische und großbürgerliche Kreise aus England und Frankreich verbrachten hier ihre Sommerfrische. Neben den alten Badeorten sind heute Perros-Guirec, die Quiberon-Halbinsel und Carnac neue bedeutende Fremdenverkehrszentren.

Quiberon, Carnac, Tréboul, Roscoff, Perros-Guirec, St-Malo und La Baule sind außerdem Kurorte für Thalassotherapie (Meeresheilkunde). Roscoff war zu Beginn des Jahrhunderts der Vorreiter eines modernen Heilbades. Die Badekuren mit Meerwasser sind besonders für Rheuma- und Arthrosekranke interessant.

In der Bretagne stehen inzwischen mehr als 1 Mio. Touristenbetten zur Verfügung; 10 % davon in Hotels, 15 % auf Campingplätzen, 10 % in Ferienheimen, Ferienlagern und Bauernhäusern und 65 % in Appartements und Zweitwohnungen. 1986 lag die Auslastung der klassifizierten Hotels in der Saison zwischen Mitte Mai und Mitte September bei 65,3 %, die der Campingplätze in der gleichen Zeit bei 34,9 %. Das Betreiben der Campinganlagen lohnt sich eigentlich nur im Juli und August. Die Hotels können sich seit einiger Zeit über eine leichte Verlängerung der Saison freuen. Viele Hotels außerhalb der großen Städte haben dennoch von Ende September bis Mitte Mai geschlossen.

Da das Landesinnere nur 10% aller Übernachtungen zu verbuchen hat, ist man bemüht, dort mehr für die Entwicklung des Tourismus zu tun. Dementsprechend wurden in den letzten Jahren auch die meisten neuen Hotels im Landesinneren gebaut. Außerdem wurden viele neue Wanderwege angelegt.

Die generelle Entwicklung des Tourismus in der Bretagne zeigt schon seit einigen Jahren, daß immer weniger Hotels und immer mehr Ferienwohnungen und Ferienhäuser gefragt sind. Orte wie Carnac-Plage, Dinard und Quiberon werden im Winter zu Geisterstädten mit geschlossenen Fensterläden und menschenleeren Straßen. In Quiberon leben im Winter 4800 Menschen, im Sommer sind es über 30000. Dies stellt die Gemeinden vor große Probleme. Sie müssen für die Schaffung und Erhaltung der Infrastruktur (z. B. Straßen, Kläranlagen, Jachthäfen) viel Geld aufwenden, erhalten jedoch keine Steuereinnahmen von den Besitzern der Zweitwohnungen. Ein anderes Problem ist die zunehmende Bodenspekulation. Der Preis eines Stück Landes steigt oft um das Zehnfache, wenn es als Bauland ausgewiesen wird. Deshalb geben viele Bauern an der Küste ihre Landwirtschaft auf und verkaufen Grund und Boden.

Die Arbeitsplätze, die der Tourismus schafft, sind zwar zahlreich, aber meist nur für die Saison vorgesehen. Im großen und ganzen sollte man den bretonischen Fremdenverkehr nicht zu negativ beurteilen. Die Zersiedelung durch Ferienhäuser ist nicht mit den architektonischen Katastrophen an den italienischen, spanischen und teilweise auch französischen Mittelmeerküsten zu vergleichen. Seit 1982 bezahlt der Staat 50% der Kosten für das Anlegen und Markieren von Küstenwanderwegen. Hier soll die Privatisierung der Küsten, wie sie an der Côte d'Azur üblich ist, verhindert werden. Wer etwas abseits der großen Ferienzentren ein Quartier sucht, kann in der Bretagne auch in der Saison noch einen ausgesprochen ruhigen Urlaub verbringen.

Die Sprache

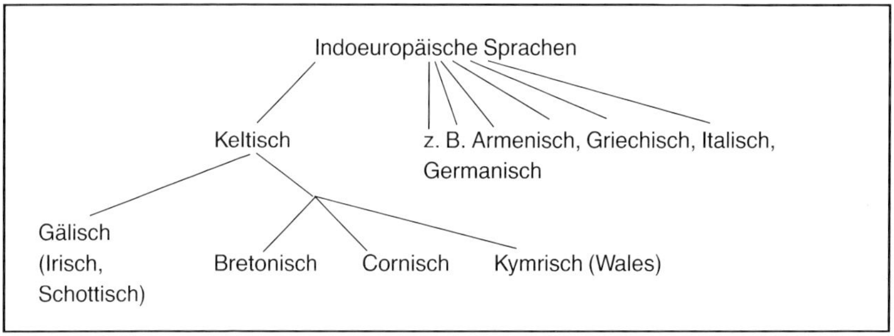

Bretonisch ist kein französischer Dialekt, sondern eine Variante des Keltischen, einer eigenständigen indoeuropäischen Sprache. Seit fast 2500 Jahren wird in der Bretagne Keltisch gesprochen. Damals wanderten die ersten keltischen Stämme nach ›Armorika‹ ein. In der Römerzeit sprach man hauptsächlich eine Form des Vulgärlatein, das als Eroberersprache die keltische Sprache mehr und mehr verdrängte, und aus der sich später das Französische entwickelte. Erst im 5. und 6. Jh. verstärkte sich das Keltische wieder, als sich britische Kelten auf der Flucht vor den Angeln und Sachsen in der Bretagne niederließen. Bald sprach die ganze westliche Bretagne Bretonisch. Im 12. Jh. übernahm die Oberschicht, besonders Adel und Klerus, das sozial höher gewertete Französisch. So lernten in den folgenden Jahrhunderten all jene Französisch, die Wert auf einen sozialen und wirtschaftlichen Aufstieg legten.

Erst im 19. Jh. entstand die bretonische Schriftsprache. 1807 wurde eine keltisch-bretonische Grammatik herausgegeben, 1821 ein Wörterbuch zusammengestellt. Seit Beginn des 20. Jh. ist ein enormer Zuwachs an Literatur in bretonischer Sprache zu verzeichnen. Allerdings kann diese Werke nur eine kleine intellektuelle Minderheit lesen. Ende des 19. Jh. begann mit der Einführung der Schulpflicht die systematische Unterdrückung der in Frankreich vertretenen Minderheitensprachen. Die Schüler durften ihre Muttersprache (Bretonisch, Okzitanisch, Katalanisch, Alemannisch) nicht mehr sprechen. Ignorierten sie dieses Verbot und wurden dabei im Pausenhof erwischt, wurden sie vor den anderen bloßgestellt. Der Lehrer hängte dem Betreffenden – als Zeichen seiner Schande – einen Holzschuh oder ein Hufeisen um den Hals. Diese Strafe traf die Schüler doppelt, da sie das ›Schandmal‹ nur dann wieder abnehmen durften, wenn sie ihrerseits einen Mitschüler verrieten, der das ›verbotene‹ Bretonisch sprach.

Erst 1951 erkannte der französische Staat die Existenz von Regionalsprachen offiziell an. Die unter Giscard d'Estaing entstandene Kultur-Charta von 1978 ermöglicht die Bewahrung der Sprachreste. Heute sendet der bretonische Rundfunk in der Woche vier Stunden und zwölf Minuten in Bretonisch, das Fernsehen bietet immerhin eine halbe Stunde pro Woche an.

In der Basse-Bretagne sind zweisprachige Straßenbezeichnungen keine Seltenheit

1977 wurde die Bewegung *Diwan* (bret. Keim) ins Leben gerufen, auf deren Initiative hin private Vorschulen ohne staatliche Unterstützung gegründet wurden, in denen nur Bretonisch gesprochen wird. Inzwischen gibt es 18 davon in allen fünf Départements. Auch an den herkömmlichen Schulen ist Bretonisch als Wahlfach angeboten, es gibt bisher jedoch noch keine Bretonisch-Lehrerausbildung. Private Sprachkurse und Sommerschulen ermöglichen auch Erwachsenen das Auffrischen oder Erlernen der Regionalsprache. An der Universität Rennes gibt es einen Lehrstuhl für keltische Sprachen.

Im Vergleich dazu geht es den meisten anderen europäischen Regionalsprachen dennoch besser. In Wales werden stündlich Fernsehnachrichten auf kymrisch gesendet; die Schulkinder können zweisprachig erzogen werden.

Heute schätzt man, daß noch etwa 400 000 Menschen in der westlichen Basse-Bretagne Bretonisch verstehen; sprechen können es weitaus weniger. Ältere Bretonen über die neue Kulturbewegung befragt, äußern sich meist verärgert. Das Bretonisch von Radio und Fernsehen habe wenig mit ihrer Muttersprache zu tun. Es sei eine synthetische Sprache und die Aussprache mangelhaft.

Kleines bretonisches Wörterbuch

aber	Flußmündungstrichter	koz	alt
ankou	der Tod	kreac'h	Hügel
ar, al, an	der, die, das	kreiz	Mitte
armor	Küstenregion	lec'h	Ort, Stelle
aven	Fluß	loc	Einsiedelei
bag	Schiff	mad	gut
beg	Landzunge	marc'h	Pferd
bihan	klein	men	Stein
braz	groß	menez	Berg, Gebirge
bré	Hügel	meur	groß
brug	Heidekraut	mor	Meer
dolmen	Steintisch	noz	Nacht
douar	Erde, Platz	plou	Pfarre
dour	Wasser	porz	Hafen
du	schwarz	raz	enge Wasserstelle
enez	Insel	roc'h/roc	Felsen
gallek	französisch	ros	Hügel
goat	Wald	ster	Fluß
goaz	Bach	stivell	Quelle
gwenn	weiß	toal	Tisch
gwer	grün	trez	Sand
hen	alt	tro	Tal
hir	lang	ty	Haus
ilis	Kirche	ya	ja
ker	Haus, Dorf	yen	kalt

Bretonischer Regionalismus

Der bretonische Regionalismus entstand im 19. Jh. als konservative Bewegung des traditionellen Agrarblocks. Wie schon bei den antirevolutionären Aufständen der *Chouans* (s. S. 167), versuchten Adel und Klerus die feudalen Strukturen zu bewahren. Man schützte die bretonische Sprache, weil man fürchtete, daß das Französische unliebsame modernistische Tendenzen in die Bretagne bringen würde.

In der ersten Hälfte des 20. Jh. bildeten sich verschiedene Gruppen mit unterschiedlichen Zielen. Eine relativ unbedeutende Bewegung linksliberaler Autonomisten erhoffte eine Zukunft der Bretagne in einem Europa der Völker. Extrem nationalistische Vereinigungen wie z. B. die 1911 gegründete PNB (Parti Nationaliste Bretonne) traten für einen autonomen bretonischen Staat ein. Die aus der PNB hervorgegangene Kampftruppe *Gwen-ha-du* (Weiß und Schwarz) wollte die Bretagne mit Waffen ›befreien‹. Mehrere Anschläge, zum Beispiel 1932 zur 400-Jahrfeier der bretonischen Angliederung an Frankreich die Sprengung des Nationaldenkmals am Rathaus in Rennes, demonstrierten ihre militante Absicht. In den 30er Jahren pflegten diese rechten Bewegungen rege Kontakte zu den deutschen Nazis und kollaborierten im Krieg schließlich mit den Besatzern, in der Hoffnung auf einen von den Deutschen geförderten bretonischen Staat.

Nach dem Zweiten Weltkrieg bis Mitte der 60er Jahre war der politische Sektor der regionalistischen Gruppen noch sehr schwach. Im kulturellen Bereich tat sich jedoch einiges. Eine Renaissance der bretonischen Musik ließ Tanz- und Musikgruppen aus dem Boden schießen. Vor dem Krieg gab es nur noch 63 *Binou*-Spieler (bret. ›Dudelsack‹), Anfang der 80er Jahre bereits wieder 3550. Es formierten sich Bands, die sogenannten *Bagads* mit *Binous, Bombarden* (eine Art bretonische Oboe) und *Tambours* (Trommeln). Große interkeltische Festivals und die bretonischen Nachtfeste *(Festou-Noz)* ziehen heute viele Besucher an (s. S. 218).

›Franzosen raus‹ – Ausdruck regionalistischer Tendenzen in der Bretagne

1964 entstand eine bretonische Partei, die UDB (Union Démocratique Bretonne), die als Linkspartei die wirtschaftliche und soziale Benachteiligung der Bretagne anprangert und für Industrialisierung und Wirtschaftswachstum eintritt.

Die Konflikte zwischen den bretonischen Bauern und der französischen Regierung entstanden ebenfalls durch die ökonomische Benachteiligung. 1960/61 tobte der ›Artischockenkrieg‹, als die Gemüsebauern des Léon einem durch Überproduktion verursachten Preisverfall machtlos gegenüberstanden. 1962 folgte dann die ›Eisenbahnschlacht‹, als die französische Staatsbahn höhere Gütertarife für die Randregionen verlangte. Bretonische Bauern blockierten Züge und rissen Schienen aus dem Boden. Ihr Protest hatte schließlich Erfolg, die Gütertarife wurden wieder gesenkt. Außerdem erließ der Staat ein neues Landwirtschaftsgesetz, das modernen Betrieben Investitionshilfen gewährte und die sozialen Probleme der Bauern reduzieren sollte.

1966 formierte sich erneut eine gewalttätig operierende nationalistische Gruppe, die FLB (Front de Libération de la Bretagne). Sie verübte Anschläge gegen den Polizeifuhrpark in St-Brieuc, die Villa eines reichen Architekten bei St-Malo, gegen den Bahnhof von Rennes, das Atomkraftwerk bei Brennilis und das Schloß von Versailles. Anfang der 70er Jahre wurde die FLB sogar legal zugelassen, 1974 aber erneut verboten. Die Militanz dieser zunächst rechts- dann linksorientierten Gruppe richtet sich nie gegen Personen, sondern immer gegen Sachen, und zwar gegen die Symbole des französischen Zentralismus. Alle anderen politischen, gewerkschaftlichen und kulturellen Gruppen in der Bretagne verurteilen die Gewalt.

Außer den traditionellen Folklore- und Theatergruppen, die sozialkritische Lieder und Theaterstücke vortragen, haben sich heute auch feministische und ökologische Organisationen im Bereich des bretonischen Regionalismus formiert. Neben der Partei UDB gibt es inzwischen noch die linke PSU (Parti Socialiste Unifié), die die ungezügelte Industrialisierung ablehnt und dem Umweltschutz große Bedeutung beimißt. Die beiden Parteien konnten allerdings bei den Parlamentswahlen nur geringe Erfolge verbuchen. Die großen französischen Parteien haben dennoch inzwischen erkannt, daß die bretonische Bewegung ernst zu nehmen ist, und dies mit diversen Wahlversprechungen unterstrichen. Nach dem Sieg Mitterands 1981 hofften die Bretonen auf ein eigenes Regionalparlament und auf die Angliederung des Départements Loire-Atlantique. Beides wurde bisher nicht verwirklicht.

Viele bretonische Regionalisten versprechen sich von einem erstarkenden Europa zunehmende Autonomie und eigene politische und ökonomische Entscheidungsbefugnisse.

Mehr als 6000 Jahre bretonische Geschichte

Die Megalithkultur

In der Jungsteinzeit zwischen 4500 und 2000 v. Chr. (s. auch S. 173) lag der Höhepunkt einer Kultur, deren überlieferte Zeugnisse nicht auf ihr Alltagsleben hinweisen, sondern Überreste einer Religion sind. Die zentralen Ideen waren, so wird u. a. vermutet, die Verehrung einer großen Muttergöttin und ein eindrucksvoller Totenkult. Grabanlagen und große Steine *(Menhire)*, alleinstehend, in Reihen *(Alignements)* oder in Halbkreisen *(Cromlechs)* waren die Sakralarchitektur der ›Megalithiker‹. Um 2000 v. Chr. endete die Steinzeit, man begann, Werkzeuge, Waffen und Schmuck aus Kupfer und später auch aus Bronze herzustellen.

Steinallee mit vier leicht geneigten Plattformen (Dolmen de Kerbourg)

Die Kelten und Römer

Vom 6. bis zum 4. Jh. v. Chr. wanderten keltische Stämme ein und gaben der Halbinsel den Namen Armorika. Sie machten das Land urbar und fertigten Werkzeuge und Waffen aus Eisen an. Die gebildeten männlichen und weiblichen Priester *(Druiden)* hatten großen Einfluß im Volk. Es wird überliefert, ihr Gedächtnis sei ausgezeichnet gewesen, was sicherlich auch dadurch gefördert wurde, daß es damals noch keine Schrift gab und das immense Wissen mündlich weitergegeben werden mußte. Die Religion basierte auf einem Fruchtbarkeitskult, bei dem insbesondere die Natur eine große Rolle spielte. Quellen, Brunnen und Wälder waren heilige Stätten. Relikte des keltischen Kultes sind heute noch in manchen christlichen Riten der Bretagne zu finden (vgl. Troménie in Locronan S. 137).

56 v. Chr. unterwarf Julius Cäsar die Armorikanische Halbinsel. Entscheidendes Ereignis hierfür war die Schlacht gegen den Keltenstamm der Veneter im Golf von

Morbihan. In seinem Werk ›De bello Gallico‹ beschrieb Cäsar die Schlacht und das mutig kämpfende keltische Volk. In den folgenden Jahrhunderten prägte die Kultur der Römer das Land. Die Kelten vermischten sich mit den Besatzern und gaben ihre alte Sprache auf. Die keltischen Götter erhielten zwar römische Namen, wurden aber weiterhin verehrt. Aus politischen Gründen brachen die Römer jedoch die Macht der einflußreichen Druiden.

Erneute Einwanderung der Kelten und Christianisierung

Vom 5.–7. Jh. n. Chr. kamen christianisierte Kelten aus Britannien auf die Armorikanische Halbinsel. Sie waren vor den Germanenstämmen der Angeln und Sachsen geflohen. Die Folgen dieser Wanderungsbewegung nach Armorika waren tiefgreifende kulturelle Veränderungen: Die Ausbreitung des Christentums, die Wiederbelebung der keltischen Sprache und die neue Namensgebung ›Bretagne‹ (kleines Britannien). Die Anführer der Einwanderergruppen waren meist Mönche, Bischöfe und Eremiten – charismatische Persönlichkeiten –, die die einheimische Bevölkerung bald zum Christentum bekehrten. Später machten die Bretonen sie zu ihren Heiligen. Die neue Form des Zusammenlebens wurde die Pfarre *(Plou)*.

799 dehnte Karl der Große sein Machtgebiet nach Westen aus und unterwarf die Bretagne. Die Bewohner leisteten ihm wie seinem Nachfolger Ludwig I. erbitterten Widerstand.

Unabhängige Bretagne: Königreich und Herzogtum

826 machte Ludwig I. (der Fromme) den Aufständen ein Ende, indem er den Grafen von Vannes, Nominoë, zum bretonischen Herzog ernannte. Dieser weigerte sich später, den Frankenkönig Karl den Kahlen anzuerkennen, und besiegte 845 die fränkischen Truppen bei Redon. Nominoës Sohn Erispoë begnügte sich nicht mit dem Herzogstitel, sondern nannte sich König. Karl der Kahle erkannte 851 das Königreich Bretagne an. Die um Anjou und Cotentin erweiterte Bretagne erlebte eine Blütezeit, mußte dann aber die blutigen Normanneneinfälle über sich ergehen lassen. 939 verjagte der letzte bretonische König Alain Barbe-Torte die Normannen. Nach seinem Tode wurde aus dem Königreich wieder ein Herzogtum.

Zwischen dem 10. und 14. Jh. trugen verschiedene bretonische und französische Adelsgeschlechter den Herzogstitel. Rennes und Nantes waren abwechselnd Sitz des Herrschers. Im 12. Jh. wurde sogar der englische König Heinrich II. Herzog über die Bretagne.

1341 starb Herzog Johan (Yann) III. ohne Erben. Sein Halbbruder Jean de Montfort und der Königsneffe Charles de Blois, Gemahl einer Nichte des alten Herzogs, stritten sich um die Macht. Im folgenden bretonischen Erbfolgekrieg wurde der bretonische Anwärter Jean von den Engländern, der französische Anwärter Charles von den Franzosen unterstützt. Die Frühphase des hundertjährigen Krieges zwischen

England und Frankreich endete 1364 mit dem Sieg der Engländer und Bretonen in der Schlacht von Auray. Charles de Blois fiel, Jean de Montfort wurde neuer Herzog der Bretagne.

Eine nun folgende Blütezeit ging 1488 zu Ende, als der Herzog Franz II. bei neuen Auseinandersetzungen mit Frankreich die königlichen Truppen angriff und von diesen geschlagen wurde. Er mußte dem zukünftigen König Karl VIII. den Lehenseid schwören und versprechen, seine Tochter Anne nur mit Einwilligung des Königs zu verheiraten. Kurz darauf starb Franz II. voller Gram, seine Tochter und Nachfolgerin war erst elf Jahre alt. Mit 13 Jahren ging Anne de Bretagne eine Ehe per Prokuration mit dem künftigen Kaiser Maximilian von Österreich ein. Da sie den französischen König Karl VIII. nicht um Erlaubnis gefragt hatte, zog dieser mit seinen Truppen in die Bretagne. Als sich Anne und Karl zum ersten Mal gegenüber standen, verliebten sie sich so sehr ineinander, daß sie ihre Ehe annullierte und er sein Verlöbnis mit Margarete von Österreich (einer Tochter Maximilians) löste. Die Hochzeit wurde 1491 auf Schloß Langeais gefeiert. Anne verzichtete jedoch nicht auf ihre Rechte, sie blieb weiterhin Herzogin der Bretagne, ihr Land wurde nicht an Frankreich angeschlossen. 1498 kam Karl VIII. auf tragische Weise ums Leben, auch die gemeinsamen Kinder waren kurz vorher gestorben. Um den Ehevertrag zu erfüllen, mußte Anne nun den Nachfolger des Königs heiraten. Sie vermählte sich deshalb 1499 mit Ludwig XII. Claude, die Tochter aus dieser zweiten Ehe, heiratete später Franz I., den Nachfolger des französischen Königs.

Bretonische Autonomie

1532 kam es unter dem Druck Franz' I. zur Vereinigung der Bretagne mit Frankreich. Die Region wurde einem Gouverneur unterstellt; die Ständeversammlung aus Adeligen, Geistlichen und Bürgern legte die Steuern fest. 1554 übernahm in Rennes ein ›Parlament‹ die oberste Rechtsprechung und die Gesetzgebung. Die Bretagne konnte auf diese Weise einen gewissen autonomen Status bewahren.

Im 16. und 17. Jh. erlebte die Provinz ihren größten Wohlstand. Tuchhandel und die Seefahrt brachten einen Reichtum, der sich in der bemerkenswerten Sakralarchitektur der Pfarrbezirke niederschlug. In den Glaubenskriegen im 16. Jh. waren bis auf wenige hugenottische Adelsfamilien die meisten Bretonen auf der katholischen Seite. 1598 beendete Heinrich IV. diese Kriege durch das Edikt von Nantes.

1675 erhoben sich die Bretonen gegen den französischen König Ludwig XIV. Sie wollten die Beschneidung ihrer autonomen Rechte durch das vom Finanzoberintendanten Colbert eingeführte ›Stempelpapier‹ nicht hinnehmen.

Die französische Bretagne

1789 beendete die Französische Revolution die bretonische Autonomie. Die Départements entstanden; der Begriff Bretagne verschwand aus den Akten der Verwaltung. 1792–1804 protestierten die Bretonen mit den Aufständen der *Chouannerie* (s. S. 167) gegen die neuen Ideen der Revolution und gegen den Verlust ihrer Autonomie. Diese antirevolutionäre Bewegung wurde von bretonischen Adligen und Geistlichen angeführt, die ihre feudale Macht verteidigen wollten. Napoleon fand hingegen Sympathien in der Bretagne, weil er die freie Glaubensausübung wieder ermöglicht hatte.

Im 19. Jh., als die Industrialisierung an der Bretagne vorbeiging, und die Landwirtschaft die schnell zunehmende Bevölkerung nicht mehr ernähren konnte, begann die große Abwanderung. Während des Zweiten Weltkrieges war die Bretagne vier Jahre lang von deutschen Truppen besetzt. 1944 befreiten die amerikanische Armee und die französischen Truppen der Résistance das Land. Die bei dieser Schlacht eingesetzten Bomben richteten insbesondere in den Städten St-Malo, Nantes, St-Nazaire, Brest und Lorient große Verwüstungen an.

Die bretonische Kultur

Heilige und Wallfahrten

Als vom 5.–7. Jh. christianisierte Kelten in die Bretagne einwanderten, wurden sieben Bistümer gegründet, die jeweils mit einem der Führer der Wanderungsbewegung als Bischof besetzt wurden. Diese sieben ersten Bischöfe wurden die sieben ersten Heiligen der Bretagne. Sie heißen St-Samson (Bischof von Dol), St-Malo (Bischof von Aleth), St-Brieuc aus der gleichnamigen Stadt, St-Tugdual aus Tréguier, St-Pol-Aurélien aus St-Pol-de-Léon, St-Corentin aus Quimper und St-Patern aus Vannes.

Neben diesen sieben christlichen Gründervätern der Bretagne hat fast jede Gemeinde ihren eigenen Heiligen. Meist waren es Anführer der Einwanderergruppen, die Klöster, Kirchen oder Einsiedeleien gründeten. Die Bretonen verehren 7777 Heilige; daß der Papst die wenigsten davon anerkennt, erscheint ihnen nicht so wichtig. Für alle Fälle des Lebens haben sie einen Heiligen gefunden: St-Cornély und St-Herbot beschützen die Rinder, St-Eloi die Pferde. Den Schwerhörigen hilft St-Cado, von Zahnschmerzen befreit St-Tugen, und vor Halsschmerzen schützt St-Ronan, um nur einige zu nennen.

Der größte bretonische Heilige, der historisch belegt ist und auch tatsächlich vom Papst kanonisiert wurde, ist der Heilige Yves. Yves Hélory wurde 1253 bei Tréguier geboren. Als seine Mutter die Vision hatte, daß er eines Tages der größte bretonische Heilige werden würde, schickten die Eltern ihn zum Studium nach Paris. Dort lernte er Theologie, Kirchen- und Zivilrecht und kehrte später als Richter und Priester in seine Heimat zurück. Seine Unbestechlichkeit und seine gerechten Urteile wurden bald weit gerühmt. Den Armen und Notleidenden zeigte sich Yves immer großzügig und hilfsbereit. Viele Wunder ranken sich um sein Leben. Als er 1303 im Alter von

Am 25. und 26. Juli jeden Jahres findet die Prozession von St-Anne-d'Auray statt

50 Jahren starb, trauerte die ganze Bretagne. 44 Jahre nach seinem Tod wurde Yves Hélory heiliggesprochen. Er gilt als der Schutzheilige der Richter und Rechtsanwälte, die auch heute noch, anläßlich seiner Wallfahrt (franz. *Pardon*) im Mai, aus aller Welt in die Bretagne reisen.

Natürlich verehren die Bretonen auch viele nicht-bretonische Heilige. Der heilige Michael spielt im Zusammenhang mit dem Mont-Saint-Michel eine besondere Rolle (s. S. 48).

Die heilige Anna verwandelte man kurzerhand in eine Heilige bretonischer Herkunft. Eine Version der Legende erzählt, daß sie als Witwe nach Judäa gezogen ist, dort wieder geheiratet und die Gottesmutter Maria geboren hat. Eine andere Version läßt sie hochschwanger vor den Nachstellungen ihres grausamen Ehemannes nach Judäa fliehen und dort das Kind Maria gebären. Gemeinsam ist beiden Fassungen, daß Anna später wieder in ihre Heimat, die Bretagne, zurückkehrte und dort auch starb. Die größten Wallfahrtsorte ihrer Verehrung sind Ste-Anne-la-Palud bei Locronan, da Jesus seine Großmutter dort besucht haben soll, und Ste-Anne-d'Auray, wo die Heilige Anna im 17. Jh. einem Landarbeiter erschienen sein und ihn gebeten haben soll, ihr eine Kapelle zu bauen. Die Erforschung der keltischen Kultur hat eine keltische Fruchtbarkeitsgöttin Ana entdeckt und bringt diese mit dem christlichen Annenkult in Verbindung.

Den meisten Heiligen ist eine Wallfahrt geweiht. Die Bretonen sagen dazu ›Pardon‹, weil sie damit um die Vergebung ihrer Sünden bitten. Die größte Wallfahrt des

Mittelalters war die **Tro Breiz,** die Tour um die Bretagne. 550 km mußten in 30 Tagen zu Fuß zurückgelegt werden. Dabei kam man an den sieben Bistümern und anderen bedeutenden bretonischen Wallfahrtsstätten vorbei. Jeder Bretone war verpflichtet, einmal im Leben die Tro Breiz zu unternehmen. Wer sich dem entzog, war dazu verdammt, die Wallfahrt im Fegefeuer nachzuholen, und rückte pro Tag lediglich eine Sarglänge weiter. Heute sind die alten Pilgerpfade der großen Wallfahrt überwuchert – viele Kapellen und Wegkreuze sind verfallen.

Andere Wallfahrten mit ihren malerischen Prozessionen werden bis heute durchgeführt. Die in Trachten gekleideten Männer und Frauen tragen Reliquienschreine und bestickte Banner der Pfarrbezirke und Heiligen um den Ort. Berühmt und **sehenswert** sind die Pardons von Locronan, Ste-Anne-la-Palud und Tréguier. Mindestens ebenso interessant ist es, unvermittelt die Wallfahrt für einen unbekannten örtlichen Heiligen mitzuerleben. Wer am 15. August (Maria Himmelfahrt) unterwegs ist, hat fast immer Glück, eine Wallfahrt mitzuerleben. Überall in der Bretagne gibt es an diesem Tag Wallfahrten und Folklorefeste (z. B. auf dem Ménez-Hom und in Perros-Guirec).

Speisung der Wallfahrenden bei Peresquen

Nicht nur bei den Wallfahrten bekommt man die **bretonischen Trachten** mit den vielen verschiedenen Hauben zu sehen. Auch weltliche Feste besuchen die Bretonen in ihren traditionellen Kostümen. Interessant sind das Ginsterfest in Pont-Aven, das Erdbeerfest in Plougastel-Daoulas, das Fest der blauen Fischernetze in Concarneau und die verschiedenen Musik- und Tanzfeste.

Die Kleider der Frauen sind meist schlicht in Schwarz gehalten, nur die bestickten Schürzen und Samtbänder lockern die Trachten auf. Am interessantesten sind die **Spitzenhauben,** die in jedem Ort etwas anders aussehen. Die berühmtesten werden

Bei einem Trachtenfest ...

von den Frauen des Bigouden um Pont l'Abbé getragen. Es sind etwa 50 cm hohe Röhren, die fest gestärkt dem Seewind widerstehen müssen. Pierre-Jakez Héliaz, der berühmteste zeitgenössische bretonische Literat, erzählt in seinem Werk ›Le cheval d'orgueil‹ (›Das Pferd des Stolzes‹), daß im 19. Jh. fahrende Händler den armen Frauen des Bigouden die Haare abkauften und diese daraufhin den kahlen Kopf unter der hohen Haube verbargen.

Auch in Pont-Aven gibt es malerische Hauben. Die Spitzen am Kopf werden hier noch von einem gestärkten Kragen ergänzt. Für Paul Gauguin und seine Malerfreunde der Schule von Pont-Aven wurde diese Tracht zum unerschöpflichen Motiv.

Bei den Männern fällt besonders der breitrandige Hut auf, der manchmal mit Samtbändern geschmückt ist.

Viele dieser verschiedenartigen Hauben und Trachten sind im Heimatmuseum im Schloß von Nantes ausgestellt. Aber auch in den Museen von Quimper, Pont l'Abbé und Rennes widmet man den bretonischen Trachten ganze Abteilungen.

Die Musik der Bretagne, die erst nach dem Zweiten Weltkrieg eine Renaissance erlebte, wird auf keltischen Instrumenten gespielt. Tonangebend sind *Bombarde* und *Binou* (bretonische Oboe und Dudelsack). Vervollständigt wird die Musikgruppe – bretonisch *Bagad* – durch die Trommler. Beliebt ist inzwischen auch wieder die keltische Harfe, die besonders durch Alain Stivells Musik in die Bretagne zurückgebracht wurde.

Populäre Tänze sind der *Jabadao*, ein Hochzeitstanz, die *Sabotée*, ein nur von Frauen getanzter Reigen auf Märkten und Messen, zu dem die Männer die Peitsche knallen ließen, und der *Piller-Lann* aus dem Léon, der ehemals einzige, vom Bischof tolerierte Tanz, weil Männer und Frauen sich dabei nicht berühren.

Im Bereich der Vokalmusik ist der *Kan ha Diskan* (Gesang und Abgesang) am bekanntesten. Es ist eine Art Sprechgesang, mit dem zum Tanz geladen wird. Zwei oder mehr Sänger variieren ein musikalisches Grundthema und singen sich abwechselnd ihren Part vor. Der Kan ha Diskan schien fast ausgestorben, gewann aber in den 50er Jahren bei mehreren Musikwettbewerben wieder an Popularität.

Die bretonische Kirchenmusik spielt man gerne mit Orgel und Bombarde. Besonders gekonnt demonstrieren dies Louis Yhuel (ein blinder Organist) und Christophe Caron (Bombarde) in der Pfarrkirche von Guérande. Das Musikduo gibt viele Konzerte, ist oft beim Üben zu hören und hat auch schon einige Schallplatten produziert.

Die größten Musikveranstaltungen der Bretagne sind das **Festival der Cornouaille** in Quimper, das **Festival der Dudelsäcke** in Brest und das **Interkeltische Festival** in Lorient.

Übersichtskarte Bretagne mit den Wanderungen 1–26 ▷

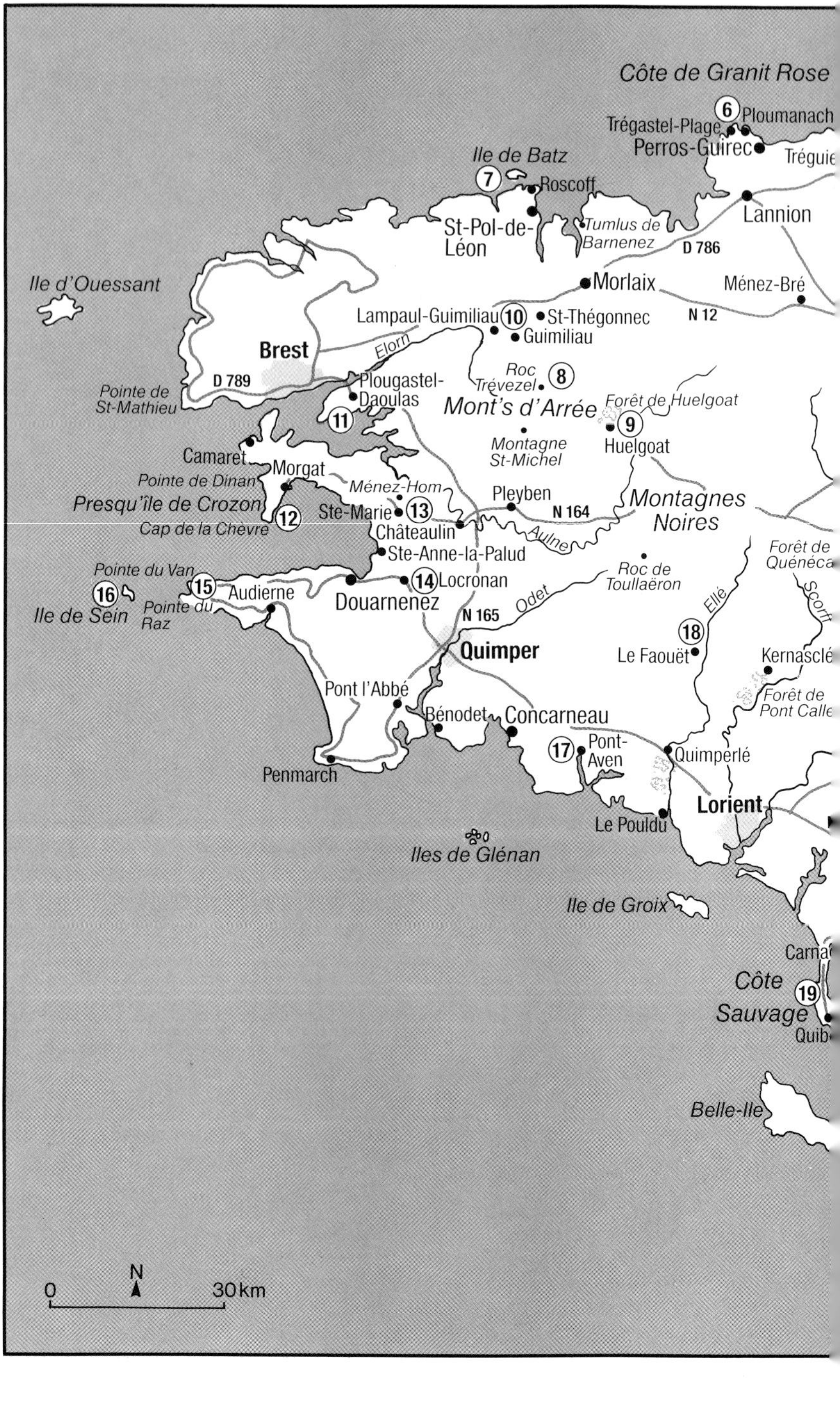

Côte de Granit Rose
6
Ploumanach
Trégastel-Plage
Perros-Guirec
Tréguie
Ile de Batz
7
Roscoff
St-Pol-de-Léon
Tumlus de Barnenez
Lannion
D 786
Ile d'Ouessant
Morlaix
Ménez-Bré
Lampaul-Guimiliau
10
St-Thégonnec
N 12
Guimiliau
Brest
Elorn
Roc Trévezel
8
D 789
Plougastel-Daoulas
Pointe de St-Mathieu
Mont's d'Arrée
Forêt de Huelgoat
9
11
Huelgoat
Montagne St-Michel
Camaret
Morgat
Pointe de Dinan
Ménez-Hom
Pleyben
Montagnes Noires
N 164
Presqu'île de Crozon
12
Ste-Marie
13
Cap de la Chèvre
Châteaulin
Aulne
Forêt de Quénéca
Ste-Anne-la-Palud
Pointe du Van
Roc de Toullaëron
Scorff
16
15
Audierne
Douarnenez
14
Locronan
Odet
Ellé
Ile de Sein
Pointe du Raz
N 165
18
Quimper
Le Faouët
Kernasclé
Forêt de Pont Calle
Pont l'Abbé
Bénodet
Concarneau
17
Pont-Aven
Quimperlé
Penmarch
Lorient
Le Pouldu
Iles de Glénan
Ile de Groix
Carna
Côte Sauvage
19
Quib
Belle-Ile
N
0
30 km

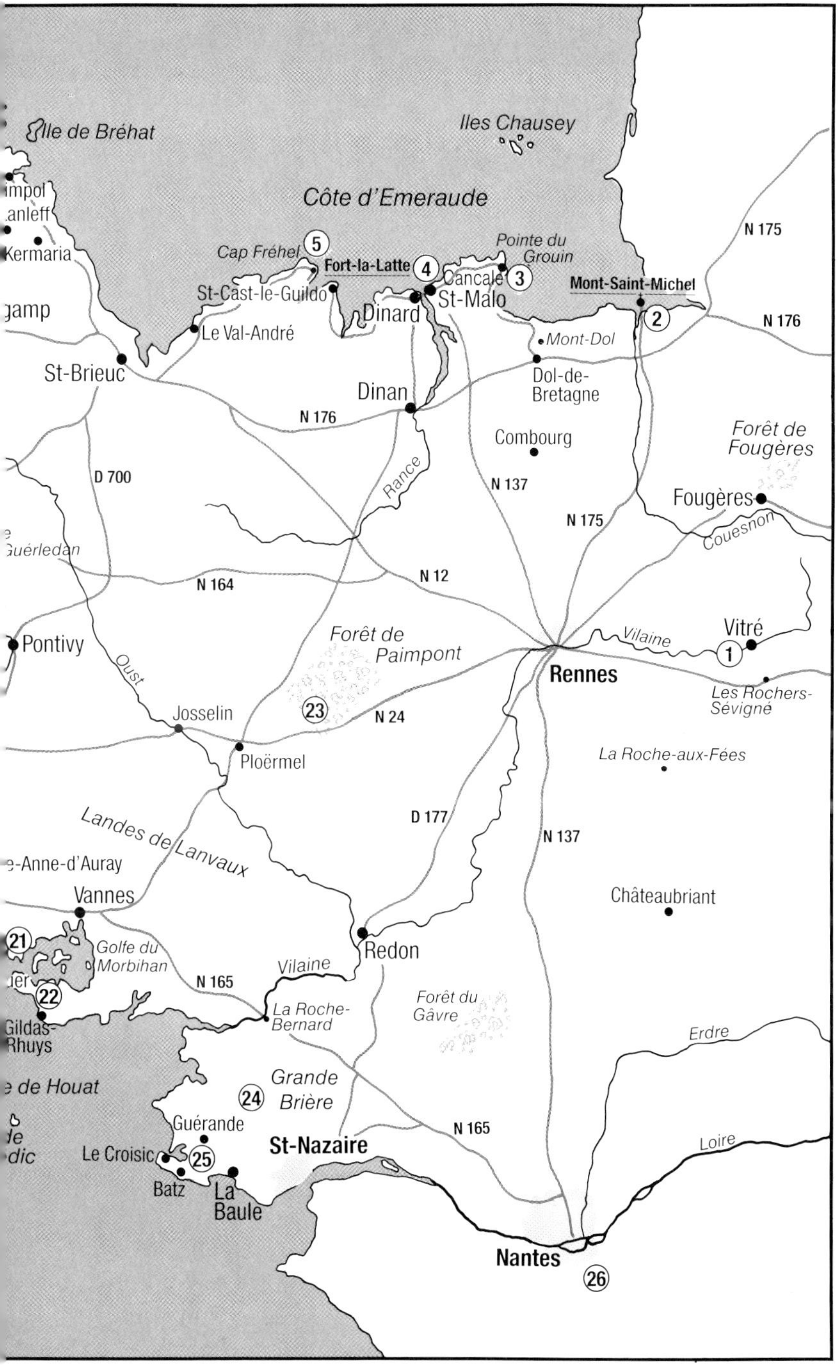
Ile de Bréhat
Iles Chausey
Côte d'Emeraude
impol
anleff
Kermaria
Cap Fréhel
5
Fort-la-Latte
4
Pointe du Grouin
3
Cancale
Mont-Saint-Michel
2
St-Cast-le-Guildo
St-Malo
Dinard
gamp
Le Val-André
Mont-Dol
St-Brieuc
Dol-de-Bretagne
Dinan
N 176
N 175
N 176
Combourg
Forêt de Fougères
Rance
N 137
D 700
Fougères
N 175
Couesnon
Guérledan
N 12
N 164
Vilaine
Vitré
1
Forêt de Paimpont
Pontivy
Oust
Rennes
Les Rochers-Sévigné
23
Josselin
N 24
Ploërmel
La Roche-aux-Fées
Landes de Lanvaux
D 177
N 137
e-Anne-d'Auray
Vannes
Châteaubriant
21
Golfe du Morbihan
Redon
Vilaine
N 165
22
La Roche-Bernard
Forêt du Gâvre
Gildas-Rhuys
Erdre
Grande Brière
e de Houat
24
Guérande
N 165
St-Nazaire
Le Croisic
25
Loire
Batz
La Baule
Nantes
26

Wanderungen in der Bretagne

In der Bretagne, wie auch im übrigen Frankreich, gehört es trotz der vielen markierten Wanderwege noch nicht zum Alltag, daß Scharen von Wanderern die einsamen Gegenden durchstreifen. Dies sollte man unbedingt berücksichtigen, wenn man an einem Bauernhof oder an einem alleinstehenden Haus vorbeikommt und dort auf einen Wachhund trifft. Da die Tiere an Wanderer nicht gewöhnt sind, reagieren sie meist sehr aggressiv. Wer sich vor Hunden ängstigt, sollte besser nicht alleine marschieren. Schnell eingeschüchtert sind die Vierbeiner, wenn man zu zweit oder in Gruppen vorbeizieht.

Im Oktober 1987 wurde die Bretagne von einer Naturkatastrophe überrascht, die schlimme Verwüstungen und schwer reparable Schäden verursachte. Eine Nacht lang tobte ein verheerender Orkan über der Region. Ganze Wälder, Alleen, Obstplantagen und Strandbepflanzungen wurden entwurzelt.

Da ich zu dieser Zeit gerade die Bretagne bereiste, konnte ich mich selbst von den Verwüstungen weiter Landstriche überzeugen. Die Wanderwege waren teilweise meterhoch von umgestürzten Bäumen blockiert; die Stämme mit der Wandermarkierung entwurzelt, deshalb gestaltete sich auch die Orientierung schwieriger. Ich bin jedoch zuversichtlich, daß zwischenzeitlich alle nennenswerten Hindernisse beseitigt wurden.

Doch leider hat z. B. der Liebeswald bei Pont-Aven viel von seiner Romantik verloren, da der alte Buchenbestand durch das Unwetter stark ausgedünnt wurde.

Viele der beschriebenen Wanderwege sind in Teilabschnitten rotweiß markiert. Dies ist das Zeichen der großen französischen Fernwanderwege (**Grandes Randonnées,** abgekürzt **GR**), die bei den praktischen Reise- und Wanderinformationen unter ›Wandern‹ (s. S. 219) genauer beschrieben sind. Hinweise zu Landkarten und Ausrüstung sind ebenfalls im ›Gelben Teil‹ zu finden.

Bei den Wegbeschreibungen wird bei fehlenden Orientierungspunkten häufig auf die Himmelsrichtung hingewiesen. Da nicht immer die Sonne scheint, sollte man deshalb einen kleinen Kompaß mitnehmen. Sollten während der Wanderung Orientierungsschwierigkeiten auftreten, halte man sich im Zweifelsfall immer an die ausführliche Wanderbeschreibung im Text. Als Anhaltspunkt bei zügigem Tempo können ca. 4 km pro Stunde angenommen werden, wobei je 100 Meter Höhenunterschied 10 Min. hinzugerechnet werden müssen. Die Pausen sind in dieser Angabe nicht mit berücksichtigt.

Wichtig ist, die ›Sprache der Markierungen‹ zu verstehen. Obwohl die markierten Wege der Wandervorschläge mit unterschiedlichen Farben, teilweise auch mehrfarbig, gekennzeichnet sind, bleiben die Grundaussagen gleich:

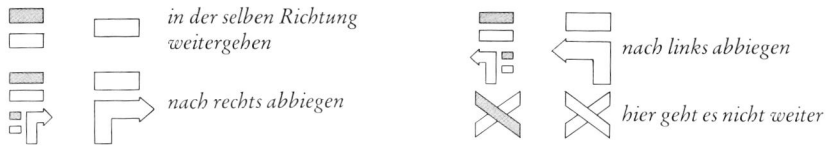

in der selben Richtung weitergehen

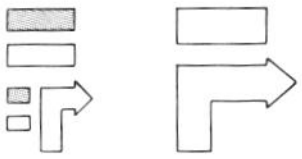

nach rechts abbiegen

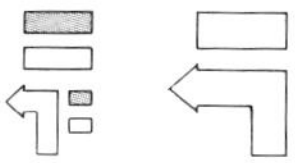

nach links abbiegen

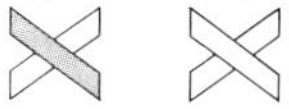

hier geht es nicht weiter

Viele Wanderungen führen an der Küste entlang. Bei den starken Gezeitenunterschieden der Bretagne zeigt sich bei Niedrigwasser ein völlig verändertes Bild der Landschaft. Einen fesselnden und faszinierenden Anblick bietet die Küstenregion bei Hochwasser, wenn das Meer donnernd an die Klippen schlägt und in die vielen kleinen Buchten hineinläuft.

Am Mont-Saint-Michel und auf der Ile Berder kann nur bei Niedrigwasser gewandert werden. Über die Gezeiten, die regional unterschiedlich auftreten, kann man sich in den jeweiligen Fremdenverkehrsbüros oder in der Tagespresse (Ouest France) informieren. Für Radwanderfreunde wurden vier Wanderungen gekennzeichnet, die sich mit leichten Abänderungen des Routenverlaufs auch als Radtouren eignen (Wanderungen 10, 19, 24 und 25).

Wanderung 1:
Am Eingangstor der Bretagne – Um die Grenzfestung Vitré

Wichtige Hinweise

Dauer: 2.15 Stunden.
Länge: ca. 8 km.
Routenart: Rundwanderung.
Wegbeschaffenheit: Wirtschaftswege, schmale Pfade am Bahngleis; durch Vitré und die Weiler auf kleinen, kaum befahrenen Straßen (im ganzen 20 Min. auf der Rundwanderung und 2 × 15 Min. auf dem Hin- und Rückweg von Vitré). Manchmal geht es auch ohne Weg über Viehweiden, über Schwachstromzäune und durch Weidegatter, die wieder geschlossen werden müssen. Das Betreten der Viehweiden ist hier erlaubt, weil der Wanderweg von den Gemeinden so angelegt wurde. Bei oder nach starkem Regen empfiehlt sich der Spaziergang nicht, da die Wirtschaftswege auf dem zweiten Streckenabschnitt dann sehr matschig sind.
Schwierigkeitsgrad: Leicht.
Orientierung: Leicht bis mittel. Meist sind die Markierungen gut zu sehen. Beim Überqueren der Viehweiden ist nach der Beschreibung die Richtung immer klar. Die neue Umgehungsstraße ist auf den meisten Landkarten noch nicht eingezeichnet, durch umfangreiche Erdarbeiten hat sich auch ihre Umgebung verändert. Wenn man sie aber an beschriebener Stelle überquert, ist der Weg nicht zu verfehlen. Markierung: gelber Punkt.
Karte: IGN 1318 Est; Vitré Est; 1:25000.
Restaurants: Viele nette kleine und preiswerte Restaurants und Crêperien in Vitré, in den Gassen um die Burg. Montags wird in den Straßen um die Kirche Markt abgehalten.
Anfahrt: Von Rennes aus nach Osten zuerst auf der N 157, dann auf der D 857 nach Vitré.

Wenn man, von Westen kommend, zum ersten Mal bretonischen Boden betritt, sollte man nicht versäumen, eine der alten Grenzburgen aufzusuchen, die einst die Ostgrenze der freiheitsliebenden Bretagne gegen Frankreich sicherten. *Vitré, Fougères* und *Châteaubriant* sind die berühmtesten. In Vitré ist nicht nur die Burg sehenswert, die ganze Altstadt mit ihren engen Gassen und Fachwerkhäusern verströmt eine mittelalterliche Atmosphäre. Früher waren hier die Zünfte, getrennt nach Handwerkszweigen, untergebracht. Vitré gehört heute zu den schönsten historischen Städten der Bretagne.

Schon ein kurzer Ausflug in die bretonische Geschichte läßt die Bedeutung dieser Festungen erkennen. Der erste bretonische Herzog Nominoë schlug im 9. Jh. Karl den Großen und grenzte damit die Bretagne nach Osten hin ab. Im 10. Jh. gaben sich die Normannen mit der heutigen Normandie nicht zufrieden und fielen plündernd in die Bretagne ein. Der bretonische Herzog ließ daraufhin die ersten Grenzfestungen bauen. Im 14. Jh. griff das französische Königshaus im bretonischen Erbfolgekrieg nach der Bretagne, doch die Bretonen blieben Sieger.

Im 15. Jh. versuchte der französische König wiederum, die Bretagne zu erobern, diesmals gewaltlos und unblutig, durch Heirat des Königs Karl VIII. mit der bretonischen Herzogin Anne de Bretagne, die bei der Hochzeit erst 14 Jahre alt war. Die Bretagne blieb jedoch, dem Willen der souveränen Herzogin Anne entsprechend, autonom. Erst ihre Tochter Claude trat das Herzogtum 1532 an ihren Mann, den französischen König Franz I., ab.

Im 16. Jh. änderte sich, mit dem Auftreten der Feuerwaffen, die Technik der Kriegsführung. Die mittelalterlichen Burgen verloren ihre ursprüngliche Zweckbestimmung. Dennoch kam es 1589 erneut zu einer Belagerung von Vitré, als die katholische Liga den Protestanten, die von der Adelsfamilie Coligny geführt wurden, ihre Hochburg Vitré nehmen wollte. Nach fünf Monaten zogen die Ligisten unverrichteter Dinge wieder ab.

Die auf einem Sporn über dem Fluß gelegene **Burg** weist alle Elemente der mittelalterlichen Festungsarchitektur auf: Der Burggraben wird von einer Zugbrücke überspannt; in den dicken, fast fensterlosen Mauern sind Schießscharten und Wehrgänge zu sehen, und die Pechnasen blicken finster zu den Betrachtern hinunter. Der dreieckige Hof bot bei einer Belagerung genügend Platz für die Bevölkerung der Stadt. Die erste Errichtung der Burg geht auf das Jahr 1000 n. Chr. zurück, bis auf einen romanischen Rundbogen gibt es jedoch aus dieser Zeit keine Zeugnisse mehr. Die heutige Anlage stammt aus dem 13.–15. Jh. und wurde dann im 19. Jh. in eben jener romantischen Manier restauriert, wie man sich damals das Mittelalter vorstellte. Die Burg gehört heute der Stadt. Im Innern des Komplexes steht das Rathaus und in einem der alten Türme ist ein Museum untergebracht.

Sehenswert ist in Vitré außerdem die spätgotische Kirche **Notre-Dame** aus dem 15.–16. Jh. Bei der Innenausstattung, insbesondere bei Altären und Fenstern, lassen sich bereits Tendenzen der Renaissance erkennen. Dies ist durch die Nähe zum und den Einfluß des übrigen Frankreichs zu erklären; weiter im Westen waren die Bretonen immer etwas zurückhaltender bei der Übernahme neuer Ideen und Baustile. Auf der Südseite der Kirche ist eine Außenkanzel zu besichtigen, von der es heißt, daß die

Die Grenzfeste Vitré

katholischen Geistlichen die Streitgespräche mit den Protestanten von dort oben zu führen pflegten.

Nördlich der Kirche befinden sich noch Überreste der alten Stadtmauer, von der man eine schöne Aussicht auf das Flüßchen Vilaine genießen kann. Die schönsten Straßen der Stadt liegen unmittelbar in der Nähe des Schlosses: In der Rue Beaudrairie, wo einst die Lederarbeiter wohnten, und in der Rue d'Embas, beide mit schönen alten Fachwerkhäusern bebaut, lassen sich auch einige hübsche kleine Restaurants finden.

Vom 16.–18. Jh. kam die Bevölkerung der Stadt durch den Tuchhandel, der sie bis nach Amerika und Indien führte, zu Reichtum. Heute leben die 13500 Einwohner zum Teil noch immer von der Textilindustrie. Daneben etablierte sich inzwischen auch der Maschinenbau und die Nahrungsmittelindustrie. Im Vergleich zu den Städten der Westbretagne ist in Vitré das Ausmaß der Industrialisierung schon weit fortgeschritten.

Wegbeschreibung

Die Wanderung beginnt in Vitré an der Rue de Brest, der Straße nach Rennes, 250 m westlich des Bahnhofs. Ausgangspunkt ist ein Parkplatz unterhalb der Burg von Vitré, zu dem die kleine Fachwerkgasse Rue d'Embas aus der Altstadt herunterführt. Hier kann man das Auto abstellen.

Zuerst ist die Hauptstraße nach Süden hin zu überqueren, dann steigt man eine Treppe hinauf (rot-weiße GR-Markierung) und biegt

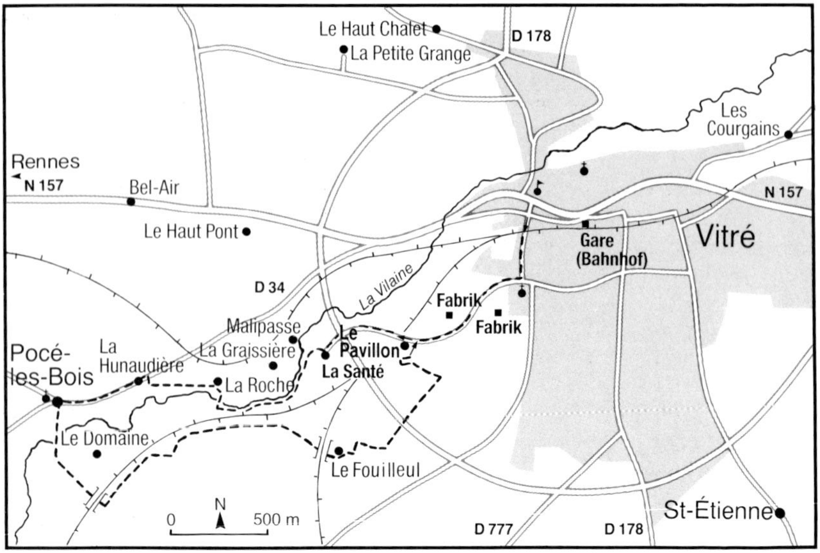

Route 1: Um die Grenzfestung Vitré

oben nach rechts auf die Rue du Bourg aux Moines ab. Bei der nächsten Gelegenheit geht es nach links, in der Rue St-Croix bergauf, dann über die Bahn. Am Ende der Straße an einer kleinen Kapelle wandern wir rechts auf dem Chemin du Pavillon weiter. Ab und zu ist schon die Markierung, der dunkelgelbe Punkt, zu sehen. In kleinen Kurven geht es leicht bergab. Nach 15 Minuten haben wir den kleinen Weiler Le Pavillon erreicht. Hier beginnt die Rundwanderung.

Wir halten uns weiterhin geradeaus, kommen durch einen kleinen Eisenbahntunnel (Bahnlinie Paris – Brest) und kurz darauf unter der neuen Umgehungsstraße von Vitré hindurch.

Am Ende des Weges liegt der Weiler La Santé, der früher eine Leprastation war. Vor dem ersten Haus passieren wir ein Viehgatter (Markierung) und gehen nach rechts. **Achtung,** der Drahtzaun steht unter Schwachstrom! Wir umgehen die kleine Ansiedlung auf der Weide und übersteigen einen weiteren Zaun. Dann überqueren wir eine Wiese mit Obstbäumen, parallel zur Fließrichtung der Vilaine, und wandern bald direkt am Fluß entlang. Am Ende der Wiese verlassen wir die Weide wieder über einen Zaun (Markierung) und kommen auf einen schmalen romantischen Fischerpfad, der zwischen Buchen und Edelkastanien am Fluß entlangführt. Der Pfad wird breiter und endet schließlich an einem Metallgatter (35 Min.), an dem wir vorbeigehen, dahinter nach rechts abbiegen, um dann die Vilaine auf einer kleinen Betonbrükke zu überqueren.

Zwischen den Häusern des Bauernhofs La Roche mit seiner ehemaligen Mühle wandern wir der Markierung folgend nach links (Zaungatter öffnen), auf dem Zufahrtsweg, dann parallel zur Vilaine bergauf. Bald kommt man an die Straße Vitré – Pocé-les-Bois (45 Min.) und folgt ihr nach links in den Ort Pocé-les-Bois hinein. Die Dorfkirche rechts ist meist verschlossen, dahinter liegt auf einem Hügel eine Kapelle mit einem einfachen Calvaire aus dem 19. Jh.

Hinter dem großen Parkplatz wendet man sich entsprechend der Markierung und dem Hinweis PR du Pays de Vitré nach links (55 Min.). Kurz darauf überquert man abermals die Vilaine und gelangt an eine Eisenbahnunterführung (1.05 Std.). Dann biegen wir nach links ab und wandern am Bahngelände entlang. In einem Waldstück macht der Weg eine leichte Rechtskurve, wir folgen ihm bis zu einer Kreuzung mit einem Viehgatter (1.15 Std.). Dort, wo sich der Weg wieder leicht nach rechts wendet, verlassen wir diesen, übersteigen einen elektrisch geladenen Zaun und gehen nach links am Feld entlang weiter (gelb markiert). Einige kleine Zäune sind noch zu überqueren, bis wir wieder neben dem Bahngleis wandern (1.25 Std.). Unser Weg entfernt sich nach kurzer Zeit in halbrechter Richtung vom Gleis; kurz nach einer Unterführung kommen wir in den Weiler Le Fouilleul (1.35 Std.). Nach einem Weidezaun folgt man der Markierung zwischen den Häusern hindurch. Das gelbe Zeichen weist uns hinter dem letzten Schuppen nach links, es geht auf dem Fahrweg in Windungen leicht bergauf, dann an einer großen Baumhecke nach links.

Vor uns liegt die neue Umgehungsstraße von Vitré (1.45 Std.). Bitte vorsichtig überqueren! (Vielleicht ist neuerdings auch eine Unterführung vorhanden!)

Gerade wandern wir am Waldrand entlang weiter. Auf einer Viehweide führt der Weg bald leicht bergab und am Ende der Weide nach links. Nachdem ein letzter Weidezaun überwunden ist, landen wir schließlich auf einem Hohlweg (markiert), an dessen Ende es nach rechts in den Weiler Le Pavillon geht (2 Std.). Nach den Häusern ist wieder die Straße erreicht, auf der wir die Rundwanderung begonnen haben. Auf dem gleichen Weg kehren wir nun nach rechts zurück. Erst bis zur kleinen Kapelle, dort nach links in die Rue Ste-Croix, an ihrem Ende nach rechts bergab zum Ausgangspunkt in Vitré (2.15 Std.).

Wanderung 2: **Wattwanderung am Mont-Saint-Michel**

Wichtige Hinweise

Dauer: 1.20 Std.
Länge: ca. 5,8 km.
Routenart: Hin- und Rückweg sind gleich.
Wanderzeit: Nur in den vier Stunden zwischen 3 Stunden nach Hochwasser und 1 Stunde nach Niedrigwasser (Gezeiten im Touristenbüro erfragen!).
Wegbeschaffenheit: Zu Beginn der Wanderung können Glasscherben herumliegen, daher empfiehlt es sich, Badeschuhe mitzunehmen; später geht man barfuß auf weichem und hartem Sand und durch einige flache Wasserläufe (Priele).
Schwierigkeitsgrad: Leicht.
Orientierung: Leicht. Die Insel Tombelaine überragt deutlich sichtbar in 2,5 km Entfernung nördlich des Mont-Saint-Michel das Watt.
Restaurants: Auf dem Mont-Saint-Michel oder vor Dammbeginn am Festland gibt es unzählige Möglichkeiten. Die Preise halten sich aufgrund der großen Konkurrenz im Rahmen. Zu empfehlen ist das berühmte schaumige Omelett des Mont-Saint-Michel oder das Lammfleisch von Lämmern, die auf den Salzwiesen vor der Bucht weideten *(L'agneau de Pré-Salé).*
Anfahrt: Von St-Malo aus nach Osten auf der D 155 und D 797 nach Pontorson, von dort aus nach Norden auf der D 976 zum Mont-Saint-Michel.

Das Erlebnis, das der ›Mont-Saint-Michel‹ seinen Besuchern bietet, läßt sich noch steigern, wenn man neben der Besichtigung der Jahrhunderte alten Benediktinerabtei auch eine Wattwanderung unternimmt. Der Spaziergang führt zum Felsen Tombelaine und wieder zurück zur Klosterburg. Erst in der Ruhe und Einsamkeit des Watts beginnt der Mont-Saint-Michel seine ganze monumentale Wirkung zu entfalten. Der Gegensatz der trägen Touristenmassen einerseits, die sich in den schmalen Gassen zwischen den kitschigen Souvenirshops drängen oder in den Klosterräumen tummeln, und der angenehmen Ruhe andererseits, die einkehrt, sobald man sich wenige hundert Meter vom Mont-Saint-Michel entfernt und nur noch das Kreischen der Möwen und das Pfeifen des Windes hört, ist kaum zu beschreiben.

Eine Wattwanderung ist allerdings auch nicht ganz ungefährlich. Treibsandfelder verschlangen in früheren Zeiten allzu stürmische Pilger, die ohne einen Führer in überschwenglicher Begeisterung auf ihr Wallfahrtsziel zugeeilt waren. Oft wurden sie von der Flut überrascht, die schnell ›wie ein galoppierendes Pferd‹ in die Bucht des Mont-Saint-Michel heranfließt, wie die Einheimischen zu sagen pflegen.

Um kein Risiko einzugehen, sollte man sich vorher **unbedingt** beim Fremdenverkehrsbüro (Office de Tourisme) am Eingang der Klosterburg (im ersten Innenhof oberhalb des Brunnens) einen Gezeitenplan *(Horaire des Marées)* holen. Hier sind für alle Tage des Jahres die Hochwasserzeiten (2 × täglich) und die Höhe des jeweiligen Hochwassers verzeichnet. In den Tagen um Voll- und Neumond ist Springflut, das Hochwasser kommt in dieser Zeit bis an den Mont-Saint-Michel heran und überschwemmt sogar einige Parkplätze, die dann gesperrt sind. An den übrigen Tagen

Im Klostergarten des Mont-Saint-Michel

erreicht das Meer die Felseninsel nicht mehr, umspült bei Hochwasser aber stets unser Wanderziel, den Felsen Tombelaine. Die Wattwanderung sollte man **ausschließlich** – und das ist wichtig – im Zeitraum zwischen drei Stunden nach Hochwasser und einer Stunde nach Niedrigwasser unternehmen, also innerhalb von vier Stunden. Ein Beispiel: Ist morgens um 8 Uhr Hochwasser, also kurz nach 14 Uhr Niedrigwasser, sollte man nur in der Zeit zwischen 11 Uhr und 15 Uhr wandern.

Die gefährlichen Treibsandfelder liegen nicht an der beschriebenen Route. Nur direkt um den Felsen Tombelaine kann man mit solchen Zonen in Berührung kommen. Bewegt sich beim Betreten der Boden, sollte man gleich wieder auf festen Grund überwechseln.

Es besteht die Möglichkeit, vom Tombelaine aus bis zur Küste der Cotentin-Halbinsel nach Bec d'Andaine weiterzuwandern. In diesem Abschnitt darf man aber nur mit einem Führer wandern, da zwei Priele (Zu- und Abflußrinnen für den Gezeitenstrom) mit täglich wechselnden Tiefen zu durchqueren sind. Auch trifft man an diesen Stellen auf gefährliche Treibsandfelder.

Wegbeschreibung

Das Auto bleibt auf einem der großen Parkplätze neben dem 1,8 km langen Damm direkt vor dem Eingang des Mont-Saint-Michel stehen. Vor der Wattwanderung ist es **unbedingt** notwendig, sich im Touristenbüro nach den Gezeiten zu erkundigen.

Wandern kann man in Badehosen, kurzen Hosen, aber auch im Rock. Je nach Jahreszeit ist es anzuraten, sich einen Pullover oder eine Jacke mitzunehmen, da oft ein starker Wind über die Bucht pfeift.

Wir betreten das Watt auf der Ostseite des Mont-Saint-Michel. Wer empfindlich ist, sollte für das kurze Stück um den Felsen Badeschuhe mitnehmen, da hier, nahe der Zivilisation, der Kulturschutt, vor allem in Form von Glasscherben, unangenehme Verletzungen verursachen kann. Gelangt man dann auf die Rückseite der Felseninsel, ist das Watt sauber. Es empfiehlt sich, die Schuhe auszuziehen, um das herrliche Gefühl des feuchten, schlickartigen oder wie zum Wellblech geformten harten Sandes zu genießen.

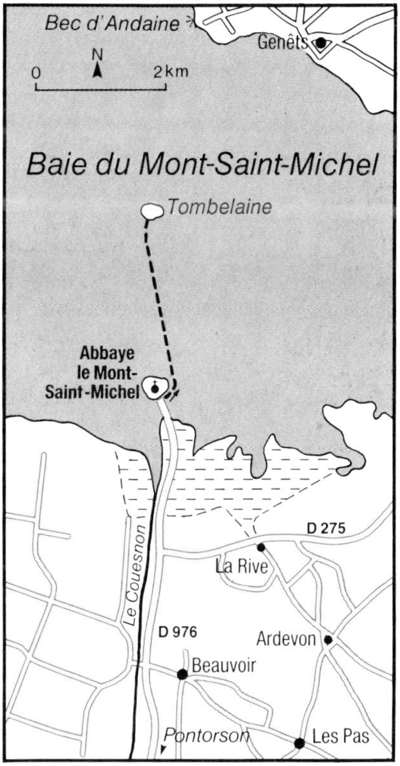

Route 2:
Wattwanderung am Mont-Saint-Michel

Kaum hat man dem Berg den Rücken zugekehrt, tritt Ruhe ein. Nur die Schreie der Möwen unterbrechen die Stille. Auch bei relativ niedrigen Lufttemperaturen im Frühjahr und Herbst strahlt das Watt eine überraschende Wärme ab. Unser Ziel, der vogelumschwärmte Granitfelsen Tombelaine, liegt zum Greifen nahe. Links fließt in einem tiefen Bett der Fluß Couesnon. Zwischen dem Mont-Saint-Michel und dem Tombelaine sind einige kleine Wasserläufe zu überqueren. Sie sind ganz flach und problemlos zu durchwaten. Aufpassen sollte man in den ›Prielen‹ nur an den Stellen, wo der Boden beim Betreten nachgibt. Hier befindet man sich auf Treibsand, der aber in kleinen Vorkommen noch ungefährlich ist.

Auf dem Sand liegen ab und zu einige Muschelschalen. Die meisten Kleintiere des Watts sind jedoch im Boden versteckt. Dort leben Wattschnecken, Schlickkrebse, Seepokken und Strandschnecken. Die meisten sichtbaren Zeugnisse seines Daseins hinterläßt der Wattwurm *(Arenicula)*. Er lebt in einer U-förmigen Röhre, deren Anfang und Ende zur Wattoberfläche führen. Der Wurm saugt an einem Ende Sand an, nimmt die für ihn verwertbaren Nährstoffe auf und drückt den Rest am anderen Ende der Röhre wieder heraus. Tausende von Sandhäufchen zeugen von dieser eigenartigen Ernährungsweise.

Nach knapp 40 Minuten ist die Insel Tombelaine erreicht. Im 14. und 15. Jh., während des 100jährigen Krieges, setzten die Engländer von dieser Stelle aus zur Belagerung des Mont-Saint-Michel an, eine Eroberung gelang ihnen jedoch nie. Heute brüten auf dem Felsen nur noch die Vögel.

Der Rückweg ist noch faszinierender, weil man nun die Klosterburg mit dem Erzengel Michael auf der Kirchturmspitze vor sich hat. Der schönste Teil des Klosters, der dreistökkige Bau des ›Wunders‹ *(La Merveille)*, ist nur von dieser Seite, aus der Abgeschiedenheit des Watts zu sehen.

Nach einer Stunde und 20 Minuten sind wir wieder bei den Parkplätzen angelangt. Wer sich vor der Abfahrt noch von Schlick und Schlamm befreien will und sich an den neugierigen Blicken der Touristen nicht stört, kann sich im ersten Innenhof des Mont-Saint-Michel am Brunnen die Füße waschen.

Die Geschichte des Mont-Saint-Michel

Nach der Überlieferung erschien dem Bischof von Avranches im Jahr 708 mehrmals der Erzengel Michael, der ihn aufforderte, auf dem Felsen ›Mont Tombe‹, dem heutigen Mont-Saint-Michel, ein Oratorium errichten zu lassen. Zu dieser Zeit lagen der Mont Tombe (80 m) und der Tombelaine noch als dominante Granitklötze in einem großen Waldgebiet. Als jedoch die vom Bischof gesandten Boten im Jahre 709 vom Monte Gargano zurückkehrten, von wo sie Reliquien des Heiligen Michael besorgt hatten, erkannten sie ihre Heimat nicht wieder. Eine Sturmflut hatte den Wald verschlungen. Nur noch die beiden Felsen ragten aus den Fluten. Dennoch richtete St-Aubert ein Oratorium ein. Wegen ihrer liederlichen Lebensweise verjagte der normannische Herzog Richard I. im 10. Jh. die dort lebenden Stiftsherren. Er ließ eine neue Kirche erbauen (die heutige Notre-Dame-sous-Terre) und siedelte Benediktiner an. Im 11. Jh. entstanden viele Trakte des romanischen Klosters und die heutige Abteikirche, die über den Bauwerken der karolingischen Epoche auf der Spitze des Felsens errichtet wurde.

Aus ganz Frankreich, aber auch aus den Nachbarländern zogen die Pilger zum Felsen im Meer. Im 12. Jh., einer Zeit des Friedens, der Gelehrsamkeit und des Reichtums, erlebte die Abtei ihre Blüte. Während der Machtkämpfe zwischen dem englischen und dem französischen König belagerte Philipp August von Frankreich den Mont-Saint-Michel und steckte ihn in Brand. Später entstand in seinem Auftrag als Wiedergutmachung der schönste Bau, das ›Wunder‹ *(La Merveille)*. Bei diesem architektonischen Kunstwerk handelt es sich um ein dreigeschossiges Klostergebäude, in dem sich unten der Keller und der Almosensaal, in der Mitte der Ritter- und Gästesaal und oben der Kreuzgang und das Refektorium befinden.

Im 100jährigen Krieg belagerten die Engländer den Klosterfelsen, wurden dann aber 1434 von den Franzosen geschlagen. Zwei dabei erbeutete englische Kanonen stehen heute noch im ersten Innenhof des Mont-Saint-Michel.

Mit dem 16. Jh. begann der Niedergang der Abtei, als König Franz I. die ›Kommende‹ in Frankreich eingeführt hatte. Eine Person seiner Wahl, die nicht notwendigerweise dem geistigen Stand angehören mußte, wurde zum Abt ernannt. Dieser kam in der Regel nur ins Kloster, um die Einkünfte seiner Pfründe abzuholen. Im 17. Jh. versuchten reformierte Benediktiner von St-Maur den Niedergang zu bremsen, doch führten ein Brand im 18. Jh. und schließlich die Französische Revolution zum endgültigen Niedergang des Mont-Saint-Michel. Als Staatsgefängnis, als Fabrik für Strohhüte und als Schneiderei wurden Kloster und Kirche verweltlicht und entweiht. Erst 1874 ließ Napoleon III. den Felsen zum ›Monument historique‹ erklären, Restaurierungen wurden vorgenommen, und 1877 der 1,8 km lange Damm als Verbindung zum Festland gebaut. Jährlich kommen heute fast eine Million Touristen, um das ›Wunder des Abendlandes‹ – früher das Ziel unendlicher Pilgerscharen – zu besichtigen.

›Die Lämmer der Salzwiesen‹

Noch im 19. Jh. wäre kein Bauer an der Bucht des Mont-Saint-Michel auf die Idee gekommen, Lammfleisch als Delikatesse zu bezeichnen. Die Schafherden wurden auf die Salzwiesen geführt, weil man hier billiges Weideland nutzen konnte. Interessant für die Landwirtschaft war vor allem der Schafmist, der als exzellenter Dünger auf die Felder kam. Das Lammfleisch verkaufte man an das Heeresversorgungsamt.

Erst der aufkommende Badetourismus des reichen städtischen Bürgertums Ende des 19. Jh., insbesondere aber in den zwanziger und dreißiger Jahren unseres Jahrhunderts, weckte das Interesse am Lammfleisch der Salzwiesen. Nach dem Zweiten Weltkrieg nahm die touristische Entwicklung um den Mont-Saint-Michel so stark zu, daß die Nachfrage nach den Lämmern der Salzwiesen *(L'agneau de Pré-Salé)* bald das Angebot überstieg. Betrügerische Gastronomen und Landwirte trugen dazu bei, daß bald fünfmal soviel Fleisch verkauft wurde, wie überhaupt Lammgeburten verzeichnet worden waren. Daraufhin wurden die Kontrollen verschärft; es hagelte Strafbefehle, viele Prozesse wurden geführt.

Im Winter – von November bis April – übernachten die Herden im Schafstall und machen sich dann am Morgen auf den Weg zu den Salzwiesen. Bei der anstrengenden Wanderung müssen auf der bretonischen Seite der Bucht in zwei Stunden fünf Deiche und viele Polder überquert werden. Dieses eingedeichte Marschland – mit über 3000 ha sind es die größten französischen Polder – war dem Meer von 1851 bis 1934 abgerungen worden.

Nach Überwindung des Flutdeiches haben die Tiere schließlich die Meerstrand- oder Salzwiesen erreicht. Hierbei handelt es sich um junge Ablagerungen von Meerschlamm, der mit Gräsern hohen Mineral- und Stickstoffgehaltes bewachsen ist. Dieses Futter ist die Voraussetzung für die außerordentliche Güte des Lammfleisches, das sehr mager und zart ist und dem der strenge Talggeschmack der gewöhnlichen Festlandlämmer fehlt. Die Salzwiesen werden nur noch bei Springflut vom Meer überspült. Am Nachmittag tritt die Herde den langen Rückweg an.

Im Sommer – von April bis Oktober – übernachten die Tiere auf den nahen Poldern und müssen morgens nur noch den Flutdeich überwinden, um ihre Weideplätze zu erreichen. In dieser Zeit sind auch die jungen Lämmer dabei, die im Frühjahr noch im Stall bleiben, weil der lange Marsch für sie zu anstrengend ist.

Hitzig wird zur Zeit die Diskussion um den Begriff L'agneau de Pré-Salé geführt. Auf der normannischen Seite der Bucht haben sich die Schafzüchter 1987 zu einer Produzentenvereinigung zusammengeschlossen, um ihr Produkt aufzuwerten. Kontrollen von Vorschriften und Verkauf sollen Betrügereien verhindern. Jede Lammgeburt ist zu melden, Mutterschafe müssen mindestens 230 Tage im Jahr auf den Salzwiesen verbringen, die drei Wochen alten Lämmer sollen bereits dort grasen. Seit Ostern 1988 wird das so produzierte Qualitäts-Lammfleisch, mit dem Handelsnamen ›Le Grevin‹ von allen Seiten gestempelt, auf den Markt gebracht.

Die bretonischen Züchter haben noch keinen Zusammenschluß erreicht. Hier gehen die Meinungen um den Begriff ›Pré-Salé‹ zu stark auseinander. Die Lämmer können nicht wie in der Normandie schon mit drei Wochen auf den Salzwiesen weiden, weil der anstrengende Weg durch die Polder nur den Mutterschafen zuzumuten ist. Lämmer, die schon zu Ostern verkauft werden, haben nie eine Salzwiese gesehen, wurden aber mit der Milch der dort weidenden Mutterschafe gesäugt. Lämmer, die im Sommer verkauft werden, weideten zuvor zwar auf den Salzwiesen, jedoch erst ab April/Mai und nicht, wie in der Normandie, schon mit drei Wochen.

Da die bretonischen Züchter nach der normannischen Definition den Begriff ›Pré-Salé‹ aufgeben müßten und da jeder Bauer eine andere Meinung dazu vertritt, wird der Zusammenschluß zu einer Erzeugergemeinschaft wohl noch eine Zeitlang auf sich warten lassen.

Wanderung 3:
Vom Austernzentrum Cancale zur Pointe du Grouin

Wichtige Hinweise

Dauer: Gute 5 Stunden.
Länge: ca. 19 km.
Routenart: Rundwanderung.
Wegbeschaffenheit: Schmale Küstenpfade, Wald- und Feldwege; im ganzen etwa 45 Min. wenig befahrene Asphaltstraße.
Anstiege: Minimal, jeweils bei den Buchten, höchstens 40 Höhenmeter.
Schwierigkeitsgrad: Mittel.
Orientierung: Leicht, da meist gut markiert (GR 34 und GR 34 A jeweils rot-weiß); Karte: IGN 1215 Ouest; Cancale, Pointe du Grouin; 1:25000.
Restaurants: In Cancale, am Port-Mer und an der Pointe du Grouin.
Bademöglichkeiten: In jeder durchwanderten Bucht.
Anfahrt: Von St-Malo über die D 355 nach Osten, vom Mont-Saint-Michel über die D 976, D 797 und D 76 nach Westen, von Dol-de-Bretagne über die D 4 und D 76 nach Nordwesten.

Austernzüchter bei Cancale

Das malerische Fischerstädtchen Cancale mit knapp 5000 Einwohnern ist für seine Austernparks berühmt. Die Austernbrut kommt aus dem Golf von Morbihan oder von der südfranzösischen Atlantikküste und wird in den 400 ha umfassenden Mastparks vor Ort zur Reife gebracht. Die Cancale-Austern sollen wegen des Planktonreichtums der Bucht einen besonderen Geschmack haben. Man bekommt sie in allen Hafenrestaurants und Bars, aber auch direkt bei den Zuchtparks.

Die Wanderung führt an der Steilküste von Cancale nach Norden zur Pointe du Grouin. Die Szenerie ist nicht ganz so wild und bizarr wie um das Cap Fréhel oder an der Pointe du Raz, aber dennoch typisch für die bretonische Küstenlandschaft. Auf malerische Sandbuchten folgen schroffe Steilwände. Das milde und feuchte Klima begünstigt eine üppige Flora: Zypressen, Pinien, Ginster und Brombeeren bestimmen das Bild. Der Rückweg führt durch das landwirtschaftlich genutzte Landesinnere.

Wegbeschreibung

Die Wanderung beginnt am Hafen von Cancale (La Houle), das Auto kann an der Hauptstraße direkt am Hafen stehenbleiben. Es geht auf dem Quay Gambetta, vorbei am Hôtel des Pêcheurs, in nordöstlicher Richtung. Rechter Hand führt eine Mole ins Meer hinaus, dahinter liegen die berühmten Austernbänke von Cancale. Bei Niedrigwasser werden in Ufernähe an den Durchspülungsbecken die Austern frisch aus dem Meer verkauft. Wer die Wanderung schon mit einem ersten Höhepunkt beginnen will, lasse sich hier eine oder auch mehrere Austern gut schmecken.

Kurz hinter den Austernbecken verlassen wir die Uferstraße und folgen der Markierung des GR 34 (rot-weiß). Nach einer Spitzkehre steigen wir steil nach links bergauf. Sogleich eröffnet sich ein schöner Blick über den Hafen von Cancale. Auf Dachgiebelhöhe der Häuser verlassen wir den Hauptweg und biegen nach rechts auf den sandigen ›Zöllnerpfad‹ *(Sentier des Douaniers)* ab (markiert). Ein Schild weist auf die in 6,9 km Entfernung liegende Landspitze Le Grouin hin.

Wir wandern nun am oberen Rand der Steilküste, der Weg führt an einer Landzunge, der Pointe du Hock, vorbei. Bänke laden immer wieder zum Verweilen ein, um den wunderbaren Blick über das Meer auf den Mont-Saint-Michel zu genießen. Bei guter Sicht kann man sogar die Cotentin-Halbinsel der Normandie erkennen. Der Weg wird von teilweise uralten Pinien und Zypressen gesäumt. Wir folgen der rot-weißen Markierung oder dem Pfeil nach Le Grouin. Nach knapp 20 Minuten steigt man einige Treppen hinauf, und setzt die Wanderung der Markierung entsprechend nach rechts in Richtung Meer fort. Am Wegrand wachsen Stechginster, Schwarzdorn (Schlehen) und Brombeeren. Anfang September finden Liebhaber von Brombeeren auf fast allen Wanderwegen der Bretagne ein überreiches Angebot an reifen Früchten.

Bald passiert der Weg die kleine Landzunge Pointe de la Chaîne (45 Min.), der zwei Inseln gegenüberliegen. Es geht auf dem Küstenpfad weiter, dann neben Feldern über eine Hochfläche (1 Std.) und danach leicht bergab wieder an der Küste entlang.

Nach einem Abstieg kommen wir zum Port-Briac, in eine kleine Hafenbucht (1.15 Std.). Auf der Nordseite führt der Weg wieder steil bergauf (nach Le Grouin noch 3,9 km), bald erneut bergab, um zum Port Pican zu gelangen. Man kommt an einem Wasserskiclub vorbei und wandert anschließend auf dem schmalen Küstenpfad über die Landzunge Pointe de Chatry weiter. Die nächste Bucht entpuppt sich als ein schöner breiter Sandstrand (Port-Mer, 1.50 Std.). Bei gutem Wetter kann man hier eine Badepause einlegen oder ein Eis essen. Sobald die Uferstraße nach links abknickt, folgen wir dem Küstenpfad nach rechts.

Nach einer alten Geschützstellung (2.05 Std.) und einem Campingplatz ist endlich das Kap, die Pointe du Grouin, erreicht. Unser Weg führt unterhalb des Hotelrestaurants La Pointe du Grouin (2.15 Std.) bis zur äußersten Landspitze. Gegenüber im Meer liegt das Natur- und Vogelschutzgebiet Ile des Landes, dahinter ein Leuchtturm. Bei klarer Sicht kann man nach Westen bis zum Cap Fréhel, nach Norden bis zu den Chausey-Inseln und nach Osten bis zum Mont-Saint-Michel blikken. Wir umwandern das 40 m hohe Kap und gehen mit Hilfe der rot-weißen Markierung an der Küste entlang nach Südwesten.

Nach einiger Zeit treffen wir auf einen schönen Strand (3.05 Std.), zunächst geht es bergab, dann auf schmalem Pfad wieder hinauf auf die Höhe. Der Weg führt auf der Küstenseite an einem einzelnen Haus vorbei. Bald steigen wir zum Plage du Verger, einem einsam gelegenen herrlichen Sandstrand, hinab (3.40 Std.). Auch hier bietet sich wieder eine Badepause an.

Am westlichen Strandende verlassen wir die rot-weiße Markierung und wandern nach links auf einer kleinen Straße weiter. Es geht an einer kleinen Kapelle vorbei, deren romantisch gewählter Standort typisch für die Bretagne ist: Vor dem Bau aus Granit wachsen

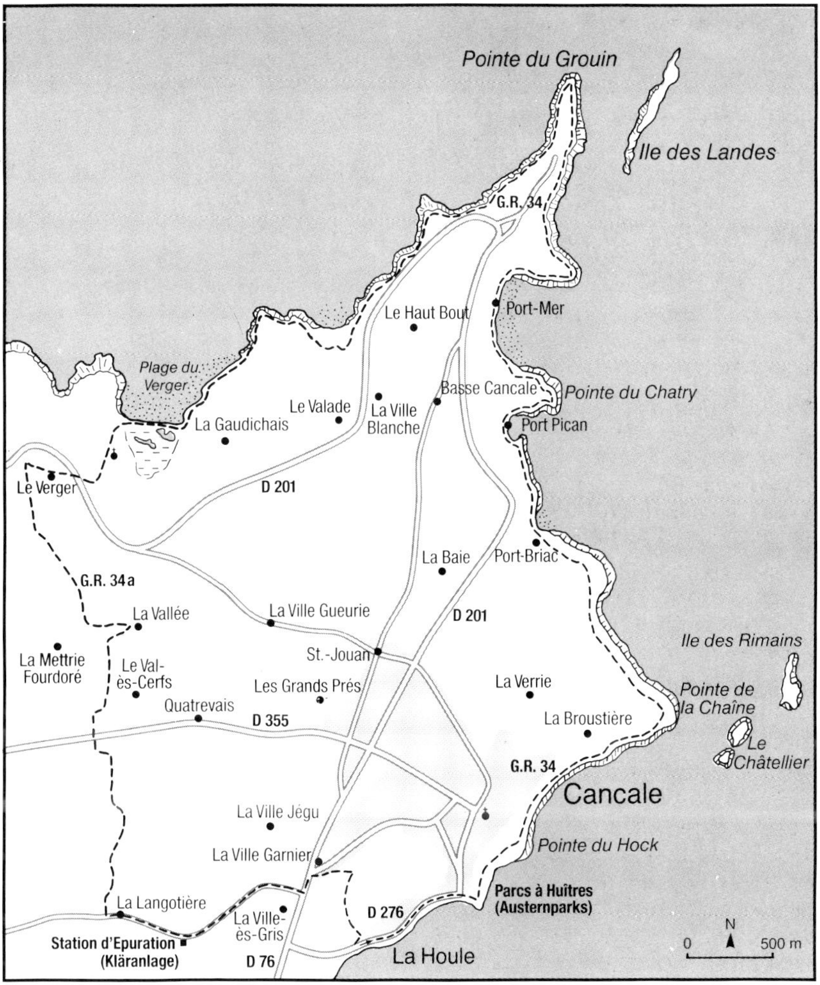

Route 3: Vom Austernzentrum Cancale zur Pointe du Grouin

alte Pinien und eine Zypresse, blaue und rosa Hortensien beleben im Sommer den grauen Stein.

Der Rückweg nach Cancale in Richtung Süden führt nun durchs Landesinnere. Eine Hauptstraße überqueren wir schräg nach rechts (3.45 Std.). Auf der Dorfstraße (Rue de Hurlevent) von Le Verger passieren wir den Ort. 100 m bevor die Dorfstraße auf die Hauptstraße führt (3.50 Std.), biegen wir nach links ab und kommen an neugebauten Häusern vorbei. Wir folgen jetzt wieder einer rot-weißen, auf dem GR 34 A schon stark verblaßten Markierung. Der Weg ist zunächst asphaltiert, wird dann zum sandigen Fahrweg und führt in die Felder hinein. Nach rechts bietet sich ein schöner Blick über die Hochfläche bis hin zur zergliederten Nordküste. Bald geht es leicht bergab. Die Gegend ist verwildert; wir wandern durch ein schmales Tal mit

Panorama vom Cap Fréhel bis Granville

vielen abgestorbenen Bäumen, die der dichte Efeu allmählich erstickt hat. Der von Brombeergestrüpp gesäumte Weg wird schmaler, von Zeit zu Zeit ist eine rot-weiße Markierung zu erkennen.

Linker Hand liegt bald ein Steilhang, rechts plätschert ein kleines Bächlein. Auf dem schattigen Waldweg mit der geheimnisvollen, von verschiedenen Grüntönen untermalten Stimmung, ist es im Sommer angenehm kühl. Kurz nach einer Linkskurve erreichen wir den Weiler La Vallée (4.10 Std.), der hier einsam im Tal liegt. Vor den Gebäuden folgen wir der Markierung nach rechts und gleich darauf wieder nach rechts. Unsere Wanderung führt im Linksbogen aus dem Wald heraus (4.15 Std.), zwischen Feldern hindurch gehen wir nun nach Süden.

An einem Haus stoßen wir auf einen Querweg, folgen ihm etwa 20 Meter nach rechts und biegen dann gleich wieder nach links ab. Wenig später ist die Hauptstraße nach Cancale (D 355) zu überqueren (4.20 Std.), kurz danach macht der Weg einen Links- dann einen Rechtsbogen und ist auf diesem Streckenabschnitt wieder gut markiert. In südlicher Richtung wandern wir durch die Felder.

Sobald eine kleine Teerstraße erreicht ist, folgt man ihr nach links. Beim Weiler La Langotière biegt die rot-weiße Markierung nach rechts in eine Sackgasse ab, wir verlassen zum zweiten Mal den gekennzeichneten Weg und gehen auf der kleinen Straße weiterhin geradeaus nach Osten in Richtung Cancale. In der Ferne ist schon die Pfarrkirche zu sehen. Bald passiert man die Kläranlage des Küstenortes und danach einen Vorort. Auf der Hauptstraße (4.50 Std.) wandern wir kurz nach links, nach etwa 125 m dann nach rechts in Richtung La Ville Garnier. Dort, wo die Asphaltstraße in einen Schotterweg übergeht, biegen wir nach rechts in einen Hohlweg ein und folgen ihm bergab.

In La Houle, dem Hafenviertel von Cancale (5.00 Std.), führt der Weg auf eine Straße, auf der wir uns nach links wenden und kurz darauf wieder nach rechts abbiegen. Die Küstenstraße ist erreicht. Nun geht es links am Hafen entlang bis zum Parkplatz (5.05 Std.). Für die letzten Anstrengungen belohnt bei schönem Wetter nochmals ein Blick auf den Mont-Saint-Michel. Auf die Genießer warten zur Stärkung schon die frischen Austern und ein Gläschen Muscadet.

Austern- und Muschelzucht in der Bretagne

Austernzucht *(Ostréiculture):* Aufgrund der Überfischung der natürlichen Austernbänke wird seit Mitte des 19. Jh. in Frankreich diese begehrteste aller Speisemuscheln in großem Maßstab gezüchtet. Die typisch bretonische Austernart ist die *Huître Plate* – auch als europäische oder Tafelauster *(Ostrea edulis)* bekannt, die schon Ludwig XIV. mit Genuß verzehrte. Sie wurde früher auch an der südwestfranzösischen Atlantikküste kultiviert, dort aber um 1920 durch eine Seuche fast völlig ausgerottet. In der Bretagne konnte sich die feinste unter den Austern länger halten. Ihre Larven wurden im Golf von Morbihan aufgezogen. Zur Mastreife kamen sie nach Belon oder Paimpol, da an diesen Orten das Meerwasser planktonreicher ist als im Golf von Morbihan.

Neben der Huître Plate führte man bald eine fleischige und mit einem tieferen Gehäuse versehene Art, die *Portugaise (Crassostrea angulata)* ein, die schon an der Atlantikküste die ausgestorbene ›flache‹ Auster ersetzt hatte. Sie wurde vor allem in den tieferen Austernparks der Nordbretagne um Cancale und die Bucht von Morlaix eingesetzt.

1970 tauchte der Parasit *Martellia refringens* auf, der bis 1974 den gesamten Bestand der Portugaises und einen Großteil der Huître Plate vernichtet hatte. Als Ersatz führte man 1974 eine neue Sorte, die *Huître Creuse (Crassostrea gigas)* ein, die mit ihrem tiefen, hohlförmigen Gehäuse und dem großen Fleischanteil der Portugaise sehr ähnlich ist, aber ebenso wie jene das Aroma der berühmten flachen Auster nicht erreicht. Der Neuling wurde zuerst aus British Columbien in Kanada, dann aus Japan eingeführt und ist inzwischen auch an der südwestfranzösischen Atlantikküste die dominante Art.

Im Juni 1979 erschien ein neuer Parasit in der Bretagne. Dieser *Bonamia ostreae* zerstörte an der Süd-, West- und Nordwestküste der armorikanischen Halbinsel fast den gesamten Austernbestand. Erhalten blieben nur die Bänke im Nordosten, besonders um Cancale, wo die Huître Creuse kultiviert wird. Da es kein Mittel zur Bekämpfung der Parasiten gibt, griffen die Austernbauern zu einer drastischen Maßnahme: Alle befallenen Parks wurden geleert, es sollte so lange keine Austern auf den Bänken geben, bis der Parasit ausgestorben war. Inzwischen ist der Kampf gegen Bonamia gewonnen, die Erträge der Austernbauern steigen wieder.

Bedauerlicherweise ist das Glanzstück der bretonischen Züchter, die Huître Plate, kaum noch zu finden. Sogar in ihrem Stammgebiet, dem Mündungstrichter des Belon regiert heute die Huître Creuse. Man hofft jedoch auf eine verstärkte Rückkehr der flachen Auster, da die tiefe japanische Art wegen ihres schwachen Aromas geringere Preise auf dem Markt erzielt.

1986 wurden in der Bretagne 22 375 t Austern produziert, das sind 28,3 % der gesamten französischen Produktion.

Die Zukunft der bretonischen Austernzucht sieht nicht sehr rosig aus. Nicht nur die Parasiten sind zu fürchten, auch die Wasserqualität an den Küsten wird durch Haus- und Industrieabwässer sowie durch Pflanzenschutzmittel aus der Landwirtschaft und Tankerkatastrophen immer schlechter. Die heute quantitativ bedeutsam-

Cancale – Austernbänke bei Ebbe

ste Sorte, die Huître Creuse, verkauft sich schlecht, viele Züchter geben deshalb ihre Parks auf.

Zuchtmethoden: Ab etwa 17 °C Wassertemperatur können sich die Austernlarven entwickeln. Deshalb züchtet man die Jungaustern vor allem in der Südbretagne im Golf von Morbihan, da sich dort das ruhigere flache Wasser schneller erwärmt als auf offener See oder in Flußmündungen. Kurz vor der Laichablage werden halbzylinderförmige gekalkte Tonziegel in Zehnerbündeln *(Bouquets)* als Larvenfallen *(Collecteurs)* ausgelegt. Ende Juni, Anfang Juli lassen sich die Larven darauf nieder und wachsen in den nächsten acht bis neun Monaten zu etwa drei Zentimeter großen Austern heran. Der Züchter löst sie dann von den Ziegeln und verteilt sie in etwas tieferen Gewässern der Austerzuchtparks. Kleine Zäune sollen vor den lästigen Austernräubern, vor allem Taschenkrebsen und Seesternen, schützen.

Nach 18 Monaten beginnt die Intensivphase der Zucht. Jetzt werden die kleinen Tiere in planktonreichere Gebiete umgesiedelt (z. B. Belonmündung, Rade de Brest, Bucht von Morlaix, Cancale), wo sie in Mastparks in weiteren zwei Jahren zur Marktreife gebracht werden. Vor dem Versand sortiert man sie nach Größe und legt sie an der Küste in Durchspülungsbecken *(Fin de Clair)*, um Sand und Schlick aus dem Innern herausspülen zu lassen.

Muschelzucht *(Mytiliculture):* Die dunklen Miesmuscheln, die an der südlichen Atlantikküste schon seit Jahrhunderten gezüchtet werden, kultiviert man in der Bretagne in großem Rahmen erst seit den fünfziger Jahren. Vor dem Krieg sammelte man junge Muscheln, die sogenannten Saatmuscheln, von Naturbänken und verteilte sie auf gesäuberte Zuchtbänke (wie es viele deutsche Muschelbauern heute immer noch tun).

1958 wanderten erstmals Muschelzüchter von der Atlantikküste (Vendée und Charente) im Nordosten der Bretagne ein. Sie hatten in ihren Gebieten keine neuen Zuchtkonzessionen mehr bekommen und wichen nun auf die Bucht des Mont-Saint-Michel aus, wo seit 1954 großzügig Konzessionen vergeben wurden. Diese atlantischen Muschelbauern brachten der bretonischen Muschelwirtschaft die Neuerung der Muschelzäune. Im Watt werden Reihen aus Eichenholzpfählen angelegt und die Pflöcke untereinander mit Flechtwerk aus Weidenzweigen verbunden, an denen sich angeschwemmte Muschellarven niederlassen und in etwa 18 Monaten zur Marktreife heranwachsen.

In der Bucht des Mont-Saint-Michel gibt es inzwischen etwa 200 km solcher Muschelzäune *(Bouchots)*. Der auf diese Weise intensivierte Erwerbszweig brachte besonders den Gemeinden St-Benoît-des-Ondes und Le Vivier-sur-Mer am Südrand der Bucht einen neuen Wohlstand.

1986 belief sich der Ertrag der gesamten bretonischen Miesmuschelzucht auf 23 627 t, das sind 47,25 % der gesamten französischen Muschelproduktion.

Austern und Muscheln sollten **nur frisch** gegessen werden. Austern ißt man meist roh, der Frischetest ist ganz einfach: Nach dem Öffnen der Schale träufelt man einige Tropfen Zitronensaft auf das Fleisch. Zieht sich der Muskel leicht zusammen, ist die Auster noch am Leben, also frisch. Man kann sie bedenkenlos mit genußvollem Schlürfen verzehren.

Miesmuscheln halten sich außerhalb des Wassers höchstens sechs Tage lang frisch, dann sterben sie und die Schalen öffnen sich. In der Regel werden sie gekocht serviert.

Jakobsmuscheln als Träger für Austernlarven (Finistère)

Zum Kochen sollte man aber nur Exemplare mit fest verschlossenen Schalen verwenden. Die Muscheln sind gar, wenn sich die Schalen öffnen. Bleiben die Muscheln nach dem Kochen geschlossen, sollte man sie nicht mit Gewalt zu öffnen versuchen, sondern wegwerfen, denn sie sind ungenießbar.

Muscheln und Austern haben wegen des geringen Fettgehaltes nur wenig Kalorien (je 100 Gramm nur etwa 70 kcal.), dafür jedoch mit etwa neun Gramm je 100 Gramm einen sehr hohen Eiweißgehalt. Die alte Regel, in den Sommermonaten keine Muscheln und Austern zu essen, hängt mit der leichten Verderblichkeit bei Wärme zusammen. Verzehrt man sie jedoch an der bretonischen Küste und damit fangfrisch direkt von der Quelle, braucht man auch im August keine Bedenken zu haben!

Wanderung 4:
Um die Rancemündung – Vom Badeort Dinard über das Gezeitenkraftwerk zur Korsarenstadt St-Malo

Wichtige Hinweise

Dauer: 3.15 Std. (ohne Besichtigung des Gezeitenkraftwerks und Überfahrt mit der Fähre).
Länge: ca. 12 km.
Routenart: Keine reine Rundwanderung, Hinfahrt oder Rückkehr zum Ausgangspunkt mit der Fähre.
Wegbeschaffenheit: In Dinard und St-Servan Strandpromenade, um die Pointe de la Vicomté und nach dem Rancedamm schmale Küstenpfade, Wohnstraßen durch St-Servan.
Anstiege: Kleine Auf- und Abstiege entlang der Küste, nie mehr als 30 Höhenmeter.
Schwierigkeitsgrad: Leicht.
Orientierung: Leicht, da der erste Teil bis zum Gezeitenkraftwerk gut markiert und der zweite Teil nach St-Malo genau beschrieben und kaum zu verfehlen ist. Markierung auf der ersten Weghälfte: rot-weiß (GR 34); Karte: IGN 1115 Ouest; St-Malo, Dinard; 1:25000.
Restaurants: In Dinard, St-Servan und St-Malo in großer Auswahl.
Bademöglichkeiten: Bei Flut in Dinard am Plage du Prieuré, bei Niedrigwasser im dortigen Meeresschwimmbad. In St-Servan an mehreren Stränden, in St-Malo an allen Stränden um die Altstadt und am großen Nordstrand.
Gezeitenkraftwerk: Die Besichtigung ist den ganzen Tag über möglich. Mit Hilfe von Leuchttafeln und Dias werden Erklärungen gegeben (dreisprachig).
Anfahrt: Wer in St-Malo übernachten oder parken will, kann von der Südseite der Stadtmauer mit der Vedette Blanche, einer kleinen Fähre, nach Dinard übersetzen (10 Min. Fahrt). Die Wanderung endet an der Fähranlegestelle. Wer in Dinard wohnt oder dort parken will, stellt den Wagen oberhalb der Mondscheinpromenade auf einen Parkplatz und beginnt die Wanderung am nördlichen Ende der Promenade, wo die Fährboote aus St-Malo anlegen. Am Ende fährt man dann mit der Fähre von St-Malo nach Dinard zurück. Die Abfahrtszeiten sind in den Touristenbüros oder an den Anlegestellen zu erfragen.

Am Hafen von St-Malo

Historisches, moderne Technik und herrliche Natur, diese drei Komponenten sind auf der Wanderung um die Mündung des Flusses Rance gleichermaßen vertreten. Die alte ummauerte Handels- und Korsarenstadt St-Malo bietet einen interessanten Gegensatz zu dem im 19. Jh. ausgebauten Badeort Dinard auf der anderen Seite der Flußmündung.

Eine Attraktion für viele Besucher der bretonischen Nordküste ist das Gezeitenkraftwerk *(Usine Marémotrice)*, das in den sechziger Jahren in einen Damm über die Rancemündung eingebaut wurde.

Wegbeschreibung

Die Wanderung beginnt in Dinard. Sie kann als Rundwanderung gestaltet werden, indem man den Wagen in St-Malo am Hafen parkt und mit den kleinen Fährbooten *(Vedettes Blanches)* über die Rancemündung nach Dinard fährt. Die Vedettes starten an der Südmauer der Altstadt von St-Malo neben der Fähranlegestelle zu den Kanalinseln Jersey und Guernsey. Dort kann auch das Auto geparkt werden. Die Abfahrtszeiten sind am Billetverkaufsstand neben der Anlegestelle oder im Touristenbüro von St-Malo zu erfragen. Die Überfahrt dauert zehn Minuten. Die andere Möglichkeit besteht darin, den Wagen in Dinard zu parken und am Ende der Wanderung mit den Vedettes von St-Malo aus zurückzufahren. Dabei sollte man sich aber **unbedingt** vorher nach der Abfahrtszeit des letzten Bootes erkundigen!

Wir starten in Dinard unterhalb der Pointe du Moulinet am Landesteg der Vedettes Blanches an der Mondscheinpromenade. Auf dieser gehen wir nun an der Kaimauer entlang nach Süden. Die Markierung des GR 34 (rotweiß) begleitet den ersten Abschnitt der Wanderung. Die mediterrane Vegetation – hier wachsen Bananenstauden, Palmen, Zedern, Magnolien und Feigen – bietet dem Auge eine üppige Pracht; Bänke laden zum Verweilen ein. Wir passieren ein Aquarium und einen Jachtclub (10 Min.) und überqueren anschließend einen Parkplatz. Dahinter führt der schmale Weg direkt am Ufer entlang. Bei Ebbe suchen viele Leute im Watt nach Muscheln und Schnecken. Linker Hand kann man das nur bei Niedrigwasser aus den Wellen auftauchende Meerwasserschwimmbad erblicken. Der Weg führt uns am Sandstrand Plage du Prieuré weiter.

Kurz vor dem Ende des Strandes (25 Min.) steigen wir eine kleine Treppe nach links abwärts, gehen über den Sand und auf einem kleinen befestigten Steg – an der Felswand entlang (markiert) – weiter. Über felsiges Gestein und glitschigen Seetang (**Vorsicht** Ausrutschgefahr!) gelangen wir an einen kleinen

Route 4: Um die Rancemündung – Von Dinard nach St-Malo

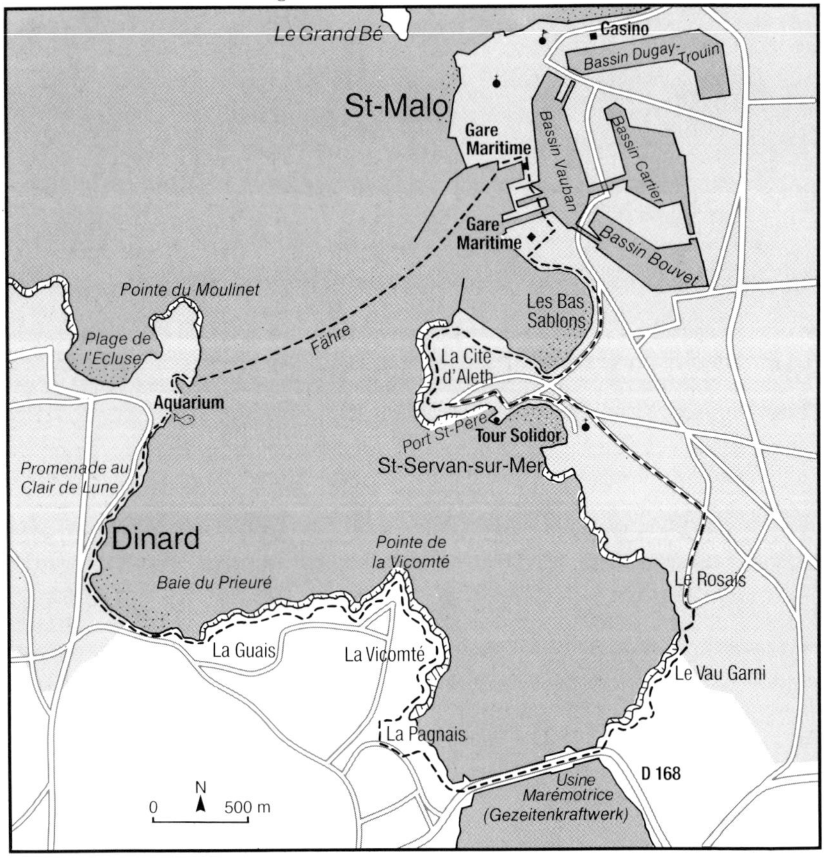

Strand, an dessen Ostrand wir einen schmalen Pfad erklimmen, der an der Steilküste entlangführt (30 Min.). Auf halber Höhe bringt uns der Pfad unterhalb einiger herrschaftlicher Villen zwischen Edelkastanien, Eichen und Pinien zur Pointe de la Vicomté. Nach links eröffnet sich ein herrlicher Blick auf Dinard, die Ile du Grand Bé und St-Servan, rechts liegt der Rancemündungstrichter. Die Bänke an der Pointe de la Vicomté laden zu einer ersten Ruhepause ein (50 Min.).

Anschließend wandern wir weiter an der Steilküste entlang, bald geht es einige Treppen hinauf (markiert). Nach einem Buchenwäldchen tauchen wieder Edelkastanien, Pinien und Eichen vor uns auf. Nachdem wir eine Stunde unterwegs sind, führt der Weg rechts an einigen Häusern vorbei, zwei Minuten später biegen wir wieder nach links ab (beim Schild ›Einfahrt verboten‹) und wandern auf einem schmalen Pfad weiter. Knapp zehn Minuten später überquert man eine Strandzufahrt und steigt dann am Zaun entlang durch den Wald bergauf (markiert). Kurz darauf stoßen wir an eine Straße, auf der wir uns nach links wenden. Dann biegen wir in eine Sackgasse ein, die uns nach links abwärts führt (1.15 Std.), folgen ihr in einer Rechtskurve und gehen bis zum Ende der Straße geradeaus. Vor einem Gebäude der Elektrizitätsgesellschaft folgen wir einem schmalen Pfad nach links; Treppenstufen führen uns nach unten, und nach ca. 1 Stunde und 25 Min. erreichen wir den Parkplatz am Rande des Rancedammes. Vor uns liegt die Rancemündung und das berühmte Gezeitenkraftwerk (s. S. 65).

Wir gehen nun in Richtung Rance weiter und überqueren die Schleuse. Direkt dahinter auf der linken Seite weist ein Schild ›Accès au Circuit de Visite‹ (Zugang zur Besichtigung) in die Tiefe. Hier bietet sich die Gelegenheit, das Gezeitenkraftwerk zu besichtigen. Ein Tonband liefert wahlweise, auch in deutscher Sprache, die gewünschte Information. Nach der Besichtigung setzen wir die Wanderung auf dem Fußgängerweg, der linken Seite des Dammes, nach Osten fort. Nach der Überschreitung der Rancemündung steigt man am Parkplatz nach links eine Holztreppe hinauf (Promenade de la Briantais) (1.40 Std.). Der Weg verläuft jetzt ohne Markierung. Ein kleiner Pfad führt auf den Hügel, auf dem wir nach einer Minute nach links abbiegen. Wir wandern nun erhöht wieder an der Küste entlang in Richtung St-Malo. Farne und Stechginster säumen den Weg, Eichen, Edelkastanien und Buchen schließen sich an. Bald ist ein Holzbrückchen zu überqueren, anschließend geht es durch efeuumranktes Mauerwerk weiter. Der Weg wird nun ziemlich schmal, führt dann steil bergab und endet schließlich auf einer Straße (1.55 Std.).

Wir biegen nicht nach links zur Küste ab, da der Strand nur bei Ebbe passierbar ist, sondern wandern geradeaus auf der Straße des Viertels Le Rosais küstenparallel bergauf. Sobald wir auf eine Hauptstraße stoßen, folgen wir ihr nach links (2.00 Std.). An einer Kreuzung mit dem Schild ›Vorfahrt gewähren‹ biegt man nach links in die Vorfahrtstraße ein, beim nächsten Stoppschild dann wieder nach links (2.15 Std.). Linker Hand liegt die Kirche Ste-Croix, die Pfarrkirche von St-Servan, ein neoromanisches Monstrum aus dem 18. Jh. mit Fresken aus dem 19. Jh. und Fenstern von 1962. Wer sich eine Ruhepause im Kircheninnern gönnt, hat vielleicht das Glück, den Organisten auf einer der beiden Orgeln aus dem 19. Jh. spielen zu hören.

Der Weg führt an der Westfassade der Kirche vorbei, anschließend auf der Straße abwärts bis zum Meer, dort nach rechts, am Strand entlang. Linker Hand liegt der Tour Solidor (s. S. 65); wir biegen bald nach rechts ab (2.25 Std.) und folgen der Straße bergauf. Am Platz mit den Telefonzellen angelangt (im Hintergrund befinden sich Ruinen der ehemaligen Kathedrale), wenden wir uns nach links und spazieren an gepflegten Häusern und Gärten vorbei. Kurz darauf macht das Sträßchen eine Spitzkehre (2.30 Std.), wir gehen jedoch geradeaus am Rand der Halbinsel von Aleth (dem ursprünglichen Gründungsort von St-Malo) weiter. Von einem Aussichtspunkt aus kann man Dinard mit der majestätisch an der Küste verlaufenden Mondscheinpromenade (Promenade au Clair de Lune) erkennen. Man steigt dann eine Treppe hinauf, wendet sich oben nach links und wandert am Campingplatz entlang auf der Corniche d'Aleth. Bald öffnet sich ein phantastischer Blick auf St-Malo und seine Häfen (2.40 Std.). Über uns liegt ein altes Fort, am Wegrand sind noch einige Bunker zu sehen, die unter der deutschen Besatzung im letzten Krieg errichtet wurden.

Nach einiger Zeit erreichen wir wieder eine Straße (2.50 Std.) und befinden uns jetzt am Jachthafen von St-Servan (Stadtteil von St-Malo). Die Wanderung führt uns auf der Strandpromenade am großen Strand von St-Servan (Le Bas Sablons) entlang. Am Ende des Strandes (3.00 Std.) geht es an der Kaimauer weiter, schließlich schräg rechts über den Parkplatz für die Englandfähre. Den Gare Maritime zur Linken überqueren wir die Schleuse (Haupthafeneinfahrt, 3.10 Std.) auf einer neuen Straße, die auf den meisten Karten noch nicht verzeichnet ist. Rechts liegt das Bassin Vauban mit Zugängen zu den drei anderen Hafenbassins, links die Anlegestelle für die Fährschiffe nach Jersey und Guernsey. Dahinter tauchen Parkplatz und Anlegestelle der Vedettes Blanches auf. Etwa 12 km sind zurückgelegt, die Wanderung ist zu Ende (3.15 Std.). Wer sein Auto in Dinard stehen hat, muß nun noch mit der Vedette Blanche übersetzen.

Der Ort **Dinard** mit seinen 10000 Einwohnern ist heute das vornehmste Seebad an der bretonischen Nordküste. Mitte des letzten Jahrhunderts entdeckten reiche Engländer und Amerikaner den malerisch an der Rancemündung gelegenen Ort. Aus dem Fischerdorf wurde das mondäne Seebad mit eleganten Hotels, gepflegten Stränden, Casino und Grünanlagen. Spiegelbilder des Reichtums sind auch die Villenviertel, deren Luxusdomizile mit Meerblick von großzügigen Parkanlagen umgeben sind. Im Aquarium der Stadt sind Fische und Schalentiere der bretonischen Küsten, ausgestopfte Seevögel und eine Muschelsammlung zu bewundern.

In **St-Servan** liegt der einstige Ursprung von St-Malo. Die Halbinsel Aleth war bereits in galloromanischer Zeit besiedelt worden. Im 6. Jh. christianisierte der aus Wales stammende Einsiedlermönch Maclow die Bevölkerung und wurde zum Bischof erkoren. Maclow – später Malo genannt – war nach der Überlieferung einer der sieben ersten Bischöfe der Bretagne. Normanneneinfälle im 9. Jh. veranlaßten die Bewohner von Aleth, auf die nördlich gelegene Granitinsel und heutige Altstadt von St-Malo überzusiedeln, weil diese besser zu verteidigen war. Im Laufe der Zeit wurde eine Mauer um die Stadt gebaut. Als St-Malo über seine Mauern hinauswuchs, zogen viele Bewohner wieder ins ehemalige Aleth, nannten es nun aber nach einem Lokalheiligen St-Servan.

Sehenswürdigkeiten:

- Corniche d'Aleth, der Höhenweg um die Halbinsel, die den Ursprung von St-Malo bildet. Das Fort de la Cité auf der Nordwestseite wurde 1759 für den Gouverneur der Bretagne errichtet und im Zweiten Weltkrieg von der deutschen Besatzung stark ausgebaut. Geschützstellungen mit Einschüssen und Luftschächte zu den Kasematten sind heute noch am Weg zu sehen. Das Fort ist nicht zu besichtigen.

– Der Turm ›Tour Solidor‹ wurde 1382 vom bretonischen Herzog Johan IV. errichtet, ist 27 m hoch und bewacht die Rancemündung. Heute beherbergt er das Internationale Museum der Kap-Horn-Fahrer. Vom Wehrgang aus hat man einen schönen Blick über Dinard, die Rance, St-Servan und St-Malo.

Die Stadt **St-Malo** auf der ehemaligen Insel versuchte zu allen Zeiten, ein Höchstmaß an Selbständigkeit zu bewahren. Anfang des 16. Jh. stationierte die Herzogin Anne de Bretagne hier gegen den Willen der Malouins eine Garnison. Sie bemerkte dazu lakonisch: »Qui qu'en groigne, ainsi sera, car tel est mon plaisir.« »Mag man auch murren, so soll es sein, denn so gefällt es mir.« Der linke Turm des Schlosses von St-Malo hat diesem Ausspruch seinen Namen ›Qui qu'en groigne‹ zu verdanken.

Von 1590–94, in der Zeit der Hugenottenkriege, gelang es den Malouins, sich gänzlich unabhängig zu machen und als selbständige Stadtrepublik zu existieren. St-Malo hatte damit vier Jahre lang den gleichen Rang wie die Städte Genua oder Venedig. Dies bekräftigt auch der stolze Wahlspruch der Bürger: »Ni Français, ni Breton, Malouins suis« (»Weder Franzose noch Bretone, Malouins bin ich«). Im 18. Jh. ließ Ludwig XIV. die mittelalterlichen Stadtmauern erneuern und ausbauen.

1944 wurde St-Malo in wenigen Tagen (7. bis 13. August) fast dem Erdboden gleichgemacht. Deutsche Besatzungstruppen hatten sich innerhalb der Mauern verschanzt, Amerikaner bombardierten daraufhin die Stadt, wodurch fast 80% der Bausubstanz zerstört wurde. 10000 deutsche Soldaten leisteten damals den Amerikanern Widerstand, viele von ihnen wurden getötet, auch viele der miteingeschlossenen

Die Korsarenstadt St-Malo

Bewohner der Stadt fanden den Tod. Am 14. August 1944 kapitulierte die deutsche Besatzung.

Die berühmtesten Bewohner von St-Malo waren die *Korsaren* die nicht mit Seeräubern zu verwechseln sind. Nie hißten sie die Totenkopfflagge. Ihre Schiffe waren mit Kaperbriefen des französischen Königs ausgestattet. Jedesmal, wenn ein feindliches Kriegs- oder Handelsschiff der englischen, holländischen oder spanischen Flotte versenkt worden war, wurde die Korsarenbesatzung vom Herrscher geehrt. Zu den bekanntesten Korsaren zählen **Dugay-Trouin** (1673–1736), der ursprünglich Priester werden sollte, später von Ludwig XIV. mit höchsten militärischen Ehren und Ämtern ausgezeichnet wurde und schließlich 1711 Rio de Janeiro eroberte, und **Robert Surcouf** (1773–1827), der sich mit 36 Jahren und einem riesigen Vermögen zur Ruhe setzen konnte.

Mit Stolz verweist die Stadt noch heute auf **Jacques Cartier,** der 1535 auf einer seiner Amerikareisen Kanada entdeckte. Er gab dem St-Lorenzstrom seinen Namen, landete im späteren Quebec und dem von ihm benannten Ort Montreal. Cartier wurde in der Kathedrale von St-Malo bestattet. Nach der Zerstörung im Zweiten Weltkrieg barg man seine sterblichen Überreste und bestattete sie 1972 bei der Einweihung der restaurierten Kathedrale erneut. Die Geschichte von St-Malo hat auch ihre Schattenseiten. Man weiß, daß die wohlhabenden Reeder der Stadt nicht nur durch Korsarenzüge und Warenhandel, sondern auch durch den Sklavenhandel, damals unter dem zynischen Decknamen des ›Ebenholzhandels‹ bekannt, zu großem Reichtum gekommen waren.

Der berühmteste Bürger von St-Malo ist der Schriftsteller und Politiker **François-René de Chateaubriand** (1768–1848). Der einflußreichste der französischen Frühromantiker entstammte einer verarmten bretonischen Adelsfamilie aus St-Malo. Sein Vater war durch den Sklavenhandel wieder zu Geld gekommen. Die Kindheit verbrachte François-René in St-Malo und auf Schloß Combourg südlich der Stadt Dol-de-Bretagne. Die Revolution machte ihn zum Emigranten, er lebte ein Jahr bei Indianern in Amerika, später wirkte er als Politiker in Paris, Rom, Berlin und London. Chateaubriand war die letzten 50 Jahre bis zu seinem Tod nicht mehr in seiner Heimat, verfügte jedoch, in St-Malo auf der Insel ›Grand Bé‹ begraben zu werden, was man ihm auch gewährte. Sein Grab liegt bei Flut unzugänglich und einsam auf der Insel, so wie es Chateaubriand wollte. Bei Ebbe pilgern im Sommer jedoch hunderte von Besuchern durchs Watt zur Insel Grand Bé. Der Name ›Chateaubriand‹ ist bei uns heute eher als Bezeichnung für ein Filetsteak als für den Staatsmann und Schriftsteller bekannt. Kurioserweise stand François-Réne für diese Gaumenfreude Pate. Sein Küchenchef Montmireil hatte das Gericht erfunden und nach seinem Herrn benannt. Ursprünglich bestand es aus einem aufgeschnittenen, delikat gefüllten Filet; heute serviert man unter diesem Namen ein mit Gemüse umlegtes Doppelbeefsteak.

St-Malo ist auch heute noch eine bedeutende Stadt. Besonders wichtig ist der Hafen mit seinen Fährverbindungen nach England und zu den Kanalinseln Jersey und Guernsey. Zu erwähnen sind auch die Dorschfangflotte, der Handelshafen und der Jachthafen in St-Servan. Der Fremdenverkehr im Sommer ist ein einträgliches Geschäft für die Malouins.

Unbedingt empfehlenswert ist ein Rundgang auf der Stadtmauer und ein Bummel durch die belebten Straßen der Altstadt sowie der Besuch eines der vielen Restaurants. Weitere Sehenswürdigkeiten sind das Château mit zwei dort untergebrachten Museen, das Aquarium, das Exotarium, die Kathedrale und das Fort National (nur bei Niedrigwasser).

Nutzung der Gezeitenenergie

Wie entstehen die Gezeiten?
Es sind zwei Faktoren, die die Meeresbewegungen von Ebbe und Flut bewirken:

a) Die Anziehungskraft von Mond und Sonne auf die Erde. Da der Mond der Erde viel näher steht, sind die Gravitationskräfte, die von ihm ausgehen, stärker als die der Sonne. Stehen die drei Himmelskörper in einer Linie (bei Neu- und Vollmond), ist die Anziehungskraft maximal, daß heißt, es kommt zu den größten Höhendifferenzen zwischen Hoch- und Niedrigwasser (Springflut). Wenn Erde, Sonne und Mond im Dreieck zueinander stehen (Halbmond), haben wir es mit einer Nippflut zu tun.
b) Die Zentrifugalkraft (Fliehkraft), die durch die Rotation der Masse Erde-Mond um einen gemeinsamen Schwerpunkt entsteht.

Diese beiden Kräfte bedingen, daß täglich zwei Flutberge um die Erde laufen. Ihr Abstand beträgt etwa 12 Stunden und 25 Minuten. Auf hoher See sind die Gezeitenunterschiede sehr gering, die lokalen Stärken an den Küsten hängen von Küstenformen, Wassertiefen, vorgelagerten Inseln, Meerengen, unterseeischem Relief und Winden ab.

Rancemündung:
Bei Springflut beträgt hier der Unterschied zwischen Hoch- und Niedrigwasser 13,5 m. Dieser starke Tidenhub kommt dadurch zustande, daß die normannische Cotentin-Halbinsel im Osten als natürliches Hindernis auf die Flutwelle wirkt. Die Flut dringt 22 km tief in den Mündungstrichter (Ästuar) des Flüßchens Rance ein. Schon im 12. Jh. nutzten die Bewohner der Gegend die Kraft der Gezeiten, indem sie kleine Staubecken anlegten, an deren Rand das ausfließende Ebbewasser Mühlräder der Flutmühlen antrieb.

Gezeitenkraftwerk Rance: *(Usine Marémotrice)*
1966 wurde nach sechsjähriger Bauzeit vier Kilometer vor der Mündung der Rance das erste Gezeitenkraftwerk der Welt in Betrieb genommen. Das Grundprinzip dieses und aller später erbauten Kraftwerke ist der Abschluß einer Meeresbucht oder Flußmündung, hier des Mündungstrichters der Rance. Ein Gezeitenkraftwerk wird erst ab einem Tidenhub von fünf Metern und einem ausreichend großen Staubecken rentabel. Die Bedingungen sind hier geradezu optimal: Der maximale Tidenhub beträgt 13,5 m, das Staubecken mit einer Oberfläche von 22 km^2 hat eine Wasseraufnahmekapazität von 180 Mio. m^3.

Auf dem 750 m langen Absperrdamm verläuft heute eine Autostraße, die St-Malo mit Dinard verbindet und den Autofahrern den früheren Umweg von 33 km um die

Rancemündung erspart. Unter der Straße liegt der fast 400 m lange Maschinensaal, von dem aus der Betrieb der 24 Rohrturbinen (je 10000 kW Kapazität) kontrolliert wird. Sie werden durch das bei Flut ins Staubecken einfließende und bei Ebbe ins Meer abfließende Wasser bewegt. Die Turbinen treiben Generatoren an, die elektrischen Strom erzeugen.

Ungünstig bei der Energieerzeugung durch Gezeitenkraft sind die unterschiedlichen Gezeitenhöhen, je nach Stellung des Mondes (Spring- und Nippfluten), sowie die tägliche Verschiebung der Gezeiten um etwa 50 Minuten. Das Kraftwerk kann nur zu bestimmten Zeiten (bei ein- und ausfließendem Wasser) Strom abgeben, deshalb decken sich oft die Produktionsspitzen nicht mit den Bedarfsspitzen. Einen Ausgleich schafft man einerseits durch das Verbundnetz mit Wärme- und Atomkraftwerken. Andererseits nutzt man bei geringem Energiebedarf (z. B. bei Nacht) die mit Strom aus dem Verbundnetz versorgten Turbinen als Pumpen, um den Wasserspiegel des Staubeckens durch das Einpumpen von Meerwasser über das Niveau des Hochwassers zu bringen. Dadurch kommt es beim Ablaufen des Wassers zu einer höheren Stromproduktion.

Die durchschnittliche jährliche Stromerzeugung der ›Usine Marémotrice‹ an der Rance liegt bei ca. 600 Mio. kWh, das sind 8% der in der Bretagne verbrauchten Energie.

Wanderung 5:
Um das Cap Fréhel

Wichtige Hinweise

Dauer: 4 Std., ohne Besichtigung des Fort de la Latte.
Länge: ca. 12,5 km.
Routenart: Rundwanderung.
Wegbeschaffenheit: Schmale Küstenpfade, landwirtschaftliche Wege und kleine, kaum befahrene Sträßchen (35 Min.) im Landesinnern.
Schwierigkeitsgrad: Leicht bis mittel. Für die teils steinigen, teils steilen Küstenpfade ist festes Schuhwerk angebracht.
Orientierung: Leicht. Zuerst 2.15 Std. mit Hilfe der rot-weißen GR-Markierung an der Küste entlang, dann eine Stunde auf gut beschriebenen kleinen Wegen und Straßen durchs Landesinnere. Schließlich weitere 45 Min. an der Küste. Karte: IGN 1015 Sud; St-Cast-le-Guildo/Erquy/Cap Fréhel; 1:25000.
Restaurants: In der Saison gibt es die Möglichkeit, am Cap Fréhel, im Landesinnern im ›Relais du Fréhel‹ oder etwas entfernt in Pléhérel-Plage oder Sables-d'Or-les-Pins zu speisen.
Anfahrt: Von St-Malo/Dinard aus auf der D 168 und D 786 nach Westen bis Matignon, von hier auf der D 786 nach Nordwesten bis St-Aide, dann auf der D 16 nach Norden bis zum Cap Fréhel.
Bademöglichkeiten: Herrliche Sandstrände in Pléhérel-Plage und Sables-d'Or-les-Pins.
Öffnungszeiten: Fort de la Latte: Anfang Juni bis Mitte September: 10 Uhr bis 12.30 Uhr und 14.30 Uhr bis 18.30 Uhr (manchmal auch nur bis 17.30 Uhr). Mitte September bis Ende Mai: nur an Sonn- und Feiertagen nachmittags geöffnet.

Das Cap Fréhel ist eines der imposantesten und deshalb auch meistbesuchten Naturdenkmäler der Bretagne. Der Fels fällt von der Landspitze bis zum Meer hin 70 m ab. In horizontalen Schichten lagernde uralte Sandsteine leuchten besonders in der Abendsonne in einem herrlichen Rot. Diese Färbung kommt durch den hohen Anteil an Eisenoxiden im Gestein zustande. Die inzwischen zum Vogelschutzgebiet deklarierte Kaplandschaft ist reich bevölkert von Lummen, Dreizehen- und Silbermöwen, Alken und Haubenkormoranen. Der Vogelfelsen *(La Fauconnière)*, der zwar nicht, wie sein Name sagt, von Falken bevölkert ist, hallt vom Geschrei vieler anderer Seevögel wider, die im Frühjahr hier ihre Nester bauen.

Aus gutem Grund trägt die Küste um das Cap Fréhel den Beinamen ›Smaragdküste‹, die intensive Farbe des Meeres liefert den überzeugenden Beweis hierfür. Bei klarer Sicht hat man einen atemberaubenden Blick nach Osten bis zur Cotentin-Halbinsel, der Pointe du Grouin und St-Malo, nach Norden bis zur Kanalinsel Jersey und nach Westen bis zur Ile de Bréhat.

Um das Fort de la Latte und auf dem Hochplateau findet man keinen Sandstein mehr, hier steht Diorit an. Dieser ist wie der Granit ein plutonisches Gestein, das aber nur ganz geringe Anteile an Quarzmineralien aufweist und deshalb viel dunkler als der Granit erscheint.

Steilküste am Cap Fréhel

Wegbeschreibung

Gestartet wird am Leuchtturm des Cap Fréhel (großer Parkplatz). Wir wandern zuerst zur äußersten Spitze des Kaps, am Leuchtturm vorbei, der seit 1948 seinen von den Deutschen zerstörten Vorgänger ersetzt.

Der Küstenpfad verläuft dann in rot-weißer GR-Markierung gekennzeichnet auf der Südostseite des Kaps an einem Restaurant vorbei nach Süden. Aus dem Meer ragt der Vogelfelsen ›La Fauconnière‹. Wir passieren ein ehemaliges Trafohäuschen (25 Min.) und gehen auf einem breiteren Weg geradeaus. Hang und Plateau sind von Stechginster, Farn und Heidekraut bewachsen. Knapp 200 m nach dem Transformatorenhäuschen verlassen wir bei einer Parkbucht den breiten Weg, um der Markierung halblinks in die Heidelandschaft zu folgen. Zweimal durchqueren wir steile Geländeeinschnitte, die mit Farn und Stechginster überwuchert sind. Anschließend führt der Weg wenige Meter unterhalb des Hochplateaus durch ein lichtes Pinienwäldchen.

Route 5: Um das Cap Fréhel

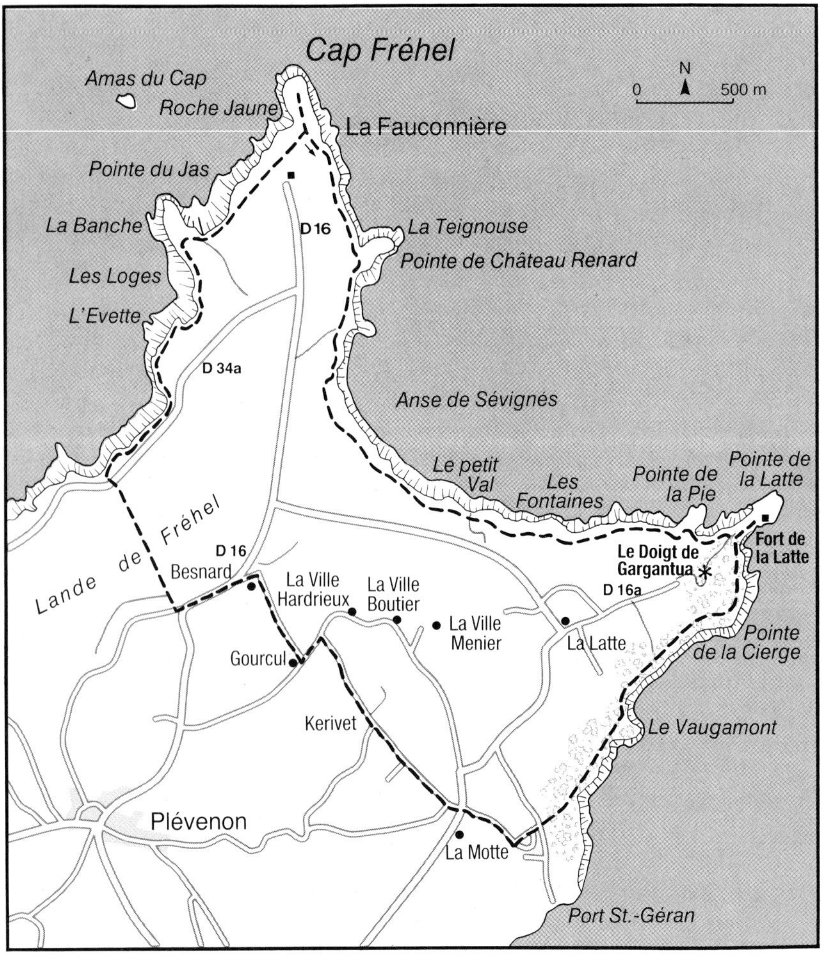

Nach etwa 4½ km (1.20 Min.) ist das mittelalterliche **Fort de la Latte** erreicht (Besichtigungszeiten s. S. 66).

Nach der Besichtigung gehen wir auf einem kleinen Fahrweg bis zu dem Wegweiser ›St-Géran 1 Std.‹, dem wir nach links folgen. Unsere Wanderung führt uns im oberen Drittel des Küstenhanges durch einen Mischwald aus Pinien, Ahorn, Edelkastanien und Steineichen nach Südwesten. Hier im Südosten der Landzunge ist durch die windgeschützte Lage die Vegetation höher und dichter als auf der Nordseite. Der Küstenpfad folgt weiterhin der rot-weißen Markierung. Wieder sind zwei Geländeeinschnitte zu durchqueren. Auf dieser Route lagen im Herbst 1987 durch den verheerenden Orkan entwurzelte, teilweise sehr alte Bäume zu Dutzenden übereinander und versperrten den Weg. Nur nach abenteuerlichen Kletterpartien konnte man weitergehen. Durch ein Tor verläßt man den Park de la Latte. Entsprechend der Markierung halten wir uns weiterhin geradeaus, dann über einige Holztreppen abwärts in ein kleines Tal, überqueren unten einen Bach und steigen dann wieder bergauf.

Bald entfernt man sich von der Küste (2.15 Std.) und gelangt über einen Bach hinweg am Bachlauf entlang ins Landesinnere (Markierung an einer Pumpe).

Wir kommen an eine Straße und den Weiler St-Guirec (2.20 Std.). Es geht nach links und dann nach rechts zwischen den Häusern in den Ort hinein (nicht in Richtung St-Géran zum Hafen). Einer Querstraße (2.25 Std.) folgen wir nach rechts bis zum Weiler La Motte. Dort ist eine Kreuzung zu überqueren (2.30 Std.), wir halten uns geradeaus in Richtung ›Kerivet‹. Nach 50 m bei einer Gabelung wenden wir uns halbrechts nach Kerivet – und verlassen die gelbe Markierung, die uns die letzten Minuten begleitet hat.

In Kerivet angekommen (2.40 Std.), wandern wir nach den ersten beiden Häusern halbrechts weiter, jetzt nicht mehr auf der Hauptstraße. In nordwestlicher Richtung gehen wir bis zu einer Querstraße (2.45 Std.), auf dieser dann nach links bis zum Weiler Gourcul. Dort biegen wir nach dem Schuppen rechts in einen Fahrweg. Er wird landwirtschaftlich genutzt und ist daher nach Regenfällen meist feucht und matschig.

Nach einem Tennisplatz, einem Zypressenhain und dem Hotel Relais du Fréhel (2.55 Std.) erreichen wir wieder eine Querstraße und folgen ihr nach links. Hinter einem Stoppschild (3.00 Std.) geht man auf einer Hauptstraße bis zu einer scharfen Linkskurve nach Westen. Hier biegt man zweimal nach rechts ab und wandert auf einem sandigen Fahrweg direkt zur Küste. Rechts in der Ferne ist bereits wieder der Leuchtturm des Cap Fréhel zu sehen.

Nach Überquerung der Zufahrtsstraße zum Kap (3.15 Std.) geht es auf einem schmalen Pfad geradeaus zur Steilküste. Unten liegt ein wunderbarer Sandstrand, dessen ganze Größe nur bei Niedrigwasser zu sehen ist. Wir folgen dem Küstenpfad nach rechts, bald taucht wieder die rot-weiße Markierung auf. Herrliche Ausblicke auf das Kap und die Heidelandschaft begleiten uns die letzten 45 Minuten.

Kurz vor dem Ziel führt der Weg an Bunkern und Schützengräben aus dem Zweiten Weltkrieg vorbei. Gleich darauf ist der Parkplatz am Leuchtturm erreicht (4 Std.). Die Wanderung ist beendet.

Das **Fort de la Latte**, die Kulisse vieler Abenteuerfilme, thront auf einer mehr als 30 m hohen Klippe über dem Meer. Der Bau wurde im 13. und 14. Jh. vom bretonischen Adelsgeschlecht Goyon-Matignon errichtet.

Die berühmteste der unzähligen Belagerungen war die von Bertrand du Guesclin im Jahre 1379 während des 100jährigen Krieges, um die Macht der treu zu England haltenden Bretonen zu brechen. Nach gewonnener Schlacht nahm er das Fort ein.

Im 17. Jh. wurde Ludwig XIV. durch einen Mitarbeiter seines berühmten Festungsbaumeisters Vauban auf die strategische Bedeutung des inzwischen verfallenen Forts aufmerksam gemacht. 1690/91 ließ er zur besseren Verteidigung des Hafens von St-Malo die Festung wieder aufbauen und mit neuen Geschützen ausstatten.

Das Fort de la Latte diente zeitweilig als Staatsgefängnis, mehrmals wurde es durch den Beschuß von Piraten beschädigt. Ende des 19. Jh. verlor es endgültig seine militärische Bedeutung. Das Fort ist heute noch in privater Hand. Der derzeitige Besitzer, der auch dort wohnt, ließ in den dreißiger Jahren und nach dem Zweiten Weltkrieg Restaurierungen vornehmen.

Zwei Zugbrücken führen über schroffe Felsspalten in den Burghof mit dem sehenswerten Wehrturm, über dessen stufiges Dach man auf die oberste Aussichtsplattform steigen kann. Unten steht ein Ofen aus der Zeit der Französischen Revolution, in dem Kanonenkugeln zur Weißglut (die bei mehr als 1300° eintritt) erhitzt wurden.

Wanderung 6:
Die rosa Granitküste – Vom Badeort Trégastel über Ploumanach nach Perros-Guirec

Wichtige Hinweise

Dauer: 3.35 Std.; verkürzt: 3.25 Std.
Länge: ca. 12 km; kürzt man die Route ab sind es noch gute 11 km.
Routenart: Keine Rundwanderung, Rückkehr mit dem Bus zum Ausgangspunkt.
Wegbeschaffenheit: Schmale Küstenpfade, sandig oder felsig; Strandpromenaden; zwischendurch kleine Verbindungsstücke auf Teerstraßen (insgesamt etwa 40 Min.).
Schwierigkeitsgrad: Leicht.
Orientierung: Leicht. Die grobe Richtung weist an der Küste entlang, ist immer klar und meist gut sichtbar rot-weiß (GR 34) markiert; Karte: IGN Perros-Guirec Nos 5–6; 1:25000.
Restaurants: An den Stränden von Trégastel, Ploumanach, Trestraou und im Zentrum von Perros-Guirec; Meeresfrüchte und Fisch sind überall zu empfehlen, da sie anderswo kaum frischer sein können.
Bademöglichkeiten: Bei Flut in fast allen Buchten. An der Steilküste des Zöllnerpfades ist das Baden nicht möglich.
Anfahrt: Von Lannion aus auf der D 65 über Trébeurden und auf der D 788 nach Trégastel-Plage oder von Lannion aus direkt auf der D 11 nach Trégastel-Plage. Man kann die Wanderung auch umgekehrt machen und am Ende nach Perros-Guirec zurückfahren.
Empfehlung: Nachtquartier entweder in Trégastel-Plage oder in Perros-Guirec wählen.
Rückfahrt: Mit dem Bus entweder vom Casino am Strand von Trestraou oder vom ›Hotel de Ville‹ (Rathaus) in Perros-Guirec zurück nach Trégastel-Plage zum Touristenbüro. Name der Buslinie: CAT Lannion. **Achtung:** Der Bus fährt nur in der Saison von Ende Juni bis Anfang September, bitte vorher genau nach den Fahrzeiten erkundigen. Der Bus verkehrt etwa alle ein bis zwei Stunden.

Küste bei Trégastel

Die rosa Granitküste ist eine der schönsten bretonischen Landschaften. Der Kontrast zwischen dem azurblau strahlenden Himmel, dem grünlich schimmernden Meer und dem rosigen Stein der wild verstreuten Felsblöcke ist einzigartig. Im Sommer und Herbst untermalen die vielfarbig blühenden Hortensien und das violett leuchtende Heidekraut noch das stimmungsvolle Bild.

Bei dem grobkörnigen Granit kann man die einzelnen Mineralbestandteile Feldspat, Quarz und Glimmer gut unterscheiden. Je gröber die Körnung eines magmatischen Gesteins, desto langsamer ging der Prozeß der Erkaltung der einst flüssigen Lava vor sich. Die grobe Struktur des rosa Granits bildet einen idealen Angriffspunkt für die Erosion. Die vielen bizarren Formen, die hier entstanden, wie beispielsweise der ›Würfel‹, die ›Flasche‹, die ›Hasen‹ und die Steinfigur des ›König Gradlon‹, bezeugen die Jahrmillionen dauernde Arbeit von Wind, Meer und Sand.

Wegbeschreibung

Ausgangspunkt ist das Touristenbüro in Trégastel-Plage an der RN 788 (auf der IGN-Karte 1:25000 heißt sie RN 786 d). Das Büro liegt direkt neben der kleinen Kapelle Ste-Anne. Hier befindet sich auch die Bushaltestelle der Linie CAT Lannion, mit der man am Ende der Wanderung von Perros-Guirec aus zurückfahren kann. Der Busfahrplan ist im Touristenbüro erhältlich, hängt dort aber auch außen an der Tür.

Wir wandern auf der Hauptstraße nach Osten bis zu einem Schild ›La Grève Blanche‹, diesem folgen wir in der Rue du Roy Gradlon und erreichen sogleich die Küste (10 Min.). Der Grève Blanche ist ein schöner Sandstrand mit zerklüfteten Felsformationen davor und

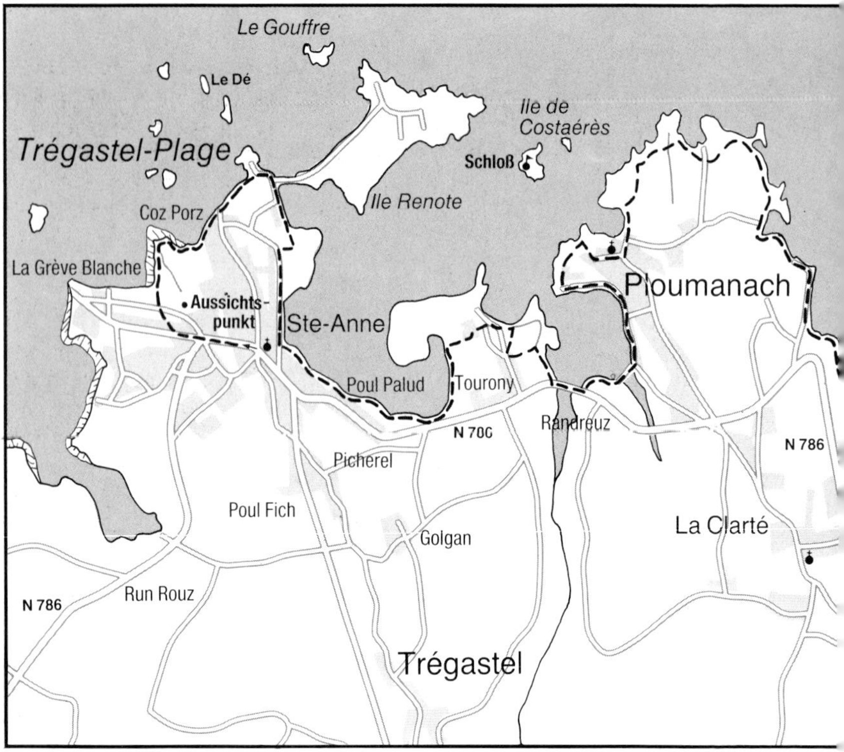

Route 6: Die rosa Granitküste – Von Trégastel über Ploumanach nach Perros-Guirec

dahinter. Bevor man zum Strand hinuntersteigt, kann man von einem Parkplatz aus zuerst dem steinernen ›König Gradlon‹ einen Besuch abstatten. Ein Granitfelsen auf der rechten Seite, geformt wie Kopf und Krone eines Königs, verdankt seinem Aussehen diesen Namen. Weiter oben gibt eine Orientierungstafel einen Überblick über die Namen der Felsformationen der Bucht. Anschließend geht es zum Strand hinunter.

Von dort an folgt die Wanderung der rotweißen Markierung des GR 34. Unterhalb von ›König Gradlon‹ führt der Weg über einige Felsen auf einen schmalen sandigen Küstenpfad in Richtung Norden (25 Min.). Im Frühsommer kann man hier mit etwas Glück das Knabenkraut, eine zur Art der Orchideen gehörende Pflanze, blühen sehen.

Nach knapp 10 Minuten erreichen wir den Hauptstrand von Trégastel (Plage de Coz-Porz), der nun nicht mehr weiß, sondern rosa schimmert. Am Ende des Strandes erblickt man ›*La sorcière*‹, die ›Hexe‹, eine Felsformation, die auf vielen Postkarten wiederzufinden ist. Nach den Badekabinen endet der Weg (40 Min.), es geht auf einen Platz hinauf und gleich nach links zu den Felsen, wo der schmale Küstenpfad weiterführt.

Bald überqueren wir einen kleinen Strand (45 Min.), auf der anderen Seite bringt uns ein breiter Sandweg aufwärts. Eine neue Bucht taucht auf, links liegt die Halbinsel Ile Renote. Die Halbinsel zur Linken überquert der Weg die Inselzufahrt. Wir gehen an Privatgrundstücken vorbei auf einem kleinen Pfad geradeaus weiter (markiert). Kurz darauf ver-

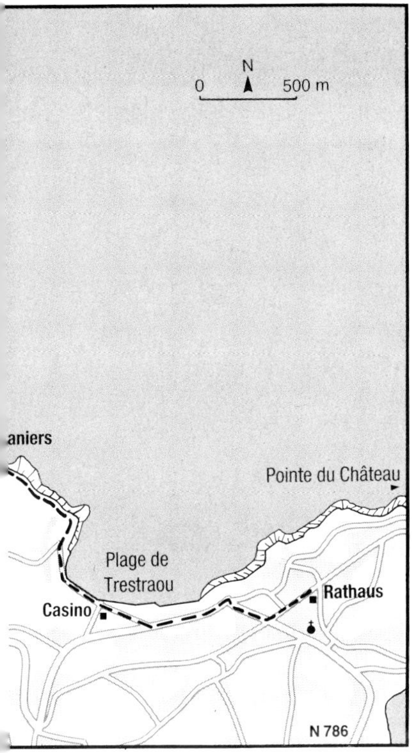

läßt der Weg den Strand (50 Min.) und führt auf der ›Allée des Goélands‹ an einer Mauer aus rosa Granit entlang ins Landesinnere. Nach zwei Minuten folgen wir der Markierung nach links auf die Hauptstraße. Rechter Hand liegt im rosa Granitfels das Aquarium von Trégastel, obenauf mit einer kitschigen Gottvaterfigur ›verziert‹. Falls die Zeit es zuläßt, sollte man sich den lohnenden Abstecher nicht entgehen lassen.

Auf der Höhe des Hotel des Bains (1 Std.) verläßt der Wanderweg die Straße nach links, um uns wieder am Strand entlangzuführen. Am Ende des Strandes (1.15 Std.) weist die Markierung zwischen den Strandbefestigungen bergauf, der Weg biegt dann gleich nach links ab, an den sonst eher in mediterranen Trockengebieten zu findenden Tamarisken vorbei, zuerst parallel zum Strand, bald wieder direkt am Strand entlang. Vor uns liegt das Schloß von Ploumanach. **Achtung:** Kurz vor Ende des Strandes (1.30 Std.) fehlt die sonst sehr klare Markierung. Etwa 100 m bevor der Sandstrand endet, biegen wir nach rechts ab, auf dem Parkplatz gleich wieder nach links und gehen auf einem breiten Sandweg parallel zum Strand weiter. Nach wenigen Minuten kommen wir erneut an einen Strand, wandern erst daran entlang, dann mit dem Weg nach rechts auf eine Straße. Kurz darauf folgen wir der Chaussée du Port nach links und kommen auf eine Hauptstraße, auf der wir uns wieder nach links wenden (1.40 Std.) und eine Flußmündung überqueren. Hinter der Brücke weist die Markierung nach links abwärts, gleich darauf ist eine zweite Flußmündung zu überqueren. Jetzt führt der Weg an der Kaimauer des kleinen Hafens von Ploumanach entlang.

Dem Schild ›Plage de la Bastille‹ folgt man später nach rechts (2 Std.). Durch ein kleines Wäldchen wandert man auf schmalen markierten Pfaden und kommt nach einigen Minuten erneut an die Küste. Das sich nun vor unseren Blicken ausbreitende Panorama umfaßt das Felsenmeer von Ploumanach mit dem Château Costaérès. Der Pfad führt über sandigen und felsigen Untergrund, schließlich durch den kleinen Hof einer Kapelle aus rosa Granit links hinab zum Plage de St-Guirec, dem Badestrand von Ploumanach. Unter einem Baldachin steht die stark beschädigte Statue des Heiligen Guirec. In Strandnähe laden Restaurants zum Muschelessen ein. Wer Hummer oder Languste probieren möchte, kann hier ganz besonders preiswert schlemmen.

Auf der nordöstlichen Strandseite erreichen wir einen Weg, der bergauf führt. Der Name ›Zöllnerpfad‹ (*›Sentier des Douaniers‹*) erinnert an die nächtlichen Schmuggelgeschäfte, die hier noch im letzten Jahrhundert zum täglichen Broterwerb der Bevölkerung gehörten.

Nach einer Biegung eröffnet sich der Blick aufs Meer (2.20 Std.). Der schönste Abschnitt der rosa Granitküste beginnt. Viele Steine am Wege sind mit Namen gekennzeichnet, zum

Der Weg zum Glück führt nicht immer über sichere Planken

Beispiel als ›Totenkopf‹ oder ›Fuß‹. Der rosa Granit wächst an dieser Stelle zu imposanten Felsgebilden empor. Linker Hand steht ein rosa Leuchtturm. Die Wanderung führt an der Küste entlang weiter. In diesem Bereich ist die Markierung zwar relativ schlecht, der Weg aber dennoch nicht zu verfehlen. Farne, Stechginster und Brombeeren säumen unseren Pfad.

Nachdem wir etwa eine Stunde auf dem Zöllnerpfad gewandert sind, blicken wir auf einen idyllischen Sandstrand hinab (3.20 Std.). Der Plage de Trestraou ist einer der herrlichen Badestrände von Perros-Guirec. Auf der Straße gelangen wir bergab zum Strand. Hier bieten sich wieder gute Gelegenheiten zum Muschelessen, auch eine Badepause kann man bei geeignetem Wetter einlegen. Kurz vor der Strandmitte liegen das Kurhotel für Thalassotherapie und das Casino. Wer genug gewandert ist, kann hinter dem Casino mit dem Bus zurück nach Trégastel fahren (3.25 Std.). **Fahrplan beachten!**

Wer noch ein Stück weitergehen möchte, folgt der Straße am Strand entlang weiter nach Osten. Bald geht es bergauf. Nach etwa 800 m verlassen wir die rot-weiße Markierung und biegen nach rechts in die Rue du Marechal Foch ab. Dieser folgen wir bis zur Hauptstraße, gehen dort nach links und erreichen zwei Minuten später den Rathausplatz mit dem Hotel de Ville von Perros-Guirec (3.35 Std.). Von hier aus fährt der Bus nach Trégastel. Wer noch nicht zu müde ist, kann vor der Busabfahrt noch kurz die Kirche von Perros-Guirec besichtigen, die in südöstlicher Richtung ca. 200 m vom Rathaus entfernt liegt. Der idyllisch gelegene und von Efeu bewachsene Bau besitzt noch einige romanische Elemente (z. B. Rundbögen).

Das Seebad **Trégastel** mit wenig mehr als 2000 Einwohnern hat zwei schöne Strände, den Grève Blanche und den Coz Porz (Hauptstrand). In der Nähe des zweiten liegen durch große rosa Felsbrocken gebildete Höhlen, in denen sich heute ein sehenswertes Aquarium mit Meerestieren der bretonischen und tropischen Meere verbirgt.

Der Hafen, ein schöner Strand und viele Spazierwege durch die beeindruckende Felslandschaft der rosa Granitküste machen den Reiz des kleinen Ferienortes **Ploumanach** aus. Sehenswert ist die **Statue des Heiligen Guirec** am Plage de St-Guirec. Der Heilige soll hier im 6. Jh. von Wales kommend an Land gegangen sein. Allerdings, so heißt es, verließ er kein Schiff, sondern entstieg einem steinernen Trog. Der Ursprung dieser ›steinernen‹ Legende scheint, betrachtet man das Trümmermeer aus Granit, gar nicht so weit hergeholt. Das Steinoratorium, in dem die Figur des Heiligen Guirec heute steht, soll noch aus der Romanik stammen. Bis vor kurzem überdachte es eine Heiligenfigur aus bemaltem Holz, die aber durch eine Steinstatue ersetzt werden mußte. Die Holzfigur war von den heiratswilligen Mädchen der Umgebung zerstochen worden, da sie hofften, daß ein Nadelstich in die Nase des Heiligen schneller den heißersehnten Ehemann bringen würde. Als keine Nase mehr zu sehen war, versah man schließlich den ganzen Körper mit Nadelstichen. Doch auch die Nase der neuen Steinfigur zeigt bereits wieder Spuren des alten Brauches.

Früher soll die Insel gegenüber von Ploumanach einem Zöllner gehört haben, blieb dann, nach seinem Tod, unbewohnt und diente später den Fischern zum Trocknen der Netze. Ende des 19. Jh. kaufte ein Pole die Insel zu einem Spottpreis und ließ das heutige Schloß errichten. Zu den berühmtesten Gästen, die in diesem Schloß verkehrten, gehörte der Schriftsteller Henryk Sienkiewicz, dessen Welterfolg ›Quo Vadis‹ Gerüchten zufolge im **Schloß Costaérès** entstanden sein soll.

Perros Guirec ist mit knapp 8000 Einwohnern nach Dinard das bedeutendste Seebad an der bretonischen Nordküste. Zwei herrliche Sandstrände, ein malerischer Fischerei- und Jachthafen und viele Spazierwege entlang der Küste laden zur Erholung ein. Am schönsten ist Perros-Guirec zur Sommerzeit, wenn die Hortensien wahre Blütenorgien feiern.

Ölpest – Marée Noire

In den letzten 25 Jahren verunglückten vor der bretonischen Küste fünf Öltanker. Die drei schwersten Katastrophen waren der Schiffbruch der Torrey Canyon im März 1967 vor Cornwall, die Ölpest der Amoco Cadiz am 16. März 1978 vor Portsall (nordwestlich von Brest) und das Tankerunglück im März 1980, als die Tanio 50 km vor der Ile de Batz auseinanderbrach.

Der größte Ölteppich breitete sich 1978 aus, als der Tanker Amoco Cadiz, der fünftgrößten amerikanischen Ölgesellschaft Standard Oil of Indiana unter liberianischer Flagge wegen einer ausgefallenen Ruderanlage auf einen Felsen lief und zerbrach. 220000 t Rohöl liefen aus und verschmutzten über eine Länge von 360 km die Küste von Portsall bis zum Mont-Saint-Michel. Die Felsen der rosa Granitküste färbten sich schwarz und zeigen heute noch Spuren der Katastrophe. 500 Fischer waren in ihrer Existenz bedroht, da die Fische für den Verzehr unbrauchbar geworden und die Krustentiere vernichtet oder ungenießbar waren; 15000 Seevögel starben. Als Folge der Misere blieben 1,5 Mio Touristen aus.

Felsenküste bei Ploumanach mit dem Leuchtturm von Perros-Guirec

Der französische Staat, 90 bretonische Gemeinden, Muschel- und Austernzüchter, Küstenfischer, Gastronomen und Umweltschützer schlossen sich als Ankläger gegen die Ölgesellschaft zusammen. Nach zehn Jahren und 30 Millionen DM Anwalts- und Prozeßkosten wurde im Januar 1988 in Chicago das Urteil gefällt: Die Standard Oil muß insgesamt 138 Millionen DM bezahlen, davon ⅕ an die Bretonen und ⅘ an den französischen Staat. Beide Seiten gingen in Berufung, da der Betrag den Klägern zu gering und den Angeklagten zu hoch erschien. Dennoch sprach das amerikanische Gericht ein wichtiges Grundsatzurteil, da nun erstmals ein Verursacher für die durch ihn hervorgerufene Meeresverschmutzung zur Verantwortung gezogen wurde.

Wanderung 7:
Um die Ile de Batz

Wichtige Hinweise

Dauer: 3 Std.
Länge: ca. 10 km.
Routenart: Rundwanderung.
Wegbeschaffenheit: Gut begehbare Küstenpfade; Fahrwege durch Gemüsefelder; Straßen fast ohne Verkehr durch den Hauptort der Insel (im ganzen etwa 45 Min.). Die Wanderung läßt sich auch nach Regenfällen oder bei leichtem Nieselregen durchführen, weil das Wasser im Sandboden schnell versickert.

Anstiege: Die höchste Erhebung der Insel ist 23 m hoch. Auf ihr steht der Leuchtturm, mit dessen Besteigung man eine Höhe von 64 m erreichen kann.
Schwierigkeitsgrad: Leicht.
Orientierung: Leicht, da die Insel meist gut zu überblicken ist; in der Mitte der Wanderung, bei der Ortsdurchquerung, ist die Markierung teilweise nicht oder nur schwach zu sehen. Hier sollte man genau der Beschreibung folgen. Markierung: erst blau-weiß, dann gelb-weiß, später wieder blau-weiß. Karte: IGN 0515 Est; St-Pol-de-Léon, Roscoff, Ile de Batz; 1:25000.
Restaurants: Mehrere Restaurants und Crêperien in Hafennähe; oft nur während der Saison geöffnet. Es gibt einige Lebensmittelgeschäfte, in denen man für ein Picknick einkaufen kann (Achtung: mittags geschlossen).
Badegelegenheiten: An vielen schönen Badebuchten mit herrlichen Sandstränden rings um die Insel. Der schönste Strand liegt nordöstlich (Aod Venn) hinter dem Weiler Porz Melloc.
Übernachtung: Es empfehlen sich eine oder mehrere Übernachtungen in Roscoff, da man von dort Ausflüge zur Ile de Batz, nach St-Pol-de-Léon und zu den umfriedeten Pfarrbezirken unternehmen kann.
Anfahrt: Von Morlaix aus auf der D 58 nach Roscoff. Dort fährt im Fischerei- und Jachthafen (**Achtung:** nicht im Tiefwasserhafen, wo die Englandfähre ablegt!) die kleine Fähre zur Ile de Batz ab. Fahrzeiten: Ende Juni – Mitte September: von 7–20 Uhr stündlich zur Insel, von 6.30–19.30 Uhr stündlich von der Insel nach Roscoff. Außerhalb der Saison verkehrt sie nur noch im 1½–2stündigen Abstand von 8.30–19 Uhr (die genauen Abfahrtszeiten stehen am Hafen angeschlagen). Bei Hochwasser ist die Anlegestelle der Fähre im Hafen, bei Niedrigwasser am Ende des 250 m langen, ins Meer ragenden Steges (L'estacade).

Um zur Ile de Batz (gesprochen ›Ba‹) zu kommen, muß man die nordwestlichste Landschaft der Bretagne, das Léon, durchfahren. In Küstennähe wird diese Gegend, ein Teilgebiet des ›Goldenen Gürtels‹ *(Ceinture Dorée),* intensiv landwirtschaftlich genutzt und hat sich inzwischen zum bedeutendsten Gemüseanbaugebiet der Bretagne entwickelt.

Typisch für die Region sind neben den schmackhaften Artischocken auch die filigranen Kirchtürme, deren großes Vorbild der Kreisker in St-Pol-de-Léon ist.

In Roscoff, einem kleinen Städtchen mit Fischerei-, Jacht- und Fährhafen, legt die Fähre zur Ile de Batz ab. Die Überfahrt dauert 15–20 Minuten.

Die Ile de Batz ist 2 km vom Festland entfernt, annähernd 4 km lang und 1,5 km breit. Derzeit wohnen fast 750 Menschen dort. Man lebt vom Fischfang, dem intensiven Gemüseanbau (die Felder vom Festland setzen sich hier bei noch milderem Klima fort) und dem Sammeln von Tang und Algen für den Kurbetrieb der Thalassotherapie in Roscoff. Eine kleine Rolle spielt inzwischen auch der Fremdenverkehr. Es gibt auf der Insel Übernachtungsmöglichkeiten, einige Restaurants und Crêperien und schöne – nie überlaufene – Sandstrände.

Viele Rentner, die einen Lebensabend fern von Lärm und Zivilisationsschmutz genießen wollen, haben sich hier ihr Altersdomizil eingerichtet. Den Folgen der Ölkatastrophen konnte aber auch diese Insel nicht ganz entgehen.

Den schönsten Blick hat man vom Leuchtturm aus, der auf dem höchsten Punkt der Ile de Batz in 23 m Höhe erbaut wurde und selbst noch weitere 41 Meter mißt.

Wegbeschreibung

Die Wanderung beginnt mit einer Bootsfahrt von Roscoff zur Ile de Batz. Das Auto kann auf dem großen Parkplatz am Hafen von Roscoff stehenbleiben.

Am Anlegeplatz der Fähre geht es dann am Hafen der Ile de Batz entlang zur Kirche hinauf zu Fuß weiter. Die Kirche wurde 1873 erbaut und birgt im Inneren eine Holzfigur des Heiligen Paul-Aurélien (17. Jh.), des Bischofs von St-Pol-de-Léon. Der Heilige soll der Legende nach auf der Insel einen Drachen gezähmt, ihn dann an einem Schal ans Steilufer geführt und ihm befohlen haben, sich ins Meer zu stürzen. Diese Begebenheit wird als symbolischer Sieg des Christentums über das Heidentum interpretiert. Die ›Stola des Heiligen Pol‹, die Untersuchungen zufolge wohl eher aus dem Orient stammen dürfte, ist ebenfalls in der Kirche ausgestellt.

Mit dem Rücken zur Westfassade der Kirche folgen wir der blau-weißen Markierung in Richtung Westen bergab. Man kommt am Hafen und einigen Gärten mit südlicher Vegetation vorbei. Sobald sich die Bebauung auflockert, wandern wir zwischen Gemüsefeldern, auf denen Blumenkohl, Petersilie, Kartoffeln und Sellerie angebaut werden. Am Ende der Asphaltstraße (25 Min.) geht es nach dem letzten Haus auf einem sandigen Weg zwischen Küste und Gemüsefeldern weiter. Anschließend kommen wir zwischen Brombeerhecken und Stechginster auf einen sehr schönen grasbewachsenen, weiß-blau markierten Küstenweg. Man wandert an einigen kleinen Sandstränden und einem kleinen Fußballplatz entlang.

Nach dem einsamen Haus ›Ty-Dour‹ steigt der Weg küstenparallel bergauf. Am Rand einer Landzunge liegen die Ruinen von ehemaligen Unterständen der Zöllner, die früher an der ganzen Küste nach Schmugglern Ausschau hielten. Von hier aus bietet sich ein schöner Blick aufs Festland (Roscoff, St-Pol-de-Léon mit den drei Türmen von Kathedrale und Kreisker, bei guter Sicht sogar bis zu den Monts d'Arrée).

Am westlichsten Punkt der Insel (1.05 Std.) soll sich die Geschichte mit St-Pol und dem Drachen zugetragen haben. Auf der Nordseite der Insel wandern wir nun weiterhin küstenparallel zurück in Richtung Leuchtturm.

Bei einer Weggabelung (1.25 Std.) führt die blau-weiße Markierung an der Küste weiter, wir folgen jetzt aber für kurze Zeit dem gelb-weißen Zeichen, das manchmal neben einer alten blauen Markierung zu erkennen ist, und biegen nach rechts ab. Zwischen Feldern hindurch gehen wir auf den Leuchtturm zu. Links bringt uns ein schmaler Pfad am Trafohäuschen vorbei direkt zum Turm (1.35 Std.). Man kann nun einen Abstecher nach rechts machen, um den Leuchtturm zu besteigen (mit dem Leuchtturmwärter reden), oder gleich weitergehen – dabei nicht mehr der Markierung folgend, sondern entgegen einem weißen Pfeil auf einen sandigen Fahrweg zwischen Gemüsefelder bergab nach Osten. Vor uns liegt die Kirche.

Einem befahrbaren Querweg folgen wir nach rechts (1.40 Std.) in den Ort hinauf. Dort biegen wir links in die Dorfstraße ein (1.45 Std.). Hinter einem Granitkreuz und einer Telefonzelle wandert man halblinks ohne Markierung weiter, wendet sich bei der nächsten Gelegenheit mit schwacher blauer Markierung nach rechts, um dann an einem Platz angekommen den Weg mit dem gelb-weißen Zeichen nach links fortzusetzen (1.55 Std.). Wir kommen an einem Lebensmittelgeschäft und einer Bäckerei vorbei. An der folgenden Gabelung dürfen wir nicht dem blauen Pfeil in Richtung Kirche nachgehen, sondern müssen halblinks bergauf, an der Post vorbei. Linker Hand treffen wir bald erneut auf ein Lebensmittelgeschäft, in dem man Gelegenheit hat, für ein Picknick einzukaufen; rechter Hand befindet sich eine militärische Signalstation (Sémaphore).

An einem Granitkreuz (2.00 Std.) folgen wir der Markierung nach rechts, kurz darauf wandern wir auf einem Feldweg auf einige Häuser an der Küste zu. Hinter dem Weiler Porz Melloc liegt wieder das Meer und ein häufig mit Seetang übersäter Badestrand, an

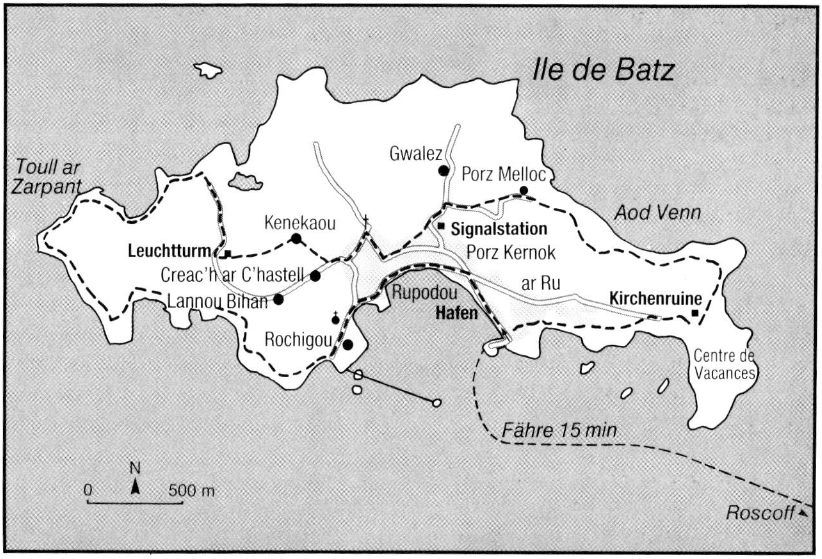

Route 7: Um die Ile de Batz

dem man das eingekaufte Picknick verzehren oder auch ein erfrischendes Bad nehmen kann. Nach rechts am Strand entlang (2.10 Std.) gehen wir über Dünen, die mit Gras, Stranddisteln und Strandnelken bewachsen sind, weiter. Jetzt taucht auch die blau-weiße Markierung wieder auf, die – mal oben mal unten – am Strand weiterführt.

Sobald einige Häuser an der Küste erscheinen, deren Grundstücke bis zum Wasser hinunterreichen, halten wir uns nach rechts ins Landesinnere. Es geht an der romanischen Kirchenruine von Ste-Anne vorbei, dem letzten kümmerlichen Zeugnis eines Klosters, das einst von Paul Aurélien gegründet worden war.

An der Südseite der Insel wandert man gleich wieder in Richtung Hafen und Dorfkirche. Auf einem Sträßchen folgt man der Markierung nach links (2.45 Std.), wendet sich gleich darauf an einem Menhir (vorgeschichtlicher Kultstein, s. S. 175) halblinks zwischen zwei Privatgrundstücken hindurch und setzt den Weg zwischen den Feldern parallel zur Kirche fort. Zum letzten Mal steigen wir zu einem kleinen Sandstrand hinab (2.50 Std.), auf einer Treppe wieder hoch, dann links weiter bis zum Ort. Der blau-weißen Markierung folgend, wandern wir zwischen den Häusern hindurch, schließlich halblinks hinunter zum Hafen, wo der Anlegeplatz der Fähre wieder erreicht ist (3.00 Std.).

Der Hafenort **Roscoff** hat heute 3800 Einwohner. Früher gründete Roscoff (bret. ›der Hügel‹) seinen Reichtum auf die seefahrenden Händler, reichen Reeder und Korsaren. Davon zeugen noch heute die stattlichen Bürgerhäuser der Hauptstraße und um die Kirche herum. Ebenfalls aus dieser Zeit stammen die Schiffsreliefs an der Kirche sowie die Wasserspeier in Kanonenform am Kirchturm.

Im letzten Jahrhundert waren die Roscoviten in Großbritannien als ›Zwiebel-Johnnies‹ bekannt, weil sie dort als Straßenhändler ihr Frühgemüse verkauften. Mit dem EG-Eintritt von Großbritannien nahm man diese alte Handelstradition wieder auf.

Mitte des 19. Jh. entdeckte man den Fremdenverkehr als neuen Erwerbszweig. Die ersten Hotels wurden errichtet; um 1900 kam der beginnende Kurbetrieb für Rheumakranke hinzu.

Die heutigen Bewohner leben in erster Linie vom intensiven Gemüseanbau (Blumenkohl, Artischocken, Frühkartoffeln und Zwiebeln), aber auch vom Muschel-, Langusten- und Hummerfang. Auch der Fremdenverkehr spielt eine bedeutende Rolle, zum einen wegen der Stellung Roscoffs als Kurort für Thalassotherapie (Meeresheilkuren), zum anderen wegen des 1976 eröffneten gezeitenunabhängigen Tiefwasserhafens für die Autofähre zu den Britischen Inseln (Plymouth, Cork). Es gibt heute neben der Kurklinik, den Erholungsheimen und Ferienwohnungen fast 20 Hotels mit über 450 Zimmern in Roscoff.

Sehenswert ist die **Kirche Notre Dame de Kroaz-Baz** mit ihrem gotischen Schiff (16. Jh.) und dem herrlich verspielten Renaissanceturm, der seine schönste Wirkung kurz nach Sonnenuntergang gegen einen blutroten Himmel entfaltet. Vom Hafen aus beherrscht er zum Glück immer noch alleine das Ortsbild. Eigenartigerweise stehen im Pfarrbezirk gleich zwei Gebeinhäuser. Im Innern der Kirche sind sieben Flachreliefs aus Alabaster, die im 15. Jh. in England angefertigt wurden, zu bewundern.

Außer der Kirche lohnen sich die Besichtigung des **Aquariums,** das zum größten französischen Meereslaboratorium der Universität Paris gehört, und der **Meerwasserbecken** (*Viviers*), wo Langusten, Hummer und Krebse auf den Verkauf warten.

In Roscoff ißt man fast überall sehr gut, besonders frische Fische und Meeresfrüchte sollte man sich nicht entgehen lassen. Ein **Restaurant** sei schon wegen seiner Atmosphäre besonders empfohlen: ›La Brocherie‹ – es liegt zwischen Kirchplatz und Aquarium in einem alten Bürgerhaus. Der Chef Georges kocht dort selbst, und man kann ihm beim Zubereiten der Speisen zusehen. Die Atmosphäre ist nicht französisch, sondern bretonisch. Alle sitzen an großen Holztischen, in der Saison meist dicht gedrängt, was mit großer Sicherheit zur Konversation mit dem Tischnachbar führt.

Das Städtchen **St-Pol-de-Léon** mit seinen 8000 Einwohnern ist schon aus großer Ferne über die Artischocken- und Blumenkohlfelder hinweg durch seine Wahrzeichen, die drei gotischen Kirchtürme, zu erkennen. Der schönste und eleganteste gehört zur **Kreisker-Kapelle** (Kreisker bedeutet ›Haus in der Mitte‹) und ragt mit 77 m Höhe über die Stadt. Er hat ein berühmtes Vorbild, den 78 m hohen Turm von St-Pierre in Caen in der Normandie, der im 14. Jh. erbaut worden war. Der Kreiskerturm stammt aus dem 15. Jh. und ist eleganter als sein Vorbild in Caen. Er wird gerne als der Prototyp aller bretonischen Türme gesehen und gilt immer noch als Prestigesymbol für den bretonischen Bürgerstolz. Nach 169 Stufen wird man mit einem atemberaubenden Rundblick über das Léon bis nach Roscoff und zur Ile de Batz belohnt. Selbst Vauban, der Festungsbaumeister Ludwigs XIV., der keine besondere Neigung zur Gotik verspürte, nannte den Kreisker »ein Wunder an Kühnheit und ausgewogenen Proportionen«.

Die ehemalige **Kathedrale** (nur bis 1790 gab es hier einen Bischof) wirkt im Vergleich zu ihren Schwestern der Ile de France eher bescheiden. Wie für das normannische Vorbild, die Kathedrale von Coutances, verwendete man für das Schiff normannischen Kalkstein. Die Vierung, der Chor und die Seitenkapellen bestehen jedoch aus dem einheimischen Granit. An dieser Stätte ist der Heilige Paul Aurélien beigesetzt, der Namensgeber der Stadt, der um 530 n. Chr. aus Wales hierher eingewandert sein soll. Aurélien ist einer der sieben Gründerväter der christlichen Bretagne und wurde nach legendären Wunder- und Heldentaten auf der Ile de Batz schließlich Bischof von St-Pol-de-León.

Artischocken und Blumenkohl

Die Artischocke, ein Distelgewächs, ist eine mehrjährige Pflanze, die von Mai bis Oktober geerntet wird. Was man verzehrt, ist nicht die Frucht der Pflanze, sondern ihre Knospe.

Besonders um Roscoff und St-Pol-de-León findet man Artischocken und Blumenkohl, beides Spezialkulturen des Gemüseanbaus, deren Anbaufläche sich in den letzten fünf Jahrzehnten fast verfünffacht hat. Natürliche Voraussetzungen dafür sind die leichten sandigen Böden, die man früher mit Tang und Seegras düngte (heute mit Kunstdünger), das milde, frostfreie Klima und die reichlichen Niederschläge. Noch im Jahr 1960 erfolgte die Vermarktung trotz der gesteigerten Produktion nach altem Muster. Nur 20% der Ernte wurden von den Genossenschaften aufgekauft, 80% dagegen von Großhändlern. Vor allem letzteren gegenüber hatten die Bauern bei der Preisgestaltung einen schwachen Stand. Als der französische Präsident Charles de Gaulle dann alle Preisbindungen für landwirtschaftliche Produkte löste, um so eine Modernisierung der Betriebe zu erzwingen, und wegen Überproduktion die Artischockenpreise noch zusätzlich sanken (20 Centimes pro Artischocke bekamen die Bauern; für 1,60 FF wurden sie auf dem Markt in Paris verkauft), brachte dies das Faß zum Überlaufen. Bei der nun folgenden ›Artischockenschlacht‹ besetzten die Bauern einige Verwaltungsgebäude in St-Pol und Morlaix, blockierten Straßen mit ihrer überschüssigen Ware, verbrannten schließlich 21 Mio. Stück Artischocken und organisierten sodann den Direktverkauf.

Sieger des ›Artischockenkrieges‹ wurden die bretonischen Bauern. Die Folge war im Jahr 1961 der Zusammenschluß von 3000 Landwirten zu der Vertriebsgenossenschaft S.I.C.A. (Société d'Intérêt Collectiv Agricole), die die Vermarktung in die Hand nahm und den Bauern Einfluß bei der Preisgestaltung und bei der Agrarpolitik der Regierung ermöglichte. Im Pariser Ministerium änderte man auch bald das Konzept und förderte nun gezielt die Modernisierung der Agrarwirtschaft (1962: neues Landwirtschaftsförderungsgesetz).

Seitdem kam es zu einer weiteren Intensivierung im Gemüseanbau. Inzwischen wird die Vermarktung der gesamten Ernte der 5000 Erzeuger von Genossenschaften besorgt. 70% der Produktion vermarktet die S.I.C.A., die den Markennamen ›Prince de Bretagne‹ im ganzen EG-Bereich bekannt gemacht hat.

Bauer im Artischockenfeld

1986 produzierte die Bretagne 252 100 t Blumenkohl, 74,4 % der gesamten französischen Ernte, und 55 250 t Artischocken, 86,7 % der französischen Gesamterzeugung. Die Menge der Artischocken ist gegenüber 1960 um etwa 20 % zurückgegangen, wogegen die Blumenkohlerträge um das 25fache angestiegen sind. Dies war durch die verbesserte Vermarktungsstrategie möglich geworden. Der Blumenkohl ist stark exportorientiert, über die Hälfte der Ernte geht ins Ausland, wobei die Bundesrepublik Deutschland an erster Stelle steht. Die Artischocken werden hauptsächlich für den Binnenmarkt angebaut, nur etwa 5 % gehen in den Export, was vor allem mit den Konsumgewohnheiten in den meisten anderen EG-Ländern zu erklären ist.

In den letzten Jahren wurden auf Anregung der Genossenschaften verstärkt andere Sonderkulturen angebaut, um so für die Krisenanfälligkeit der früheren Monokulturen Artischocke und Blumenkohl einen Ausgleich zu schaffen. Zu diesen neuen Kulturen gehören Frühkartoffeln, Zwiebeln unter Folie, Endiviensalat, Karotten, Schnittblumen im Glashaus, Blumenzwiebeln und Baumschulen. Die Blumenkohlfelder eignen sich gut zum Fruchtwechsel mit den Kartoffeln, die im Juli/August gelesen werden. Anschließend wächst Kohl, der in den Wintermonaten Dezember/Januar geerntet wird.

Wie bei den Erdbeeren und Tomaten in Plougastel fürchtet man auch hier im Léon die sich ab 1992 verstärkende EG-Konkurrenz. Der Blumenkohlpreis besteht zu 80 % aus Lohnkosten und wird dann sicherlich von Italien und Spanien mit ihren billigen Arbeitskräften unterboten.

Wanderung 8:
Durch das zentrale Hügelland der Monts d'Arrée

Wichtige Hinweise

Dauer: 3.25 Std. einschließlich des Abstechers auf den Kamm der Monts d'Arrée.
Länge: ca. 12 km.
Routenart: Rundwanderung.
Wegbeschaffenheit: Breite Hohl- und Fahrwege; schwieriger überwachsener Pfad zum Berggipfel hin; kleine, fast unbefahrene Asphaltstraßen in Trédudon-le-Moine und kurz vor dem Ziel (zusammen 30 Min.).
Anstiege: Kontinuierlich vom Ausgangspunkt bis zum Gipfel: 150 Höhenmeter; ebenso gemütlicher Abstieg.
Schwierigkeitsgrad: Mittel. Der Weg ist allgemein leicht, nur der Abstecher zum Kammgipfel ist mittelschwer bis anspruchsvoll (Schuhe mit gutem Halt sind erforderlich).
Orientierung: Leicht bis mittel. Meist ist der Weg gut markiert. Manche Gabelungen sind nicht ganz eindeutig, die Richtung geht dann aus der Textbeschreibung hervor. Markierung: Gelber Balken. Karten: IGN 0616 Ouest; Morlaix und IGN 0617 Ouest; 1:25000.
Restaurants: Keine. Es bietet sich statt dessen ein Picknick an, für das man schon in einem größeren Ort auf der Anfahrt einkaufen sollte.
Anfahrt: Von Morlaix aus nach Süden auf der D 712 und der D 785 durch Pleyber-Christ nach Plounéour-Ménez. Dort nach links auf die D 111, 4 km entfernt liegt der Weiler Le Relecq.

Die Monts d'Arrée sind ein Bergzug, der sich in der zentralen Bretagne in west-östlicher Richtung erstreckt. Wie die südlichen Montagnes Noires stellen diese Erhebungen die Überreste eines einst 1200 m hohen Urgebirges dar, das vor etwa 345 Mio. Jahren mit der variskischen Gebirgsbildung entstanden ist und bis heute fast ganz abgetragen wurde. Dominantes Gestein ist der Glimmerschiefer, aber auch Quarzite (metamorphisierte armorikanische Sandsteine) kommen vor. Beide Gesteinsarten wurden vor etwa 390 Mio. Jahren abgelagert, gehören also zur Formation des unteren Devon. Unterhalb der Gipfel findet man noch ältere Schiefer aus dem Brioverian (etwa eine Milliarde Jahre alt).

Der höchste Gipfel ist mit 384 m der Roc Trévezel. Von hier aus hat man einen atemberaubenden Blick nach Norden über das Léon bis nach Morlaix und zur Küste, nach Westen bis nach Brest und nach Süden über die Montagnes Noires.

Tatsächlich ist die Atmosphäre auf den Kämmen des Monts d'Arrée schon fast hochgebirgsartig, da die Glimmerschieferzacken völlig unvermittelt aus der Ebene aufsteigen und sehr rauhes Klima herrscht. Die Temperaturen sind hier niedriger als in den übrigen Gebieten, mit über 1500 mm Niederschlägen im Jahr fällt der meiste Regen der Bretagne. Oft umziehen Nebelschwaden die Gipfel, und ein rauher Wind bläst über die Heidefelder.

Früher sollen die Monts d'Arrée der westliche Ausläufer des großen Waldgebietes von Brocéliande gewesen sein. Heute ist davon nichts mehr zu sehen. Nach der Legende tragen die Bäume aber an ihrem Verschwinden selbst Schuld, wurden doch

Typische Heckenlandschaft (Bocage) beim Roc Trévezel

bei der Geburt von Jesus Christus alle aufgerufen, ins Heilige Land zu ziehen, um das Kind zu preisen. Die Bäume der Monts d'Arrée verspürten offenbar keine Lust, das Meer zu überqueren, so daß sie verflucht wurden und langsam abstarben. Einzige Ausnahmen waren die gehorsamen Kiefern, Ginsterbüsche und Heidesträucher, die der Weisung gefolgt waren und deshalb heute noch in den Monts d'Arrée zu finden sind.

Das einsame, rauhe Bergland soll bis zum 19. Jh. noch Heimat von Wölfen gewesen sein. Südlich des Roc Trévezel liegt das berüchtigte Yeun Elez, ein Torfmoor, dessen Name früher allein genügte, den Bretonen einen Schauer über den Rücken zu jagen. Hier soll der Eingang zur Hölle sein. Die Seelen der Verdammten, so sagt man, stecken in schwarzen Hunden mit glühenden Augen, die bei Nacht im Moor verschwinden. Heute hat sich das Yeun Elez verändert, ein großer Teil der Fläche wurde vom Stausee St-Michel überflutet, der der Wasserversorgung des nebenstehenden Kernkraftwerkes von Brennilis diente. Dieses 1966 in Betrieb genommene dritte Kernkraftwerk in Frankreich war zugleich das erste, das schweres Wasser als Regulator und kohlensaures Gas zur Kühlung verwendete. Die Leistung betrug 70 Megawatt, die Stromproduktion entsprach der des Gezeitenkraftwerkes an der Rance. 1987 wurde das Atomkraftwerk wegen mangelnder Rentabilität stillgelegt.

Der Naturpark der Monts d'Arrée gehört zum 1969 gegründeten zersplitterten Parc Naturel Régional d'Armorique, der 65 000 ha umfaßt. Hier soll der ursprüngliche Zustand der Landschaft erhalten bleiben und die Bewohner durch den Fremdenverkehr vor dem Abwandern abgehalten werden. Die relativ junge Tendenz der Aufwertung des zentralen Berglandes kann aber nicht darüber hinwegtäuschen, daß die meisten Bewohner schon längst in die bretonischen Städte, nach Paris oder nach Amerika ab- und ausgewandert sind.

Es gibt viele Möglichkeiten, in den Monts d'Arrée zu wandern. Der höchste Gipfel Roc Trévezel ist von einem großen Parkplatz der D 785 aus in 15 Minuten zu erreichen. Da man vor allem im Sommer hier nicht mehr alleine ist, wurde eine Wanderung weiter im Nordosten, in einer einsamen Gegend der Monts d'Arrée, ausgewählt.

Wegbeschreibung

Die Wanderung beginnt am Dorfplatz des Weilers Le Relecq. Das Auto kann auf diesem Platz westlich der Ruinen der ehemaligen Zisterzienserabtei, oder an deren Ostseite abgestellt werden.

Wir gehen vom Parkplatz aus nach Nordwesten, auf der Chaussée de l'Etang, einer Allee, am See entlang. Es gibt verschiedene Markierungen; für die hier beschriebene Wanderung folgen wir dem gelben Balken. Wir kommen an einer verfallenen Wassermühle vorbei, die wie der See ursprünglich zur Abtei gehörte. Am Ende des Sees wenden wir uns nach links und folgen dort einer anderen Allee. Bald geht es auf einer Straße kurz bergab und nach etwa 50 m zwischen einem Haus und einem Schuppen hindurch nach rechts (10 Min.). Der etwa 800 m lange, wildromantische Hohlweg ist heute ungenutzt und zum Teil überwuchert. Am Ende des Weges wendet man sich, entsprechend der gelben Markierung, auf einen noch genutzten Hohlweg nach links. Kurz darauf macht der Weg einen Linksbogen (25 Min.). Nach 500 m überqueren wir eine Straße (D 111) und wandern durch den Weiler Kernelec. Am efeuumrankten Granitkreuz und der Töpferei geht es vorbei und bergab.

Bald kommt ein neuer Fahrweg hinzu (40 Min.), wir halten uns halblinks. Nach etwa 100 m taucht links ein Calvaire auf, der heute nur noch in Resten vorhanden ist; das Kreuz fehlt. Hier biegen wir nun rechts ab und werden bald von einem murmelnden Bächlein begleitet, das versteckt unterm Gebüsch auf der rechten Seite fließt. Am Wegesrand stehen Hecken aus Ginster-, Farn- und Brombeersträuchern, ein typisches Element der bretonischen Bocage-Landschaft. Etwa drei Minuten nach der Calvaire-Ruine treffen sich einige Wege, wir wandern zuerst halblinks, dann geradeaus weiter (markiert), um dann in südlicher Richtung leicht bergauf zu steigen.

Bald endet der Ackerbau, es beginnt die Vegetationsformation der *Landes.* Die hier wachsenden Pflanzen – Gräser, Farne, Heidekraut und Stechginster – sind wegen des starken Windes, der über die Hochflächen bläst, sehr niedrig. Das anstehende Gestein, der Glimmerschiefer, kommt an einigen Stellen zum Vorschein.

An einer Weggabelung (1.10 Std.) wenden wir uns nach links (Markierung an einem Stein). Da wir ein kleines Hochmoorgebiet durchqueren, wird der Untergrund bald sehr feucht. Vor uns liegt ein Kamm der Monts d'Arrée. Der Weg verläuft genau zwischen zwei Felsen, links liegt der Roc'h An Diry, 358 m hoch, rechts der Roc'h An Toupas mit 348 m Höhe (1.25 Std.).

Immer wieder führen kleine Trampelpfade zum linken Gipfel, einen davon wählen wir für einen kleinen Abstecher dorthin. Die Pfade sind oft sehr überwuchert, man kann beim Gehen leicht umknicken oder auf versteckten Steinen unter dem Gebüsch ausrutschen. Deshalb ist äußerste Vorsicht geboten! Nur wer trittsicher ist, sollte sich auf den recht harmlos erscheinenden Grat wagen. Der Blick von 358 m Höhe über die Landschaft Léon reicht bei gutem Wetter bis zur Küste. In der Ferne ist die Stadt Morlaix zu erken-

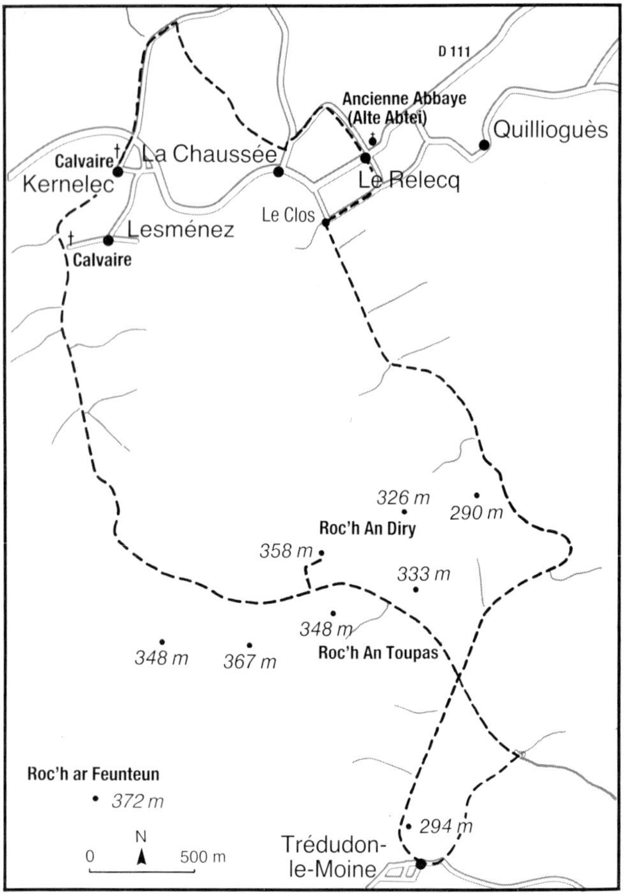

Route 8: Durch das Hügelland der Monts d'Arrée

nen, halblinks in nordwestlicher Richtung steht der Kirchturm von Plounéour-Ménez. Im Südwesten kann man weitere Kämme der Monts d'Arrée erblicken, dort liegen die höchsten Gipfel der Bretagne.

Wieder auf dem Hauptweg (1.50 Std.) folgen wir diesem nach links und damit nach Osten (markiert). Der Weg führt bergab, am Boden sind noch Reste eines alten römischen Straßenpflasters aus Schiefergestein zu entdecken. An einer Kreuzung, an der erneut das Fragment eines Kalvarienberges (La Croix des Epines) zu sehen ist (2.05 Std.), biegt man nach rechts zum Ort Trédudon-le-Moine ab, der im Zweiten Weltkrieg eine Hochburg der Résistance war. Nun geht es leicht bergab. Nach einer Stele, beim ersten Haus auf der linken Seite am Schild ›Ferme Auberge‹ wenden wir uns halblinks in den Ort (2.20 Std.). Dort verläuft die Wanderung auf der schmalen Dorfstraße zwischen kleinen Granithäusern, die mit Schiefer oder Wellblech gedeckt sind, bergab. Hinter dem letzten Gebäude, einem schiefergedeckten Granitschuppen, biegen wir sofort noch vor dem Bachlauf nach links in einen Hohlweg (2.25 Std.). An einer Weggabelung geht es, immer noch auf dem Hohlweg, nach rechts weiter. Bald stößt man auf einen breiten geschotterten Fahrweg, dem wir nach links folgen (2.35 Std.). Vor uns liegt wieder der Grat der Monts d'Arrée. Nach fünf Minuten kommen wir wieder am Calvaire La Croix des Epines vorbei und wenden uns jetzt nach rechts (2.40 Std.).

Der Weg führt in einem großen Bogen um den am Hinweg erstiegenen Grat herum. Zum Teil ist er geschottert, das letzte Stück ist Asphaltstraße. Sobald im Weiler Le Clos die ersten Häuser auftauchen, biegen wir mit der rot-weißen Markierung (der gelbe Balken fehlt) nach rechts ab (3.20 Std.). Wir passieren eine Stele, die vielleicht ein keltischer Lech sein könnte. Kurz darauf führt der Hauptweg nach links, und die Wanderung endet wieder auf der D 111 und am Platz von Le Relecq (3.25 Std.).

Die Ruinen der 1132 gegründeten Zisterzienserabtei dominieren den Ort **Le Relecq.** Die Kirche aus dem 12. und 13. Jh. in der typischen Schmucklosigkeit der Zisterzienserarchitektur wird zur Zeit restauriert; ihre Fassade wurde schon im 18. Jh. im damaligen Stil wiederhergerichtet. Heute finden im Ort noch zwei Pardons (bretonische Wallfahrten) statt: Am vorletzten Julisonntag der Pardon von Ste-Anne (von keltischer Musik begleitet) und am 15. August der Pardon der Notre-Dame-du-Relecq.

Plounéour-Ménez liegt zwar nicht am Wanderweg, wird aber bei der Anfahrt von Morlaix aus gestreift. Sehenswert ist ein umfriedeter, erstaunlich großer und leerer Pfarrbezirk. Der Umfang deutet darauf hin, daß die Gemeinde früher größer war und man deshalb viel Raum für den Friedhof abgegrenzt hatte. Die Figuren des Kalvarienberges sind ergreifend einfach. Petrus sieht aus wie eine Frau; die Beine Jesu sind seltsam deformiert. Interessant sind die Wasserspeier des Kirchturmes. Sie sehen aus wie Kanonenrohre, was vermuten läßt, daß einige Männer des Ortes früher ihr Geld auf Korsarenschiffen verdient haben.

Wanderung 9:
Durch den Zauberwald von Huelgoat

Wichtige Hinweise

Dauer: 3.05 Std. einschließlich der Besichtigung der Teufelsgrotte und des Haushalts der Jungfrau; ohne den Abstecher zum ›Roche Cintrée‹.
Länge: ca. 8,5 km.
Routenart: Rundwanderung.
Wegbeschaffenheit: Breite und schmale Waldwege, alle gut begehbar, höchstens 15 Minuten auf Asphaltstraßen.
Anstiege: Etwa 50 Höhenmeter zum Camp d'Artus bergauf; von der Mine zum Kanal ein weiterer Anstieg von etwa 60 Höhenmetern.
Schwierigkeitsgrad: Leicht.
Orientierung: Leicht. Der Großteil des Weges ist gut markiert (gelb-weißer Balken). Kaum Markierungen vom Liebespfad zum Artuscamp und von dort aus zum ›*Gouffre*‹. Oft weisen aber Schilder den Weg. Karte: IGN Huelgoat Nos 3–4; 1:25 000.
Restaurants: Nur in Huelgoat selbst. Hier gibt es vor allem einige ausgezeichnete Crêperien. Unterwegs bieten sich viele Möglichkeiten für ein Picknick, einkaufen kann man zuvor am Marktplatz von Huelgoat.

Bootsfahrten: Am Ufer des Sees von Huelgoat kann man Tretboote ausleihen.
Anfahrt: Von Morlaix aus nach Süden über die D 769 und D 14 nach Huelgoat; von Carhaix-Plouguer aus nach Nordwesten über die D 764 und D 14 nach Huelgoat.

›Der Liebespfad‹ im Zauberwald von Huelgoat

Der Name ›Huelgoat‹ ist bretonisch und bedeutet ›Hochwald‹. Wie der Wald von Paimpont im Osten der Bretagne mit 7000 ha ist auch der Wald von Huelgoat mit 590 ha das Überbleibsel eines großen Waldgebietes, das einst das Innere der Armorikanischen Halbinsel bedeckte. Dieser ursprüngliche Wald ist heute noch im Volksmund als ›Brocéliande‹ bekannt. Da die beiden übriggebliebenen Wälder der Restbestand eines einzigen großen Forstes sind, mag es kaum verwundern, daß die Legenden von Paimpont und Huelgoat sich so sehr ähneln. König Artus, Tristan und Isolde, aber auch der Teufel sollen hier wie dort in Erscheinung getreten sein.

Beeindruckend sind die im Wald versteckten Felsenmeere, die durch die Erosion des Wassers entstanden sind. Weichere und grobkörnigere Bestandteile des Granits wurden zermahlen und weggespült, härtere und dichtgefügtere Steine blieben. Später stürzten die übriggebliebenen Blöcke übereinander und bildeten Felsenmeere. Die Legenden berichten allerdings von wütenden Riesen, die mit Gesteinsbrocken um sich geworfen hätten.

Im Oktober 1987 wütete ein Orkan, in den nachfolgenden Sommern mehrere Waldbrände im Wald von Huelgoat. Infolgedessen wurde die Waldfläche im Vergleich zu der Zeit vor 1987 stark dezimiert. Besonders große Zerstörungen entstanden auf der Hochfläche um das Camp d'Artus. Bis auf diesen Abschnitt in der ersten Hälfte der Wanderung, ist die Landschaft immer noch idyllisch und beeindruckend. Es bleibt zu hoffen, daß die Aufforstungsbemühungen auf der Hochfläche erfolgreich sind und der alte Zauberwald zu seinen einstigen Ausmaßen zurückkehrt.

Wegbeschreibung

Wir starten am Marktplatz (Place Aristide Briand) von Huelgoat, der genügend Parkplätze bietet. Die Kirche zur Rechten wandern wir nach Nordosten die Rue des Cendres hinunter und 100 m weiter nach links zum Silberfluß. Auf der Brücke steht eine Orientierungstafel, auf der die Sehenswürdigkeiten des Waldes von Huelgoat verzeichnet sind.

Der markierte Wanderweg (gelb und gelbweiß) beginnt zwischen dem Fluß und dem Café du Chaos. Links fließt der Silberfluß, der seinen Namen den silberhaltigen Bleiminen der Umgebung verdankt. Man passiert das ›Chaos der Mühle‹; die gelbe Markierung führt uns durch das Felsenlabyrinth geradeaus am Fluß entlang. Nach fünf Minuten kommen wir zur Teufelsgrotte *(Grotte du Diable)*, auf einer Leiter geht es nach links in die Tiefe hinab. **Achtung,** in der Höhle ist es glitschig und dunkel! Der Abstecher in die Grotte dauert etwa fünf Minuten, dann folgen wir dem markierten Weg und steigen gleich darauf nach links hinunter und über den Fluß. Rechter Hand liegt das Felschaos, das der Fluß im Laufe von Jahrmillionen geschaffen hat.

Ein Wegweiser führt uns über einen Treppenpfad nach links aufwärts zum halbrechts gelegenen Schwankenden Fels *(Roche Tremblante)*. Zuvor müssen wir jedoch einen blanken Granitfelsen überqueren und an einem Geländer entlang – genau auf den Schwankenden Felsen zu – über einige Stufen absteigen (15 Min.). Es ist ein 137 t schwerer Monolith aus Granit, der zufällig so gelagert ist, daß er bei Druckausübung an einer bestimmten Stelle im richtigen rhythmischen Wechsel in Schwingungen versetzt werden kann. Oft steht ein Dorfjunge aus Huelgoat hier, der gegen ein kleines Trinkgeld den Fels zum Schwanken bringt. Einer Legende zufolge soll sich der Stein einmal um sich selbst drehen, wenn er die zwölf Glockenschläge am Mittag und um Mitternacht hört. Hinter dem Felsen geht es abwärts; unten am Weg nach rechts, nach einigen Minuten stoßen wir wieder auf den Hauptweg am Silberfluß. Fünf Meter nach rechts aufwärts liegt der ›Haushalt der Jungfrau‹ *(Le Ménage de la Vierge‹)*: Kochtöpfe, Kopfkissen, Sessel und eine Buttermaschine aus Granit. Nach kurzer Besichtigungspause wandern wir weiter flußabwärts. Nach etwa 50 m gabelt sich der Weg (30 Min.), bergauf führt der Liebespfad *(Le Sentier des Amoureux)*, am Fluß verläuft die Allée Violette. Wir folgen dem Liebespfad, der in seinem geheimnisvollen Zauber an die Schäferstündchen von Tristan und Isolde erinnerte. Nach Stürmen und Waldbränden sind die Bäume jedoch im oberen Bereich des Liebespfades fast völlig verschwunden. An einer Kreuzung geht man halbrechts, der Markierung folgend (35 Min.). Bald biegt man mit dem Wegweiser zum Camp d'Artus nach links ab (40 Min.). Nach einem kleinen Anstieg auf das verwüstete, inzwischen baumlose Hochplateau, erreicht man den Eingang zum keltischen Oppidum *Camp d'Artus* (55 Min.). Rechts und links liegen Wälle. Man kann geradeaus weiterwandern und das Oppidum in der Mitte durchqueren oder nach links abbiegen, um die Felsen herumgehen und nach etwa 50 m rechts auf den Wall steigen, auf dem es dann weitergeht. Am Ende des Camp d'Artus beschreibt eine Schautafel den Aufbau der gallischen Mauer.

Auf dem Hauptweg wandert man in nordwestlicher Richtung weiter und folgt nach einem kleinen Abstieg der gelb-weißen Markierung auf einen großen Weg nach rechts Richtung pont-gwenn (1.05 Std.). Bald fließt links unterhalb des Weges ein kleiner Bach. Im Tal stehen die Bäume noch, rechts und links an den Hängen hat der Orkan von 1987 den herrlichen Hochwald verwüstet. Bald stößt man im Talgrund an eine Stelle, wo viele größere Steine herumliegen und eine kleine

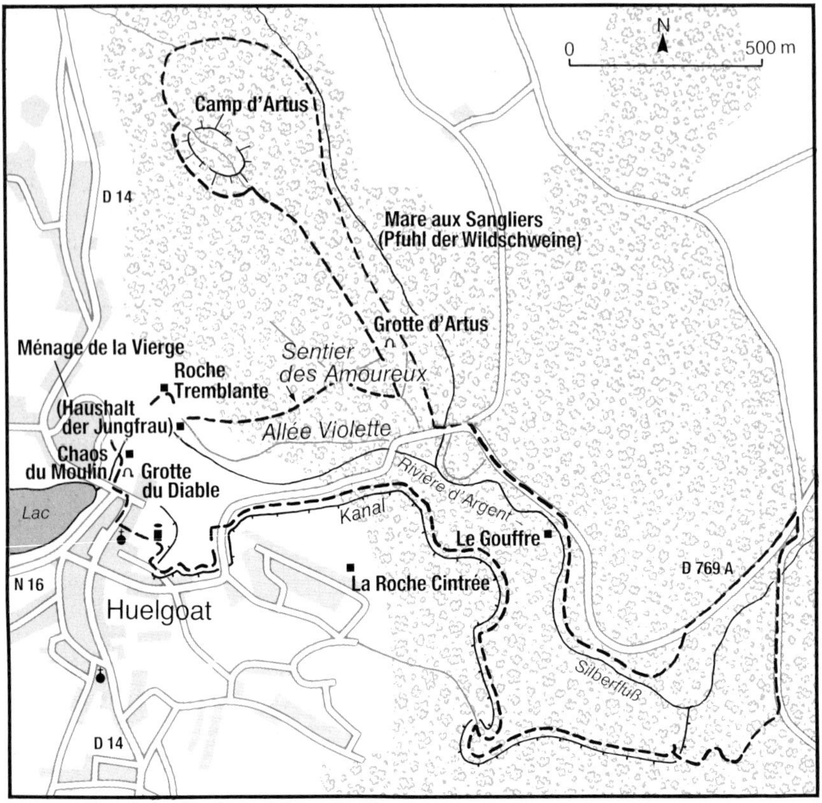

Route 9: Durch den Zauberwald von Huelgoat

Holzbrücke den Bachlauf überquert. Dieser Ort wird Pfuhl der Wildschweine *(Mare aux Sangliers)* genannt.

Man überquert nicht die Holzbrücke, sondern wandert auf dem gleichen Weg weiter, um wenige Minuten später auf die *Artusgrotte* zu stoßen (1.20 Std.). Hier handelt es sich um eine natürliche Höhle rechts im Hang, aus der die Überlieferung das Versteck des König Artus gemacht hat. Fünf Minuten später tritt man nach links auf eine Straße und folgt ihr in einer Rechtskurve. Kurz darauf führt ein schmaler Pfad auf der rechten Seite direkt an der Straße entlang (1.30 Std.). Beim Schild Le Gouffre steigen wir, der gelb-weißen Markierung folgend, Treppen nach rechts hinab (1.35 Std.). Die Wassermassen des Silberflusses stürzen in ein Loch (Le Gouffre), von dem man sich erzählt, daß die böse Fee Dahud ihre Liebhaber nach einer amourösen Nacht dort hinabstürzte.

Auf der linken Seite des Flusses geht es auf einem kleinen Pfad weiter. Hier ist man bemüht, die Orkanschäden zu beseitigen, überall sieht man Aufforstungen. Der markierte Weg wendet sich nach einer Weile vom Fluß ab und mündet bald auf eine Straße (1.50 Std.), der wir nach rechts folgen. Auf einen großen Weg, der rot-weiß markiert ist, biegen wir nach rechts und gleich nochmals nach rechts ab. Nach einem kleinen Abstieg überquert man den Silberfluß und hält sich an das Hinweisschild ›la mine‹. An einer nach wenigen Minuten erreichten Weggabelung wenden wir uns mit der Markierung nach links, an den verwüsteten Feldern der alten Blei- und Silbermine vorbei. Etwa fünf Minuten nach dieser Gabelung verläßt uns der rot-weiß markierte Fernwanderweg nach links oben (2.05 Std.), wir halten uns in der gleichen Richtung geradeaus, müssen aber gleich darauf nach rechts und im leeren Bachbett die Verwüstungen der alten Mine überqueren. Auf der anderen Seite führt die Markierung auf einem schmalen Weg steil bergauf in den Wald. Zwischen den Bäumen sieht man überall kleine Gruben, die auf alten Bergbau hinweisen.

Die Steigung endet an einer kleinen Wasserkraftanlage (2.15 Std.), es geht nach rechts und gleich über einen kleinen Kanal. Der Weg führt nun immer am Kanal entlang. Dieser künstliche Wasserlauf diente früher den Bergleuten dazu, das Erz zu waschen. Links liegen alte Gruben. Der Kanal und mit ihm der Wanderweg winden sich durch den Wald. Später führt eine Brücke über das Wasser; eine Hinweistafel deutet nach links bergauf zum Roche Cintrée, einem Aussichtsfelsen über Huelgoat. Man kann einen Abstecher dorthin machen, der Wanderweg führt aber unten weiter am Kanal entlang nach Huelgoat.

Nach einer Weile führt ein Weg bergab zu einer Straße (2.45 Std.), wir bleiben jedoch noch oben am Kanal, bis unser Wanderweg auf eine weitere Straße mündet (2.50 Std.), der wir nach links folgen. In der scharfen Rechtskurve steigen wir auf einer Treppe nach rechts abwärts (Markierung am Pfahl) und gehen nun wieder an dem Kanal entlang. Kurz darauf überqueren wir den Kanal über ein Steinbrückchen (3.00 Std.) und folgen einer Mauer bergauf. Vorbei am Office de Tourisme und der Mairie (Rathaus) geht es auf einem schmalen Weg an der Kirche entlang. Dahinter liegt der Ausgangspunkt der Wanderung, der Marktplatz von Huelgoat (3.05 Std.).

Das Städtchen **Huelgoat** mit gegenwärtig 2500 Einwohnern war schon in keltischer und römischer Zeit von Vorfahren der heutigen Bevölkerung besiedelt worden. Damals war vor allem die strategische Lage von Bedeutung, da von hier aus der gesamte Verkehr der Monts d'Arrée kontrolliert wurde.

Die Böden sind karg, Lebensgrundlage war lange Zeit die Nutzung des Waldes (Holzgewinnung, Holzschuhmacherei) und der Abbau des silberhaltigen Bleis.

Heute lebt der ehemalige Bergbauort vor allem vom Tourismus. Huelgoat bietet Naturfreunden noch heute eine Sommerfrische alten Stils. Die Jahrhunderte alte Pfarrkirche (1591) im Zentrum und der kleine fischreiche See, auf dem man im Sommer Tretboot fahren kann, laden zu einem Besuch des Städtchens ein.

Das **Artuscamp** ist eines der größten und am besten erhaltenen keltischen Oppida im Westen Frankreichs. Das gallische Feldlager, das später dem sagenhaften König Artus zugeschrieben wurde, stammt noch aus vorrömischer Zeit. Es liegt strategisch sehr günstig auf einem felsigen Granithügel. Die Ausgrabungen englischer Archäologen von 1938 haben nachgewiesen, daß das Lager nicht nur ein Militärcamp, sondern eine befestigte keltische Stadt war, wofür die entdeckten Hausfundamente und die vielen Feuerstellen sprechen. Die Holzbohlen in der Ringmauer wurden mit Eisennägeln verbunden, und das Mauerwerk selbst ist genauso geschichtet, wie Julius Caesar in seinem ›Gallischen Krieg‹ den Mauerbau der keltischen Oppida beschrieben hat.

Die Kelten nutzten schon damals die Holzvorräte und Silberminen des Waldes. Nach Caesars Sieg über die Veneter besiedelten die Römer den Ort, was zahlreiche römische Münzfunde belegen.

Viele bretonische Legenden erzählen von unterirdischen Schätzen. Diese Geschichten sind mit dem **Silber- und Bleibergbau,** den es in der Umgebung von Huelgoat seit der keltischen Zeit gibt, Wirklichkeit geworden. Das silberhaltige Blei wurde von den Kelten, den Römern und später unter den bretonischen Herzögen abgebaut. Herzog Jean V. holte im 15. Jh. deutsche Bergleute aus dem Harz ins Land, um den Silber- und Bleibergbau von Huelgoat zu modernisieren. Für die Minen und die Verhüttung rodete man riesige Flächen. Ende des 18. Jh. wurden zwei Kanäle gebaut, die Wasser aus dem See von Huelgoat heranführten, in dem das Erz gewaschen wurde. Außerdem trieb ihr Wasser auch eine Maschine zur Zerkleinerung des Gesteins an. Anfang des 19. Jh. arbeiteten 2400 Menschen – darunter auch Kinder – in der Mine. Zu Beginn des 20. Jh. wurde der Bergbau aufgegeben. Der Wald hat sich indessen nie wieder von dem Jahrhunderte andauernden Raubbau erholt.

Tristan und Isolde

Der Waisenknabe Tristan wächst am Hof seines Onkels, König Marke von Cornouaille, zu einem tapferen Ritter heran. Eines Tages stellt er zum ersten Mal seinen Mut unter Beweis: Wie jedes Jahr fordert der König von Irland 300 Jungfrauen aus Cornouaille als Tribut, die sein Schwager Morholt abholen soll. König Marke verweigert die Zahlung, weil Tristan sich bereit erklärt hat, gegen Morholt zu kämpfen. Tristan gelingt es, den Bösewicht mit seinem Schwert zu töten, er wird jedoch selbst so schwer verwundet, daß kaum eine Chance auf Heilung besteht. Die einzige Hoffnung ist ein Besuch in Irland, dem Land, in dem das verletztende Schwert geschmiedet wurde und wo Tristan mit Hilfe der heilkundigen Königin von Irland und Schwester des Morholt von seinen Schmerzen erlöst werden kann.

Unerkannt zieht der junge Ritter als fahrender Spielmann Tantris zum irischen Königshof. Die Königin und ihre liebreizende Tochter Isolde pflegen ihn hingebungsvoll, so daß er bald wieder gesundet. Eines Tages aber kann Tristan seine Identität nicht mehr verbergen. Isolde entdeckt die Scharte an seinem Schwert, der fehlende Splitter steckte im Kopf ihres toten Onkels Morholt. Tristan muß Irland verlassen und berichtet am heimatlichen Königshof seinem Onkel Marke von der wunderschönen Isolde. Dieser beschließt, die junge Frau als seine Königin in die Cornouaille bringen zu lassen. Tristan wird geschickt, um an Stelle seines Onkels um Isolde zu werben. Voller Widerwillen folgt sie dem jungen Ritter aufs Schiff. Dort kommt es zu einer folgenschweren Verwechslung. Tristan und Isolde trinken versehentlich den Liebestrank, der für Marke und Isolde vorbereitet worden war. Zwischen den beiden entbrennt eine lebenslange Leidenschaft. Isolde heiratet zwar den alten König Marke, kann aber ihren Tristan nie vergessen. Heimlich treffen sich beide im Garten oder im Wald (nach der Legende auch im Zauberwald von Huelgoat), wo sie eine Zeit lang ungestört ihr Glück in einer Höhle genießen. Der Ausgang der leidenschaftlichen Liebesgeschichte variiert, endet aber immer mit dem tragischen Tod des Paares. In einer Version werden die Liebenden zum Tod auf dem Scheiterhaufen verurteilt, dann wieder sterben sie eng umschlungen, als der von Marke schwer verwundete Tristan seine Isolde mit letzter Kraft an sich preßt. Die höchste Dramatik des Liebestodes können wir heute in der Musik Wagners nacherleben.

Der deutsche Dichter Gottfried von Straßburg läßt in seinem Versepos ›Tristan‹ (um 1220) den Helden später eine andere Frau – Isolde Weißhand – heiraten. Als er jedoch im Sterben liegt, verlangt er nach der wahren Geliebten, die über das Meer zu ihm eilt, ihn aber nur noch tot auffindet.

Wanderung 10: **Durch das Land der umfriedeten Pfarrbezirke**

(auch als Radwanderung geeignet)

Wichtige Hinweise

Dauer: 3 Std. ohne Besichtigungen.
Länge: ca. 12 km; als Radwanderung mit Rückkehr zum Ausgangspunkt: 24 km.
Routenart: Keine Rundwanderung – Ausschnitt aus dem großen Fernwanderweg GR 380; Rückkehrmöglichkeiten s. u.
Wegbeschaffenheit: Bequeme Feldwege, Hohlwege; etwa die Hälfte der Wanderung auf kleinen, kaum befahrenen Straßen.
Anstiege: Minimal. Größter Höhenunterschied beim Durchqueren des Penzétales: 55 Höhenmeter.
Schwierigkeit: Leicht.
Orientierung: Leicht, da der ganze Weg gut mit rot-weißen GR-Symbolen markiert ist. Karten: IGN 0616 Ouest; Morlaix 1:25000; IGN 0516 Est; Landivisiau 1: 25000.
GR-Führer mit 1:50000-Karten: Topo-Guide des Sentiers de Grande Randonnée, GR 380: Monts d'Arrée, Enclos Paroissiaux. Herausgeber: Comité National des Sentiers de Grande Randonnée, 8, Avenue Marceau, 75008 Paris, 1985. Der Führer ist in den Buchhandlungen des Finistère zu bekommen.
Ausrüstung: Taschenlampe für die Höhle im Roc'h Toul.
Restaurants: In St-Thégonnec, Guimiliau, Lampaul-Guimiliau.

Anfahrt: Von Morlaix aus auf der Schnellstraße N 12 nach Westen in Richtung Brest bis zur Ausfahrt St-Thégonnec. Von Landivisiau aus auf der Schnellstraße N 12 nach Osten in Richtung Morlaix bis nach St-Thégonnec.

Portalskulpturen an der Kirche von Guimiliau aus dem 16. und 17. Jahrhundert

Das nördliche Finistère zwischen Morlaix und Landerneau am Fuß der Monts d'Arrée nennt man auch das ›Land der Calvaires‹. Nicht nur die steinernen Bühnen des großen Dramas der Heilsgeschichte sind hier zu finden, mehr noch: ganze Ensembles sakraler Bauwerke scharen sich jeweils im Ortskern um die Kirche.

Ein interessanter Wanderweg durch diese Gegend ist der 225 km lange Rundweg der Grande Randonnée GR 380 (rot-weiß markiert). Routenverlauf: Morlaix – St-Thégonnec – Guimiliau – Lampaul–Guimiliau – Sizun – (Abstecher nach Le Faou auf dem GR 37) – St-Rivoal – Guerlesquin – Morlaix.

Im folgenden Text ist der 12 km lange Abschnitt des GR 380 von St-Thégonnec nach Guimiliau und von dort aus nach Lampaul-Guimiliau beschrieben. Die berühmtesten umfriedeten Pfarrbezirke sind in diesen drei Orten zu besichtigen.

Es gibt folgende Möglichkeiten, zum Ausgangspunkt zurückzugelangen:
- mit dem Taxi
- mit zwei Autos, von denen eines am Start und eines am Ziel geparkt wird
- mit Auto und Fahrrad; Rad am Ziel und Auto am Start abstellen, oder gleich die ganze Strecke und den Rückweg mit dem Rad abfahren.

Kalvarienberg von Guimiliau (1581–88) mit mehr als 200 Figuren aus dem Leben Christi

- 3,5 km westlich von Lampaul-Guimiliau liegt der Bahnhof von Landivisiau, von dort aus kann man mit der Bahn nach St-Thégonnec fahren. Der Ziel-Bahnhof liegt 2,5 km südlich des Ortskerns.

Wer den ganzen GR 380 mit seinen 225 km in Angriff nehmen will, braucht, dazu bei sieben Wanderstunden pro Tag ca. acht Tage. Nicht überall gibt es Übernachtungsmöglichkeiten, besonders im südlichen Teil der Wanderung sind die Orte nur klein und meist ohne Fremdenzimmer. Es ist daher ratsam, Zelt und Schlafsack mitzunehmen. Alle weiteren Informationen über Streckenlängen, Wanderzeiten, Einkaufsmöglichkeiten, Restaurants und Übernachtungsmöglichkeiten (auch abseits der Route) findet man in dem Topo-Guide du Sentier de Grande Randonnée GR 380.

Andere Möglichkeiten bieten folgende Abschnitte:

- Morlaix – Lampaul-Guimiliau – Bahnhof Landivisiau 63,5 km – dann mit der Bahn zurück nach Morlaix.
- Morlaix – Lampaul-Guimiliau – Sizun – St-Cadou – Forêt du Cranou – GR 37 – Le Faou 112 km. Von Le Faou aus kann man mit dem Bus nach Brest und von dort aus mit der Bahn nach Morlaix zurückfahren.

Wegbeschreibung

Von St-Thégonnec nach Lampaul-Guimiliau: Die Wanderung auf dem Fernwanderweg GR 380 beginnt an der Kirche von St-Thégonnec. Das Auto kann am Rand des Pfarrbezirkes geparkt werden. Es geht in nördlicher Richtung am Chor der Kirche vorbei bergab. Zwischen der Auberge St-Thégonnec und einem Souvenirgeschäft hindurch folgen wir der rot-weißen Markierung auf einer kleinen Straße geradeaus. Kurz darauf überqueren wir die D 712. Nach einigen Häusern biegen wir nicht mit dem Sträßchen nach rechts ab, sondern wandern auf einem geschotterten Fahrweg an einigen Wiesen entlang geradeaus. Nach etwa 15 Minuten führt uns eine kleine Straße nach links aufwärts, kurz darauf wieder über die D 712. 50 m weiter rechts (westlich) geht es auf einer Asphaltstraße nach Süden, wir passieren den Weiler Menhars.

An einem Calvaire (25 Min.) biegen wir nach rechts ab, ebenso zehn Minuten später beim nächsten Calvaire. Kurz vor einem Bauernhof wenden wir uns nach links in Richtung Bougez. Hinter den Häusern von Bougez mündet das Sträßchen auf einen grasbewachsenen Fahrweg. Zwischen Bäumen hindurch geht es halbrechts in einen Hohlweg, kurz darauf wieder halbrechts, jetzt steil abwärts (45 Min.) und erneut in einen romantischen Hohlweg hinein (markiert).

Nach einem Aufstieg kommen wir am Hof von Herlan vorbei (50 Min.), dahinter halten wir uns links. Bald erreichen wir den eigenartigen, auf vier Granitsäulen gestützten Calvaire de Luzec (1 Std.). 100 m weiter, kurz vor dem nächsten Hof, biegen wir nach rechts ab und steigen ins Penzétal hinab. Man wird beim Abstieg von einem wunderschönen Blick auf die Felsen des Roc'h Toul, die von hohen alten Nadelbäumen umgeben sind, begleitet.

An der Mühle von St-Luzec führt unser Weg zwischen den Häusern hindurch nach rechts, kurz darauf über das Flüßchen Penzé, dann in den Wald hinein. Sogleich ergibt sich die Gelegenheit nach links einen Abstecher zu den Grotten zu machen (1.10 Std.). Hierbei handelt es sich um eine 50 m tiefe Höhle im Roc'h Toul, zu deren Besichtigung eine Taschenlampe unbedingt notwendig ist (hin und zurück 10 Minuten).

Dem markierten Weg folgen wir bergauf und erreichen bald darauf den Weiler Kerougay (1.25 Std.). An einer Weggabelung gehen wir halblinks (1.30 Std.), bei schönem Wetter erwartet uns ein herrlicher Blick auf den Kamm der Monts d'Arrée.

An einer kleinen Straße biegt eine GR-Markierung *(Modification)* nach rechts ab (1.40 Std.), der wir jedoch nicht folgen, da die Modification durch einen übelriechenden Bauernhof mit Schweinemast führt, und die Wegführung unübersichtlich ist.

Im Weiler Laguen wandern wir der Markierung nach, geradeaus. An einem Calvaire (1.50 Std.) ist die D 31 erreicht, auf der wir nach links bis nach Guimiliau gehen. Den Schildern ›Lampaul-Guimiliau‹ und ›**Circuit des Enclos Paroissiaux**‹ (Rundfahrt zu den umfriedeten Pfarrbezirken) folgen wir im Ort. In einem Garten an der Ecke kann man das schöne Exemplar einer Araukarie bewundern. Sogleich stoßen wir auf den Pfarrbezirk von Guimiliau (2.00 Std.). Nach der Besichtigung führt unser Weg auf der Straße in Richtung Lampaul aus dem Ort heraus bergab. Di-

Legenden zum Farbteil

1 Aiguilles de Port-Coton auf der Belle-Ile
2 Ploumanach an der Côte de Granit Rose
3 Monterey-Zypressen, bei Douarnenez
4 Côte Sauvage auf der Presqu'Ile de Penmarch bei St-Guénolé
5 Landschaft nahe Cap Fréhel
6 Château de Landal, nahe Combourg
7 Mont-Saint-Michel
8 St-Pierre-Quiberon
9 Château Josselin
10 Ruinen der Abbaye de Beauport, nahe Paimpol
11 Grand Brière
12 Zwischen Quiberon und Le Croisic
13 Camaret auf der Halbinsel Crozon
14 Aufziehendes Unwetter auf der Presqu'Ile de Quiberon
15 Alignements de Lagatjar auf der Halbinsel Crozon, nahe Camaret-sur-Mer

5

6

◁4

7

8

9▷

10

11

12

13

14▷

rekt vor der Eisenbahnunterführung (2.05 Std.) biegt man auf einen schmalen Weg am Fuß des Gleiskörpers nach rechts. Parallel zur Bahn geht es bald leicht bergauf; der Weg wird breiter. An einem kleinen Bahnübergang (Nr. 287) überqueren wir die Bahn (2.20 Std.) und setzen unsere Wanderung auf der anderen Seite auf einem kleinen Weg fort.

Auf der Dorfstraße des Weilers Goazourlay (2.25 Std.) geht es nicht nach rechts in den Ort, sondern auf einer größeren Straße nach links, dann kurz darauf nach rechts. Die rotweiße Markierung führt uns an zwei Calvaires vorbei (der erste bei 2.40 Std., der zweite zehn Minuten später). Wir bleiben auf dem Weg in Richtung Coat-An-Escop. Knapp 200 m nach dem zweiten Calvaire folgen wir der Markierung auf einen grasbewachsenen Weg nach links. Dieser endet an einem großen Park- und Picknickplatz. Zum Pfarrbezirk selbst geht man nun noch wenige Meter nach rechts bergauf und erreicht nach ca. 3 Stunden die Kirche von Lampaul-Guimiliau.

Wer nach der Besichtigung auf dem GR 380 nach Sizun weiterwandern will, wendet sich auf der Straße nach Osten in Richtung Guimiliau. Kurz nach einem Calvaire führt die Markierung in südlicher Richtung nach rechts weiter (Lampaul-Guimiliau – Sizun: 4 Std.).

Umfriedete Pfarrbezirke

Es gibt viele Gründe, die die Ballung der prächtigen Kirchhöfe im Gebiet zwischen Morlaix und Landerneau erklären:

- Seit dem Ende des 15. Jh. kamen die Gemeinden der Gegend durch Flachsanbau und die damit verbundene Leinenweberei zu großem Reichtum. Besonders Segeltuch stand damals hoch im Kurs. Die bäuerliche Elite ließ es sich nicht nehmen, ihre Heimatdörfer mit großzügigen Spenden zu beschenken, mit denen die sakralen Bauten finanziert wurden.
- Durch die Rivalität der Gemeinden untereinander entstanden größere und prächtigere Gebäude, als die Bevölkerung benötigt hätte. In den Dörfern St-Thégonnec und Guimiliau findet man aus diesem Grund umfriedete Pfarrbezirke, die von ihren Ausmaßen her auch einer Kleinstadt Ehre gemacht hätten.
- Die Bauzeit der meisten Calvaires ist zeitlich mit dem Beginn der Gegenreformation gleichzusetzen, die katholische Kirche wollte den Gläubigen den ›wahren‹ christlichen Weg zeigen.
- Ohne die tiefverwurzelte Religiosität der Bretonen hätten die bebauten Kirchhöfe ihren Zweck wohl kaum erfüllt. Das harte, risikoreiche Leben der Fischer und Seeleute brachte eine dauernde Konfrontation mit dem Tod (bret. *Ankou*) mit sich. Calvaire und Gebeinhaus waren die symbolischen Stätten dieser Auseinandersetzung, die zugleich daran erinnern sollten, daß jeden gläubigen Christen Erlösung und ein ewiges Leben erwarten.

Zu einem umfriedeten Pfarrbezirk gehören

- eine Mauer: Als Symbol setzt die Mauer eine sichtbare Trennungslinie zwischen das Reich der Lebenden und der Toten. In der Mauer neben dem Triumphtor findet man Übertritte für die Besucher des Kirchhofes. Nicht durch das Triumphtor soll der Lebende eintreten, sondern über die Mauer steigen, um sich dabei des Unterschiedes zwischen ›innen‹ und ›außen‹ bewußt zu werden. Wer im Kirchhof begraben liegt, ist schon errettet.

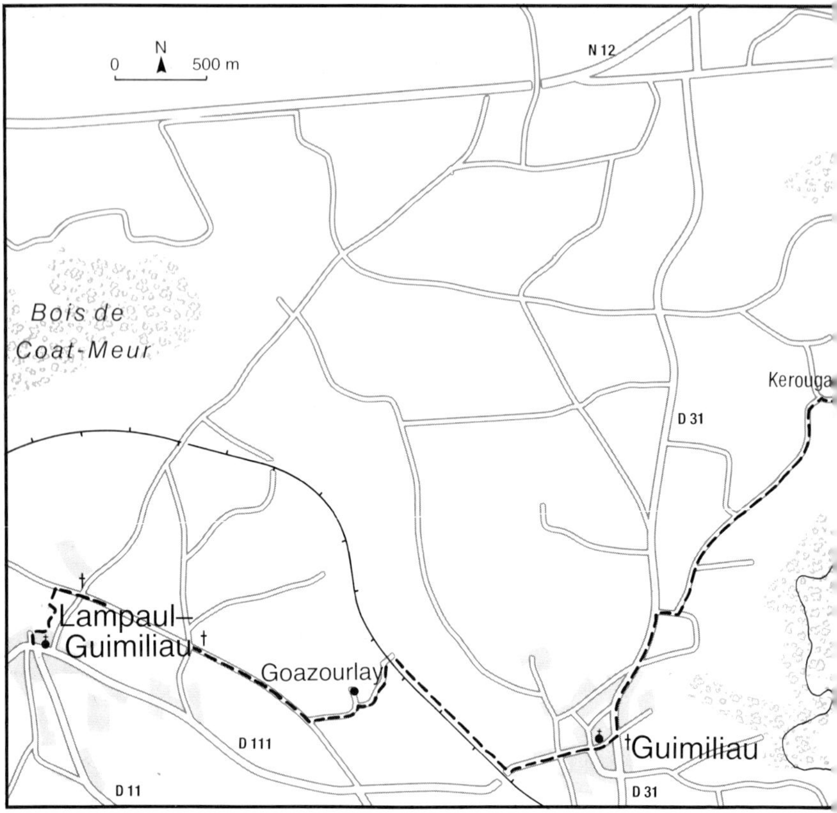

Route 10: Durch das Land der umfriedeten Pfarrbezirke

- eine Triumphpforte: Der Einzug durch dieses Tor in den Friedhof ist den Toten vorbehalten, deren Triumph darin besteht, von den Sünden erlöst zu sein und mit dem Einzug durch die Pforte Unsterblichkeit zu erlangen.
- ein Calvaire: Als eine Art ›Bibel der Armen‹ zeigt der mächtige Steinblock den Gläubigen im unteren Bereich das Leben und Leiden Christi; darüber ist das zentrale Thema abgebildet – die Kreuzigung – das Opfer Jesu Christi zur Rettung der Menschheit. Der Gekreuzigte als Sinnbild des Jenseits und der Ewigkeit soll dem Betrachter seine eigene Erlösung symbolisieren. Andere Abbildungen mahnen vor dem Sündenfall: Der Teufel bei der Versuchung Christi oder die Buhlerin und ›sündige Katharina‹ Katel Gollet, die sich mit dem Satan einließ und nun von kleinen Teufeln in die lodernde Hölle gezerrt wird, gelten als abschreckende Beispiele. Die Anregungen für die Calvaires entstammen wahrscheinlich den bretonischen Passionsspielen des Mittelalters.
- Gebeinhaus *(Ossuaire):* Da der Friedhof nicht über genügend Platz für alle Gräber verfügte, grub man die Toten nach einer Weile wieder aus und brachte die Knochen in das Gebeinhaus. Aus den Knochenschuppen der Anfangszeit wurden bald

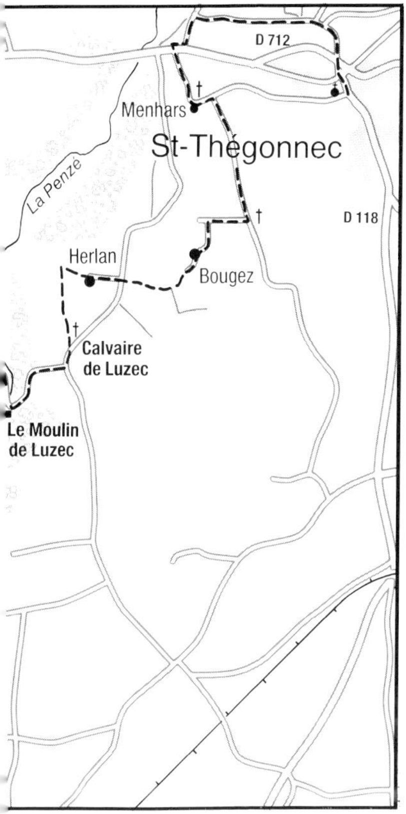

wahre Totenresidenzen. Diese Prachtbauten entstanden nicht nur in Konkurrenz zur Nachbargemeinde, denn man sah in der Übertragung der Knochen ins Beinhaus auch einen ersten Schritt zur Auferstehung. Deshalb liegen die Gebeinhäuser auch stets den Calvaires gegenüber: dort noch Leiden und Tod – hier schon Beginn der Auferstehung. Interessanterweise sind die Calvaires und Kirchen meist noch dem alten Stil der Gotik verhaftet, während die Gebeinhäuser oft schon als kleine Paläste der Renaissance zu bewundern sind.

- Friedhof: Neben der Kirche, heute aus Platzgründen meist außerhalb des umfriedeten Pfarrbezirkes.
- Kirche: Neben Friedhof, Calvaire und Gebeinhaus, die auf Tod und Auferstehung hinweisen, liegt die Kirche, der Ort der Wandlung. Bei einer starken Vermischung der Baustile dominiert im Außenbereich der Kirchen noch die Spätgotik. Im Inneren läßt sich der Einfluß von Renaissance und Barock nicht mehr verleugnen. Insbesondere die Kanzel- und Altarschnitzer haben sich bald den neuen Stilrichtungen angepaßt, ihre lebhaften Erzählungen in Holz wirken manchmal im Vergleich zum schlichten Innern der Kirche geradezu erdrückend.

St-Thégonnec

Der Name des 2100-Einwohner-Ortes erinnert an einen der vielen bretonischen Heiligen, die im 5. und 6. Jh. aus Britannien in die Bretagne kamen und hier das Christentum verbreiteten. Durch seine starke Glaubenskraft soll Thégonnec die Macht des Teufels gebrochen haben. Die Legende erzählt, daß der Heilige zum Steinebrechen für seinen Kirchenbau mit einem Pferdekarren unterwegs war. Der Teufel in der Gestalt eines Wolfes verschlang den Gaul, um den Bau zu verhindern. Da verwandelte der Heilige Thégonnec den Wolf kurzerhand in ein zahmes Zugtier, das nun vor den Karren gespannt blieb, bis alle Steine herbeigeschafft waren.

Im 15. Jh. kam die Gegend durch kleine Papiermühlen, Pferdezucht, Flachsanbau und Leinenweberei zu Reichtum. Die wohlhabenden Bauern finanzierten die Bauten des umfriedeten Pfarrbezirkes. In Rivalität mit dem Nachbarort Guimiliau entstand ein Prachtbau nach dem anderen:

Triumphtor: Der erste klassische Bau des Bezirks wurde 1587 errichtet. Laternen überragen die schweren Pfeiler. Im mittleren Giebelfeld begrüßt Gottvater die Gläubigen. Auf der Innenseite ist die Verkündigung Mariä dargestellt, eine bretonische Inschrift äußert die Bitte an die Jungfrau, sich als Fürsprecherin für die Sünder einzusetzen.

Calvaire: Als einer der jüngsten bretonischen Calvaires wurde dieser 1610 fertiggestellt. Drei Kreuze überragen das Geschehen der Passion. Das mittlere mit seinen knorrigen Astansätzen erinnert an einen Lebensbaum – das uralte Symbol der Unsterblichkeit. Wie Portraits bretonischer Landbewohner wirken die Akteure des Passionsgeschehens. Einer der Folterknechte Jesu soll gar Ähnlichkeiten mit König Heinrich IV. aufweisen. Seine politisch motivierte Konvertierung zum katholischen Glauben nahmen die frommen Bretonen nicht allzu ernst. Unten in einer Nische hinter dem Altar steht der Heilige Thégonnec mit seinem Karren.

Gebeinhaus: Der Renaissancebau von 1681 stellt einen Höhepunkt der bretonischen Kunst dar. Die Apsis mit ihren zwei Lanzettfenstern mit Maßwerk und mit dem krabbenbesetzten Giebel steht zwar noch ganz in der Tradition der Gotik, die ausgewogene Fassade mit ihren Rundbogenöffnungen, Jakobsmuscheln, Gesimsen und korinthischen Säulen spiegelt dagegen reinste Renaissance wider.

Kirche: Außen beeindruckt der massive Renaissanceturm, dessen Erbauer 1599–1626 dem Turm von Pleyben nacheiferte. Aus der gotischen Spitze der typischen Kirchtürme des Léon wurde eine Komposition aus Kuppeln und Laternen.

Das Kircheninnere überrascht durch seine barocke Ausstattung: Auf der Kanzel von 1683 sitzen an den Ecken die vier Kardinalstugenden (›Klugheit‹, ›Mäßigung‹, ›Gerechtigkeit‹ und ›Stärke‹); die Medaillons stellen die vier Evangelisten und die vier großen Kirchenlehrer des Abendlandes (Gregor den Großen, Ambrosius, Augustinus und Hieronymus) dar. Möglicherweise diente die Kanzel der Pariser Kirche St-Etienne-du-Mont als Vorbild. Im linken Querschiff steht der Rosenkranzaltar (Anfang 18. Jh.), dessen Retabel die Übergabe des Rosenkranzes der Jungfrau Maria an Katharina von Siena und den Heiligen Dominikus abbildet. Darüber befindet sich eine Szene, die in symbolischer Weise die Erlösung einer Seele aus dem Fegefeuer durch Jesu darstellt. Der Fronleichnamsaltar (17. Jh.) steht im rechten Querschiff.

Guimiliau

Es ist kaum zu glauben, welch prächtige Bauten der kleine Ort mit seinen heute 760 Einwohnern im 16. und 17. Jh. hervorbrachte. Auch hier war man, wie in St-Thégonnec, durch Leinenweberei zu Reichtum gelangt und ließ den Kirchplatz bebauen. Berechtigter Bürgerstolz einerseits, Konkurrenz zum Nachbarort andererseits waren hierbei die treibenden Kräfte.

Triumphtor: Sehr schlicht im Renaissancestil.
Calvaire: (1588) Mit seinen fast 200 Darstellern der Heilsgeschichte auf zwei Sockelreihen wirkt der Calvaire im Vergleich zu dem schlichteren Beispiel von St-Thégonnec sehr schwer und gedrungen; nur ein Kreuz führt aus dem Block nach oben. In St-Thégonnec erscheint die Konstruktion durch die drei himmelweisenden Kreuze leichter. Die untere Sockelreihe in Guimiliau erzählt in Bildern die ›Kindheitsgeschichte Jesu‹, den ›Einzug nach Jerusalem‹, das ›Letzte Abendmahl‹, die ›Fußwaschung‹ und die ›Gefangennahme‹. In der oberen Reihe lassen sich Passion und Auferstehung szenisch miterleben. Die Zeitgenossen aus den Religionskriegen des 16. Jh. dienten den Künstlern als Vorbild für ihr Werk. Die römischen Soldaten wurden zu Haudegen der katholischen Liga aus der Zeit Heinrich III., dessen Bündnis mit den Katholiken der Verhinderung der protestantischen Thronfolge galt. Bei der Grablegung soll die rechte der drei Frauengestalten die Gesichtszüge der Maria Stuart haben, die anläßlich ihrer Verlobung im Kindesalter in die Bretagne kam und später ein Jahr lang französische Königin war. Die Szene ›Flucht nach Ägypten‹ zeigt, wie Maria mütterlich den kalten Fuß ihres schon recht hochgewachsenen Kindes wärmt. Eine weitere Abbildung stellt die sündige Teufelsbuhle Katel Gollet dar, die ins Höllenmaul gezerrt wird. An den vier dicken Strebepfeilern des Calvaire sitzen die vier Evangelisten als die Pfeiler der christlichen Kirche.
Gebeinhaus: Westlich der Vorhalle, an die Kirche angebaut, steht ein altes Gebeinhaus mit kleinen Säulen. Das neue, relativ unscheinbare Gebeinhaus von 1648 wurde im Stil der Renaissance gebaut. An der klassischen Fassade umrahmen ionische Säulen die Rundbogenfenster. Von der Außenkanzel hielt der Pfarrer am Allerseelentag die Totenmesse.
Kirchenvorhalle: Sie liegt für die Bretagne typisch auf der Süd- und Sonnenseite der Kirche und ist der Ort der Sammlung vor dem Betreten der Kirche wie der Versammlung nach der Messe. Der Bau von 1617 ist eine Kombination aus Gotik und Renaissance. Zahlreich sind die kleinen Figuren in den Bogenläufen (Archivolten), welche die ›Versuchung Evas‹, die ›Vertreibung aus dem Paradies‹, ›Kain und Abel‹, die ›Arche Noah‹, den ›trunkenen Noah‹, die ›Verkündigung‹, die ›Heimsuchung‹, die ›Geburt‹ und die ›Flucht nach Ägypten‹ erkennen lassen. In der Vorhalle kann man links einen eigenartigen Fries von 1606 sehen, dessen primitiv und archaisch wirkende Figuren zeigen, wie Gott, der allmächtige Schöpfer, Eva aus der Rippe des Adam schuf.
Kircheninneres: Im Inneren des schlichten Baus aus dem 16. und 17. Jh. besticht, wie zuvor in St-Thégonnec, die Holzschnitzerei. Die Kanzel mit den vier Kardinalstugenden fiel hier etwas bescheidener als im Nachbarort aus. Das Hauptfenster der Apsis von 1599 zeigt die Passionsgeschichte. Der Altar links davon ist wieder dem Rosenkranz geweiht; im oberen Bereich des Altaraufsatzes ist Gottvater zu sehen, seinen Sohn in den Armen haltend, wie bei der Darstellung einer Pieta. Auf der Südseite stehen zwei Altäre, die dem Heiligen Joseph und dem Heiligen Miliau geweiht sind. St-Miliau, ein Missionar, der im 5. oder 6. Jh. von den britischen Inseln kam, soll später König der Cornouaille geworden sein. Eines Tages, so will es die Sage, schlug ihm sein eifersüchtiger Bruder den Kopf ab, Miliau jedoch lief anschlie-

ßend mit dem Kopf unter dem Arm weiter. Seine Geschichte ist auf den Altarbildern zu sehen. Heute verehrt man ihn für seine Fähigkeit, Krankheiten an Kopf und Leib und Geschwüre zu heilen. Der holzgeschnitzte Baldachin über dem Taufbecken und die hölzerne Orgelempore stammen beide aus der zweiten Hälfte des 17. Jh. An der Empore sind ein ›Triumphzug Alexanders des Großen‹, ›David mit der Harfe‹ und ›Cecilie an der Orgel‹ zu sehen. Nur die Orgel selbst fehlt seit einigen Jahren. Da immer fleißig für ihre Restaurierung gesammelt wird, ist zu hoffen, daß die Sphärenklänge vom Tonband bald wieder durch authentische Töne ersetzt werden.

Lampaul-Guimiliau

In dem 2000-Einwohner-Ort lag einst ein Kloster, das der Heilige Pol (Paul) Aurélien errichtet hatte.

Triumphpforte: (1669) Sehr schlicht mit drei Kreuzen.

Calvaire: 16. Jahrhundert, sehr einfach.

Gebeinhaus: (1667) Es wurde direkt neben dem Triumphtor im Renaissancestil erbaut. Am Altar im Innern ist unter anderen auch die Statue des Heiligen Pol mit dem gebändigten Drachen zu finden.

Kirchturm: Der Bau aus dem 16. Jh. wetteiferte in Feinheit und Höhe mit dem des Kreisker von St-Pol-de-Léon. Bedauerlicherweise wurde er im Jahre 1809 durch einen Blitz zerstört.

Kircheninneres: Der Blick wird sogleich vom Triumphbalken festgehalten, der am Ende des Langhauses über dem Schiff schwebt. Der Balken hat eine ähnliche Funktion wie in anderen Kirchen der Lettner; er dient der Abgrenzung des Schiffes vom Chor. Zu beiden Seiten des Kreuzes stehen Maria und Johannes. Der Balken selbst ist auch mit Schnitzereien versehen. Auf einer Seite ist die Passion Christi, auf der anderen sind die zwölf Sibyllen zu erkennen.

Zwei durch ihren künstlerischen Wert herausragende Altäre stehen rechts und links vom Chor: Links der Passionsaltar mit ›Judaskuß‹, ›Geißelung‹, ›Kreuztragung‹, ›Kreuzigung‹, ›Kreuzabnahme‹ und ›Grablegung‹, rechts der Altar Johannes des Täufers mit Szenen aus seinem Leben, dem mit der Enthauptung durch Herodes Antipas ein jähes Ende bereitet wurde. Beide Altäre stammen aus dem 17. Jh. und sind von flämischen Kunstwerken beeinflußt worden. Im linken Seitenschiff steht ein Pieta aus dem 16. Jh., deren Figurengruppe aus einem einzigen Eichenblock geschnitzt wurde. Sehenswert ist auch die Grablegung aus weißem Tourainestein (1676). Der holzgeschnitzte Baldachin über dem Taufbecken entstand 1651 – schon 24 Jahre vor dem von Guimiliau – ist jedoch in seinen eleganten und filigranen Ausführungen diesem künstlerisch überlegen.

Die Erdbeerhalbinsel Plougastel ▷

Wanderung 11:
Auf der Erdbeerhalbinsel Plougastel

Wichtige Hinweise

Dauer: 3.35 Std. inklusive Abstecher zur Landspitze Pointe de Doubidy.
Länge: ca. 11 km.
Routenart: Rundwanderung.
Wegbeschaffenheit: Im großen und ganzen breite und bequeme Fahrwege; durch die Weiler auf kleinen Asphaltstraßen (insgesamt eine knappe halbe Stunde); während oder nach Regenfällen können manche Wege wegen der hohen tonigen Bestandteile im Boden sehr schlammig werden, festes Schuhwerk ist daher anzuraten.
Schwierigkeitsgrad: Leicht bis mittel.
Orientierung: Recht gut, da der ganze Weg markiert ist; nur an zwei Stellen ist die Markierung schlecht, die Orientierung aber an Hand der Textbeschreibung unproblematisch; Markierung: gelb; Karte: IGN 0417 Est; Brest, Crozon; 1:25000.
Restaurants: In Plougastel-Daoulas.
Bademöglichkeiten: Bei Flut an den kleinen Stränden an der Wanderroute; hier bieten sich auch viele Plätze zum picknicken an, wofür man in Plougastel-Daoulas einkaufen kann.
Anfahrt: Nicht ganz einfach, da die Beschilderung nicht sehr gut ist. Mit der Michelin-Straßenkarte 1:200000 dürfte es aber kein Problem sein: Von Plougastel-Daoulas aus fährt man auf einer Straße ohne Nummer in Richtung Lauberlac'h, St-Adrien nach Südwesten. Nach etwa 2 km geht es nach links in Richtung St-Adrien, vor dem Ort wieder nach links nach St-Guénolé zum Ausgangspunkt der Wanderung (etwa 4 km vom Ortszentrum von Plougastel-Daoulas entfernt).
Veranstaltungen: Am dritten Julisonntag findet in Plougastel-Daoulas das jährliche Erdbeerfest statt.

Die Plougastel-Halbinsel ist klimatisch besonders begünstigt. Aus diesem Grund war sie schon Ende des 18. Jh. der ›Gemüsegarten‹ von Brest und bald auch das Zentrum des bretonischen Erdbeeranbaus. Hier hat sich bis heute das ursprüngliche Gesicht der Bretagne erhalten: Die Sträßchen und Wege sind kurvenreich und von Hecken gesäumt; wie ein Patchworkteppich gliedern die kleinen Parzellen die Landschaft; bis auf den Hauptort Plougastel-Daoulas gibt es keine größeren Siedlungen. Die Bewohner leben in kleinen Weilern über die Halbinsel verstreut.

Dennoch ist nicht zu übersehen, daß die moderne Technik ihren Einzug auf dem Lande gehalten hat. Folientunnel über den Erdbeeren und Gewächshäuser für Gemüse und Blumen haben die Landwirtschaft auf den EG-üblichen Stand gebracht. Seit 1930 ist die Halbinsel durch die Albert-Louppe-Brücke direkt mit Brest verbunden und wird deshalb von der Stadtbevölkerung auch gerne als Ausflugs- und Erholungsgebiet genutzt.

Wegbeschreibung

Die Wanderung beginnt an der kleinen Kirche des Weilers St-Guénolé, wo man auch das Auto stehenlassen kann. Gegenüber der Kirche liegt ein öffentlicher, noch heute genutzter Waschplatz.

Wir folgen vom Stoppschild aus der gelben Markierung nach Westen, bergauf in Richtung Pennanéac'h-Rozégat. Sobald die Straße eine scharfe Linkskurve macht, wandern wir auf einem schönen Fahrweg entlang der Anse (kl. Bucht) de l'Auberlac'h geradeaus weiter. Am anderen Ufer sieht man Treibhäuser, in denen mit Hilfe fortschrittlicher Züchtungsmethoden Tomaten gezogen werden.

Bei der Weggabelung geht es nach etwa 20 Minuten halblinks bergauf, gleich darauf auf einer Straße nach links. Nach ca. 150 m (25 Min.) biegen wir nach rechts auf einen Weg, der einen ginsterbedeckten Hügel hinaufführt und an einem 79 m hohen Aussichtspunkt, dem Panorama von Keraménez, endet (30 Min.). Es eröffnet sich ein wunderbarer Blick über die Plougastel-Halbinsel, die Rade de Brest (*Rade* – Bucht), die Crozon-Halbinsel und den Ménez-Hom.

In entgegengesetzter Richtung zum Aufstiegsweg steigen wir dann mit Hilfe der Markierungen in südlicher Richtung abwärts. Gleich darauf folgen wir einer kleinen Straße nach rechts in den Weiler Keraménez und am Ortsende zwischen den Häusern hindurch nach links (markiert). Bald stößt man auf einen Querweg, auf dem man rechts weiterwandert (40 Min.). Zehn Minuten später geht es an einer Weggabelung nach links.

An einem weiteren Querweg (55 Min.) kann man einen Abstecher nach rechts zur Pointe de Doubidy (auch Pointe de Rozégat genannt) machen. Der Weg ist zwar schmal und teilweise stark überwuchert, die Aussicht von der Landspitze aus lohnt jedoch den Abstecher, für den man hin und zurück etwa 25 Minuten einplanen sollte. Zurück am Ausgangspunkt (1.20 Std.) wandern wir geradeaus, wieder ins Landesinnere der Halbinsel. Oberhalb des Weges liegen Erdbeerfelder. Im Rechtsbogen geht es hinab zum Weiler Squiffiec (1.40 Std.), dort zwischen den Häusern hindurch bergab bis zum Strand (markiert). Wir wandern nach links und nehmen am Ende des kleinen Strandes (1.45 Std.) eine Art Hohlweg, der durch einen Zaun begrenzt wird. Bald verlassen wir den größeren Weg und biegen auf einen schmalen Weg nach rechts ab (1.55 Std.). **Achtung:** Die Markierung am Baum ist etwas verwachsen!

Wenig später ist ein zweiter, breiterer Strand erreicht. Auf einem Sträßchen steigen wir nach links aufwärts. Nach etwa 300 m verlassen wir die Straße und biegen nach rechts ab

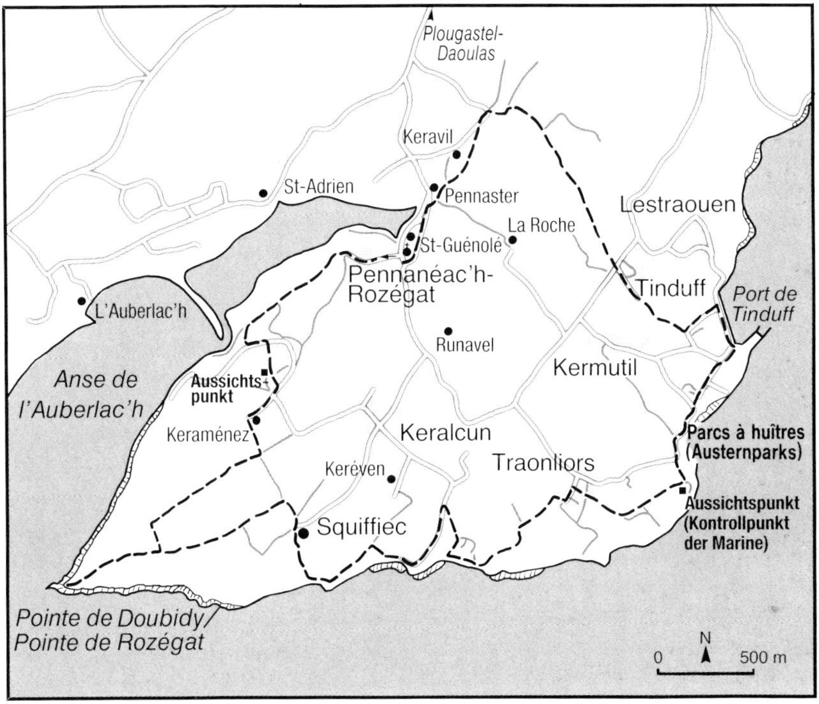

Route 11: Auf der Erdbeerhalbinsel Plougastel

(markiert; 2.05 Std.) **Achtung:** Eine andere Markierung weist geradeaus, dieser bitte nicht folgen!

An einer Kreuzung geht es der Markierung nach, rechts zum Meer hinab an einen dritten Strand (2.10 Std.). Am Ende folgen wir einem schmalen Pfad parallel zur Küste. Bald wendet sich dieser Weg ins Landesinnere auf den Weiler Traonliors zu (2.30 Std.). Nach dem zweiten Haus im Ort selbst biegen wir nach rechts ab und bald an einer Gabelung dann nicht steil bergab, sondern zuerst in eine Linkskurve und dann nach rechts. Hier gibt es zwei übereinanderliegende Wege, die beide zum gleichen Ziel führen. Von schönen Ausblicken begleitet wandern wir parallel zur Küste bis zu einem Kontrollpunkt der Marine (2.40 Std.). Von hier aus bietet sich ein bezaubernder Blick ins Innere der Bucht auf den Ort Port de Tinduff.

Man steigt zu einem Strand hinab, vor dem bei Ebbe die Austernbänke aus dem Meer ragen. Am Ende des Strandes führt uns eine kleine Straße bergauf. Nach ca. 200 m biegen wir in einer Straßenkurve durch eine Hecke hindurch nach rechts auf einen schmalen Pfad (markiert; 2.45 Std.). Wir überqueren ein Feld und folgen der Markierung geradeaus. Sie leitet uns zwischen den Häusern von Port de Tinduff hindurch und später auf einem kleinen Weg zwischen Gärten bis zum Hafen (2.50 Std.). Hier kann man bei Bedarf seinen Durst in einer urigen alten Hafenkneipe löschen.

In der Mitte des Strandes geht es der Markierung folgend quer über den Platz nach links auf ein Sträßchen. Vor einem Tor dann nach rechts, gleich darauf auf einen Grasweg nach links (Markierungspfeil am Boden) und an Feldern entlang bergauf. Bald muß man nach rechts in einen Hohlweg abbiegen. Diese Abzweigung ist sehr schlecht markiert und auch auf der Karte nicht ersichtlich, aber an einem kleinen Bächlein zu erkennen, das allerdings bei Regenwetter den Beginn des Waldweges etwas sumpfig gestaltet. Später mündet dieser Weg in die bergauf führende Dorfstraße von Tinduff.

Wir überqueren eine Hauptstraße am Ende des Ortes (3.00 Std.) und folgen einem Fahrweg. Nach einem langgezogenen, leichten Anstieg geht es dann wieder bergab. Unten verläuft ein breiter Fahrweg, auf dem wir uns nach links wenden (3.20 Std.). Der Weg mündet auf einer Straße, auf der man nach links wandert, gleich hinter einem Haus wieder nach links (auf einem markierten Weg), vorbei an Erdbeerfeldern und oberhalb der Streusiedlung Keravil in südwestlicher Richtung. Im Weiler Penaster (3.30 Std.) treffen wir auf zwei übereinanderliegende Straßen, der uns näherliegenden folgen wir nach links bis zum Ausgangspunkt der Wanderung, der Kirche von St-Guénolé (3.35 Std.).

Der größte Ort der Halbinsel **Plougastel-Daoulas** (9600 Einwohner) bietet nur eine, dafür jedoch überragende Sehenswürdigkeit, den Calvaire, der nach der überstandenen Pest von 1598 in den Jahren 1602–1604 errichtet wurde. Die thematische Anlehnung an Guimiliau ist nicht zu verkennen, was vermuten läßt, daß hier 20 Jahre später dieselben Bildhauer gearbeitet haben. Auffallend ist die große Anzahl der etwa 160 Figuren, die sich manchmal lebhaft, dann wieder gefaßt auf dem Sockel und an den drei Kreuzen versammelt haben. Die Sockelszenen erzählen die Lebens- und Leidensgeschichte Christi, die von der Abbildung der ›Kreuzigung‹, dem Symbol für die Erlösung der sündigen Menschheit, überragt wird.

Das Motiv der ruchbaren Sünderin Katel Gollet ist besonders drastisch dargestellt. Auf der westlichen Seite wird rechts oben (wie in Guimiliau) der sündige Körper der Teufelshure ins lodernde Feuer der Vorhölle gezerrt. Sollten die jungen Bretoninnen hier vor einem allzu freizügigen Leben gewarnt werden? Auf der Höhe der Betrachter stehen in einer Nische der Heilige Petrus mit dem begehrten Schlüssel zum Himmelreich sowie die Heiligen Sebastian und Rochus – zwei Nothelfer gegen die Pest.

Beeindruckend ist die Szene der Kreuztragung, aber auch die von zwei trauernden Frauen umgebene Pieta, vermutlich eine letzte Remininszenz an drei keltische Muttergottheiten. Man beachte den Kontrast zwischen dem dunklen Kersantongranit der Figuren und dem gelben Logonna-Gestein des Sockels. Letzterer wurde 1987 so gründlich gereinigt, daß er nun beinahe zu schön, fast neu aussieht. Die Figuren des Calvaire trugen im letzten Krieg einige Beschädigungen davon, die daran notwendigen Restaurierungen wurden sehr behutsam vorgenommen. Die Kirche ist ein Nachkriegsbau, das ehemalige Kirchengebäude war 1944 bei der Befreiungsschlacht um Brest von Bomben zerstört worden.

Die Entwicklung des Gemüseanbaus auf der Plougastel-Halbinsel

Die Erdbeere, das Symbol der Halbinsel, kam erst 1715 nach Europa, als der Ingenieur Amédée Frézier nach einer dreijährigen Erkundung der spanischen Kolonien aus Südamerika zurückkehrte und die ›Chile-Erdbeere‹ »mit Früchten groß wie Walnüsse, manchmal gar wie Hühnereier« mitbrachte.

Als im 18. Jh. die Segeltuchweberei in der Bretagne ihren Niedergang erlebte, besann man sich im Bereich der Plougastel-Halbinsel wieder auf die alte Gemüseanbaukultur. Ende des 18./Anfang des 19. Jh. ›hielt‹ dann auch die Erdbeere, vom botanischen Garten von Brest aus, ›ihren Einzug‹. Begünstigt wurde der Anbau hier durch das sehr milde Klima, die Meeresnähe für den Abtransport und die ausgezeichneten Möglichkeiten der Bodenverbesserungen durch Kalksande vom Meeresboden sowie durch die Düngung mit Mist und Tang. Mitte des 19. Jh. war bereits ein großer Teil der Plougastel-Halbinsel mit Erdbeerfeldern bedeckt. 1860 wurde die ›Chile-Erdbeere‹ durch andere Arten ersetzt. Die Eröffnung der Eisenbahn Brest–Paris im Jahre 1865 brachte einen neuen riesigen Absatzmarkt. Bald interessierten sich auch die Engländer für die schmackhafte Frucht und so kam ein reger Handel in Gang. Im Jahr 1894 begannen die Erdbeerbauern, sich in Genossenschaften zu organisieren und nahmen die Vermarktung selbst in die Hand. 1927 verkehrten bereits sieben genossenschaftseigene Handelsschiffe zwischen Plymouth und Plougastel. In der Saison verließen jeden Abend drei Schiffe den Ausfuhrhafen, kamen am nächsten Tag gegen Mittag in Plymouth an und hatten bis zum Nachmittag entladen, damit die Ware am nächsten Tag auf dem Markt von London angeboten werden konnte.

Das ›goldene Zeitalter‹ der Erdbeere war zwischen dem Ende des 19. und der Mitte des 20. Jh. Durch die Genossenschaften konnten die Preise stabil gehalten werden; dem einzelnen Bauern wurde der Verkauf garantiert, und er konnte sich ganz der Intensivierung der Kultur widmen. In den besten Zeiten war es vielen Bauern möglich, mit nur einer Erdbeerernte ein neues Haus zu bauen.

In den 50er Jahren begann jedoch der unaufhaltsame, drastische Rückgang der Erdbeerkultur, besonders weil die Absatzmöglichkeiten auf dem englischen Markt kleiner wurden. 1962 wurden nur noch 30 % der zehn Jahre zuvor abgesetzten Erdbeeren nach Großbritannien verkauft, weil dort die Anbaufläche der Frucht verdreifacht worden war. Aber auch die sinkende Attraktivität der reinen Handarbeit auf den Erdbeerfeldern und die Abnahme der Arbeitskräfte in der Landwirtschaft waren für den immensen Abbau verantwortlich. 1987 produzierte die Region nur noch 900 t Erdbeeren, 1950 waren es noch fast 6000 t gewesen. Das Finistère ist aber nach Puy de Dôme immer noch das zweite Erdbeerdépartement Frankreichs.

Die Erdbeeren bleiben drei Jahre im Boden und wechseln mit Getreide, Kartoffeln und Futterpflanzen in einem neunjährigen Fruchtwechsel, damit sich der Boden erholen kann.

In den 60er und 70er Jahren erkannte man, daß die große Zeit der Erdbeeren vorbei war, und wandte sich neuen, ertragreicheren Anbauprodukten und -methoden zu. 1965 errichtete eine neue Genossenschaft für Obst und Qualitätsgemüse acht heizbare Gewächshäuser. Man begann mit Gurken, Bohnen und Knoblauch, bald kamen Tomaten und in den 70er Jahren auch die Blumenzucht dazu.

Heute sind ca. 35 ha der landwirtschaftlichen Nutzfläche auf der Halbinsel mit Treibhäusern bedeckt. 60 Erzeuger sind an der Nutzung beteiligt. Mit der Ölkrise verlangsamte sich der Bauboom der Gewächshäuser. Heute hat man aber neben dem Heizöl andere Energiequellen gefunden. Zerkleinerte, getrocknete Hausabfälle (Granulat) und Wärmepumpen mit Meerwasser als Wärmequelle sind die Alternativen.

Das Gewächshaus ist heute das Wohlstandssymbol der Plougastel-Bauern, verschleiert aber die wahren Probleme der Landwirtschaft: Abwanderung der jungen Generation und damit Überalterung der ländlichen Bevölkerung, Ausdehnung der Brache wegen fehlender Arbeitskräfte und Verstädterung des ländlichen Raumes durch Zunahme der Zweitwohnsitze.

Weniger Investitionskapital als der Bau von Gewächshäusern erfordert das Anlegen von Folientunnels, wofür sich viele Erdbeerbauern entschieden. Die Früchte werden durch den Treibhauseffekt schneller reif; durch die geringe Verdunstung geht weniger Feuchtigkeit verloren. Manche Bauern befestigen auch undurchsichtige Polyäthylenfilme auf dem Boden, die so durchbrochen sind, daß die Erdbeeren durch die Öffnungen hindurch wachsen und das Unkraut unter der Folie vertrocknet.

Eine weitere moderne Anbaumethode ist die computergesteuerte Hydrokultur im Treibhaus, besonders von Tomaten. Die Pflanzen stehen nicht in der Erde, sondern in Wasserrinnen, in die ständig eine vom Computer genau dosierte Nährstofflösung mit allen notwendigen Mineralien zugeführt wird. Diese moderne Technik, die im übrigen Frankreich noch wenig entwickelt ist, wird heute auf 20 ha der Gewächshauskulturen angewandt.

Bei der Schädlingsbekämpfung in den Tomatenkulturen kommt seit 1984 eine neue Errungenschaft zum Einsatz. Der gefährlichste Schädling ist die Mottenschildlaus, deren Larven eine zuckerartige Flüssigkeit ausscheiden, die auf den Tomaten einen schwarzen Pilz, den Rußtau, bildet. Um diesen Parasiten zu vernichten, benutzt man eine kleine Fliege, die ihre Eier in die Larven der Mottenschildlaus legt und damit deren Entwicklung verhindert. Heute versucht man, einen anderen Parasiten zu finden, der auf dieselbe Art und Weise die Blattlaus beseitigen kann.

Die größte ›Herausforderung‹ für die Tomatenbauern ist die Eroberung von amerikanischen Absatzgebieten. Sie beklagen die Sättigung des europäischen Marktes und ahnen die von 1992 an drohende Konkurrenz Hollands und Spaniens (Liberalisierung des europäischen Marktes). 1986 wurden durch die Genossenschaft 3000 t Tomaten höchster Qualität vermarktet, fast 3,5 mal soviel wie das Symbolprodukt der Halbinsel, die Erdbeere.

Wanderung 12:
Auf der Crozon-Halbinsel – Um das Cap de la Chèvre

Wichtige Hinweise

Dauer: knapp 4 Std. ohne den Abstecher zur Kapspitze.
Länge: ca. 11,5 km.
Routenart: Rundwanderung.
Wegbeschaffenheit: Schmale Küstenpfade; es gibt oft mehrere Wegebenen, wer nicht schwindelfrei ist, kann einen weiter von der Küste entfernten Weg wählen. Die beschriebenen Wege liegen auf der mittleren bis oberen Ebene. Manche Abschnitte sind von Ginster und

Farn überwuchert, der Weg ist aber immer noch zu erkennen. Bis auf wenige Minuten geht man nicht auf asphaltierten Straßen.
Anstiege: An der Küste zwischen den Buchten gibt es immer wieder kurze, steile Ab- und Anstiege, nie mehr als 40–50 Höhenmeter.
Schwierigkeitsgrad: Mittel.
Orientierung: Leicht-mittel. Die grobe Richtung ist immer klar, es kann nur sein, daß man manchmal den beschriebenen Weg verliert und auf eine Ebene tiefer oder höher gerät (mehrere Pfade verlaufen küstenparallel übereinander). Markierung: gelb, teilweise schon sehr verblichen; nur auf dem Hinweg zum Kap markiert. Karte: IGN 0418 Est; Douarnenez, Crozon, Morgat; 1:25 000.
Kleidung: Wegen der oft in den Weg hineinwuchernden Stechginsterbüsche ist es besser, in langen Hosen zu wandern. Auf der Westseite des Kaps bläst meist ein starker, kalter Wind, deshalb sollte man auch im Sommer nicht vergessen, eine Jacke mitzunehmen.
Restaurants: Keine. Die nächsten Restaurants sind in Morgat. Bei schönem Wetter zählt ein Picknick in der Einsamkeit der Kaplandschaft zu den angenehmen Erlebnissen einer Wanderung. Einkaufen kann man in Morgat oder Crozon.
Bademöglichkeiten: Nach der Wanderung am herrlich einsamen ›Plage de la Palue‹ auf der Westseite der Chèvre-Landzunge (ca. 1 km auf der D 255 von St-Herbot nach Norden fahren und dann nach links zum Strand abbiegen). Am Strand von Morgat.
Anfahrt: Von Crozon aus auf der D 887 nach Morgat, von dort weiter nach Süden auf der D 255 Richtung Cap de la Chèvre bis nach St-Herbot.

Küste bei der Pointe de Dinan mit der im Meer gelegenen Felsengruppe ›Château‹

Die Wanderung führt durch eine der schönsten, weltabgeschiedenen und romantischen Kaplandschaften der Bretagne. Die karge Heidelandschaft, die kleinen, geduckten Häuser und die Einsamkeit, die auf den Besucher so anziehend wirken, bedeuten für die Einheimischen den bitteren Entschluß, die jahrhundertealten Bauernhöfe aufzugeben, ihre Heimat zu verlassen und sich in der nächsten Stadt neu anzusiedeln. Die Landwirtschaft, die hier wegen des rauhen Klimas und des ständig über das Kap peitschenden Windes schon immer sehr bescheiden war, ist nun, bei steigender Marktgebundenheit, nicht mehr konkurrenzfähig. Die jungen Leute wandern in die Städte oder in die Fremdenverkehrszentren ab, da dort mit vergleichbar geringerem Aufwand mehr Geld zu verdienen ist. Immer mehr Schulen und Geschäfte in den Kapregionen werden geschlossen, öffentliche Verkehrsmittel zur nächsten Stadt eingestellt. Aus diesem Grund sind auch viele alte Leute gezwungen, wenigstens im Winter ihr Domizil in der Stadt aufzuschlagen, weil die Versorgung zu dieser Zeit in der rauhen Kapeinsamkeit nicht mehr gesichert ist. Viele Häuser werden nicht einmal mehr im Sommer von den alten Besitzern genutzt, sondern umgebaut und dann entweder vermietet oder an erholungsbedürftige Städter aus ganz Frankreich und sogar aus dem Ausland verkauft.

Ehemalige Felder überwuchern langsam, nur einige Steinmäuerchen, die unter dem Gebüsch hervorluken, erinnern noch an alte Zeiten. Die Natur ergreift schnell Besitz vom Land. Viele Wege, die ursprünglich als Wirtschaftswege angelegt waren, wuchern zu undurchdringlichem Dickicht und erschweren dem Wanderer den Weg durch die Einsamkeit.

Der Prozeß der Abwanderung aus entlegenen Gebieten gilt nicht nur für das Cap de la Chèvre und viele andere abgelegene Küstenregionen im Westen der Bretagne. Auch die von Boden und Klima ebenfalls benachteiligten einsamen Gebiete im Landesinnern, im Argoat, vor allem in den höher gelegenen Regionen der Monts d'Arrée und der Montagnes Noires, sind davon betroffen.

Wegbeschreibung

Die Wanderung beginnt am Ortseingang von St-Hernot. Links liegt die ehemalige Schule (heute *Maison des Minéraux* mit Mineralienausstellung), daneben ein großer Parkplatz.

Hinter dem Parkplatz nehmen wir einen Weg nach Osten in Richtung Küste. Nach etwa zehn Minuten überquert man einen breiten Weg und geht weiter geradeaus. Nicht von einem gelben Pfeil nach rechts irritieren lassen! Bald kommen wir an einer Bauruine vorbei (15 Min.), dahinter liegt die Steilküste. Der Pfad ist sehr schmal und verläuft in Richtung Süden an der Küste entlang. Wenig später geht es, um ein eingezäuntes Privatgrundstück zu umgehen, steil bergab auf die Landspitze Pointe de St-Hernot zu. Am Privatzaun entlang steigen wir nach rechts wieder steil hinauf, danach parallel zur Küste in Richtung Cap de la Chèvre weiter. Ab und zu ist eine verblichene gelbe Markierung zu sehen. Von Zeit zu Zeit kreuzen unseren Weg kleine Pfade, die von Privatgrundstücken ausgehen und nach links zum Wasser hinabführen.

Die Route führt quer durch ein kleines Pinienwäldchen und verläuft wie die gelbe Markierung weiterhin parallel zur Küste. Auf einem breiteren Weg gehen wir nach links weiter (45 Min.). Die Landzunge Pointe de

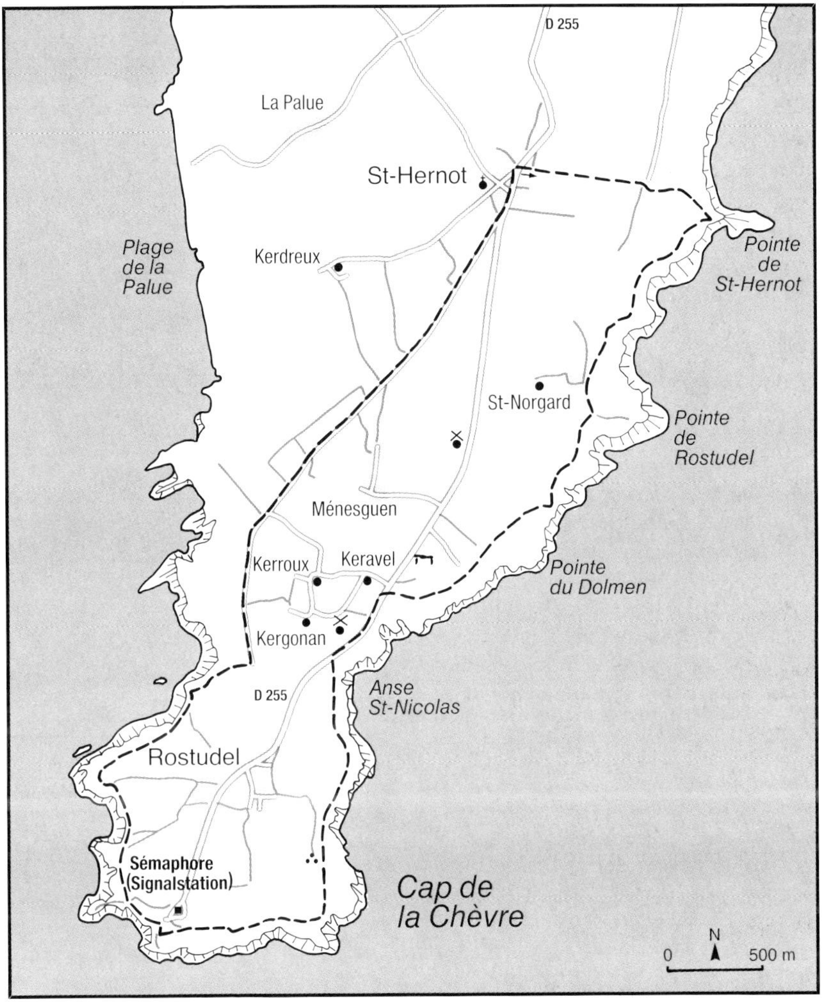

Route 12: Auf der Crozon-Halbinsel um das Cap de la Chèvre

Rostudel taucht auf, wir wandern aber nicht zur Spitze vor, sondern auf dem Pfad an einem kleinen, halbüberwucherten Steinmäuerchen entlang halbrechts quer über die Landzunge. Bald führt der Weg halblinks (55 Min.) steil in ein kleines Tal hinab. Die verblichene Markierung ist nur noch sehr spärlich vorhanden. Kurz darauf geht es über einen umgestürzten Baum und über ein kleines Bächlein nach rechts (1 Std.). Die Wasserstelle ist ziemlich überwuchert, was jedoch kein Hinderungsgrund sein sollte. Kriechend und kletternd kann man den Ort sicher überqueren, auf der anderen Seite des kleinen Taleinschnittes geht es links auf dem kleinen Pfad weiter. (Den Abstieg in das kleine Tal sollte man sich nicht ersparen, indem man oben auf dem Pfad weitergeht, da sich dieser in der Heide verliert oder über kurz oder lang von der Küste weg auf die Straße führt.)

Nach einer Weile steigen wir wieder steil bergauf und wandern auf halber Höhe weiter, die gelbe Markierung ist jetzt wieder gut zu sehen. Unterwegs kommt man an einigen einsam gelegenen Häusern vorbei. Schließlich führt der Weg an einem scharfen Kücsteneinschnitt entlang steil bergauf. Oben biegen wir nach links ab, kurz darauf ist die Straße erreicht, auf der es wiederum nach links geht (1.30 Std.). Fünf Minuten später, etwa 50 m vor einem gelb-weißen Kilometerstein (1.35 Std.), folgen wir einem Schotterpfad nach links steil bergab in die Heide. Der Pfad ist gut zu erkennen, aber nicht markiert. Unter uns liegt die Bucht Anse St-Nicolas.

Zuerst wandern wir abwärts, dann nach rechts und wieder leicht bergab. Der Boden ist mit Glockenheide und Erika bedeckt; der Weg wird zunehmend steiler. Etwa auf halber Höhe biegen wir nach rechts ab, der Weg ist teilweise von Farn und Stechginster überwuchert. Kurz darauf ist ein kleines Pinienwäldchen zu durchqueren. Anschließend führt der Weg wieder bergauf, an einer Weggabelung wählt man den linken Weg. Das Wasser in der Bucht strahlt bei Sonnenschein in herrlichem Blau, das Baden ist aber wegen der Strömungen hier sehr gefährlich.

Der Pfad verläuft bald sehr nahe am Steilabfall, manchmal muß man sich durch hohes Stechginstergebüsch kämpfen, da die Wegpflege hier nur sehr sporadisch stattfindet. Sobald eine neue Bucht in Sicht kommt, geht es bergab. Die Route führt zu einer völlig mit Efeu bewachsenen Ruine (2.05 Std.). Man bleibt auf dem schmalen Pfad, der an der Ruine entlang führt und sich weiter an der Steilküste orientiert.

Bald begleitet uns ein verrosteter Zaun, wir steigen steil bergauf. Oben kann man während einer kurzen Verschnaufpause das gegenüberliegende Cap Sizun bewundern. Nach einer Weile taucht vor uns die Signalstation (Sémaphore) des Cap de la Chèvre auf, wir wandern immer noch an der Steilküste, wem es zu nah am Rand entlang geht, der kann auch einen Weg weiter oben wählen. Man geht etwas unterhalb der Signalstation

Alte Mühle am Cap de la Chèvre

und hat nun das leuchtend weiße Cap de la Chèvre vor sich liegen. Dort (2.30 Std.) kann man vorsichtig den halben Weg zur äußersten Spitze hinabsteigen, auf der sich auch Reste deutscher Bunker und Geschützstellungen aus dem zweiten Weltkrieg befinden.

Danach wandert man auf dem oberen Küstenweg weiter nach Norden. Im Blickfeld ist in der Ferne die Pointe de Dinan mit ihrem Felsschloß zu erkennen. Nach einigen Minuten führt der Pfad an einer der Buchten abwärts und gleich wieder bergauf. Danach trifft man auf einer Landzunge einen von oben kommenden Fahrweg (2.25 Std.). Diesem folgt man kurz bergab, um dann gleich nach rechts wieder auf dem schmalen Küstenpfad weiterzugehen. Vor uns liegt der wunderbare Plage de la Palue, dahinter die Pointe de Dinan. In der Regel ist es hier sehr windig, da der Weg dem Westwind frei ausgesetzt ist. Es empfiehlt sich deshalb, eine Jacke mitzunehmen.

Sobald man wieder direkt an der Steilküste geht (2.55 Std.), führt der Pfad leicht bergab. Unterhalb liegt eine kleine Bucht mit Kiesstrand. Zwischen Farnen hindurch steigen wir weiter bergab. Nach kurzer Zeit erreichen wir einen großen geschotterten Fahrweg, der uns durch die im Sommer und Herbst herrlich blühende Heidelandschaft führt. Die Weiler Kergonan, Kerroux und Ménesguen (Häuser in der Ferne) bleiben rechts liegen. Zu beiden Seiten des Weges stehen immer wieder Steinmäuerchen, die ehemals Felder einfaßten und auf verlassene Landwirtschaft hindeuten.

Heute sind die Felder völlig von Farn, Heide und Stechginster überwuchert. Wir bleiben auf dem Weg, bis er schließlich im Ausgangsort St-Hernot endet (3.50 Std.). Hier folgen wir der Hauptstraße nach links, um wieder zur ehemaligen Schule, unserem Ausgangspunkt, zu gelangen (3.55 Std.). Auf dem Weg lädt eine kleine Schänke *(Buvette)* ein, den ersten Durst zu löschen und ein Schwätzchen mit der Wirtin zu halten.

Die Landzunge des **Cap de la Chèvre** ragt mit 96 m Höhe weit in die Bucht von Douarnenez hinein und breitet einen herrlichen Rundblick vor uns aus. Bei gutem Wetter kann man die Landspitzen Pointe du Raz und Pointe du Van der Halbinsel Sizun, die Insel Sein und die westliche Landspitze der Crozon-Halbinsel, die Pointe de Penhir, sehen.

Das Gestein des Cap de la Chèvre ist der helle und sehr harte armorikanische Sandstein (aus dem Ordovizium, 440–500 Mio. Jahre alt). Oft verwandelte sich die oberste Kruste durch Metamorphose in Quarzit. Dieses metamorphe Gestein besteht hauptsächlich aus dem Mineral Quarz.

Mit etwas Glück kann man auf einigen Felsen vor dem Kap Scharen von Kormoranen beobachten, die ihre Flügel nach einem Tauchgang weit ausgebreitet im Wind trocknen.

Der heutige französische Name des ›Ziegenkaps‹ (*chèvre* – Ziege) entstand nicht etwa, weil die Gegend früher als Viehweide genutzt wurde. Er leitet sich vielmehr von *c'hawr,* dem bretonischen Namen eines Riesen ab, der hier sein Unwesen trieb. Dieser menschenfeindliche Gigant wurde aber schließlich, so lehrt uns die Sage, von den Korrigans, den freundlichen Zwergen aus den umliegenden Grotten, überwältigt.

Das Seebad **Morgat** bietet vielfältige Attraktionen. Die halbkreisförmige Bucht lädt bei Hochwasser zum Baden ein. Nur bei Niedrigwasser ist ein Spaziergang zu den auf der nördlichen Strandseite gelegenen kleinen Grotten möglich. Noch aufregender ist ein Besuch der großen Grotten, die aber nur mit dem Schiff erreicht werden können. Das Moos im Innern der Grotten leuchtet geheimnisvoll in phosphoreszierenden Farben. Auch zum Cap de la Chèvre kann man von Morgat aus mit dem Schiff fahren *(Vedettes Sirènes).*

Des weiteren gibt es im Seebad einen Jachthafen, von dem aus die Feriengäste gerne zum Hochseeangeln starten. Der Fischereihafen verlor in den letzten Jahren immer mehr an Bedeutung, weil der Tourismus als leichte und lukrative Einnahmequelle den Thunfisch- und Sardinenfang zurückdrängt. Morgat bietet sich als Übernachtungsort und Ausgangspunkt für Wanderungen am Cap de la Chèvre, aber auch zu Erkundungsfahrten auf der ganzen Crozon-Halbinsel an. Es gibt hübsche, kleine Hotels, in denen man am Morgen vom Zimmer aus beobachten kann, wie die Sonne über dem Meer emporsteigt.

Der zentrale Ort der Halbinsel hat dieser auch den Namen **Crozon** gegeben. Das 8000-Einwohner-Städtchen ist wegen der zentralen Lage zu den drei Landzungen das Versorgungszentrum des westlichen Hinterlandes.

Die moderne Kirche in Crozon birgt eine besondere Sehenswürdigkeit: den bemalten Schnitzaltar aus dem Jahr 1602, der die Geschichte von 10000 Märtyrern erzählt. Die hier dargestellte Legende fand erst im 15. Jh. Verbreitung und berichtet, wie im 2. Jh. 9000 römische Soldaten der Truppen Kaiser Hadrians zum Christentum übertraten. Weil sie nicht wieder abschwören wollten, wurden sie gemartert. Ihre Standhaftigkeit beeindruckte einen römischen Feldhauptmann so sehr, daß er mit seinen 1000 Leuten ebenfalls zum Christentum konvertierte. Die 10000 Männer wurden gefoltert und schließlich auf den Ararat bei Alexandria gebracht, um dort in Dornhecken geworfen oder ans Kreuz genagelt einen qualvollen Tod zu finden.

Wanderung 13:
Die Besteigung des Ménez-Hom

Wichtige Hinweise

Dauer: 3.45 Std. mit je zehn Minuten Pause im Pfarrbezirk von Ste-Marie-du-Ménez-Hom und auf dem Gipfel des Ménez-Hom.
Länge: ca. 14 km.
Routenart: Rundwanderung.
Wegbeschaffenheit: Kleine Sträßchen, breite Fahrwege und schmale Pfade. Zwei Streckenabschnitte sind meist sehr feucht und matschig, da der Boden hier wasserstauende Schichten enthält. Deshalb ist auf jeden Fall festes Schuhwerk angeraten. Zwischen den Weilern geht man etwa eine Stunde auf kleinen, kaum befahrenen Asphaltsträßchen.
Anstiege: In der sanft gewellten Landschaft geht es immer wieder bergauf und bergab. Von Ste-Marie bis zum Gipfel des Ménez-Hom sind es 136 Höhenmeter, die aber bis auf die letzten Meter sehr gemächlich ansteigen. Der Abstieg geht etwas schneller und ist mit festem Schuhwerk problemloser zu bewältigen.
Schwierigkeitsgrad: Mittel.
Orientierung: Leicht bis Mittel. 25 Min. nach dem Start beginnt die rot-weiße GR-Markierung (GR 37), die bis zum Gipfel führt und meist gut zu erkennen ist. Der Rückweg ist nicht markiert, hier helfen die Beschreibungen weiter. Karte: IGN 0518 Ouest, Châteaulin Ouest; 1:25000.
Restaurants: In Plomodiern.
Veranstaltungen: Am 15. August (Maria Himmelfahrt) findet vormittags ein Umzug *(Défilé)* der Trachtengruppen in Plomodiern und nachmittags ein Folklorefest auf dem Gipfel des Ménez-Hom statt.
Anfahrt: Von Quimper aus nach Norden auf der D 39 nach Locronan und weiter auf der D 63 in Richtung Crozon bis nach Plomodiern. Von Châteaulin aus nach Westen auf der D 887 in Richtung Crozon, nach 10 km nach links auf der D 47 A nach Plomodiern.

Der kahle Hügel Ménez-Hom (bret. Ménez – Berg), der so sanft aus der Landschaft aufsteigt, mißt stolze 330 m Höhe und ist somit, nach den zentralen Gipfeln der Monts d'Arrée, die zweithöchste Erhebung der Bretagne. Ursprünglich zu den Montagnes Noires gehörend, besteht der Berg zum großen Teil aus Quarzit (metamorphisierte uralte Sandsteine). Das sehr rauhe Klima des Ménez-Hom bringt kühle und windige Sommer, stürmische Winter und manchmal sogar Schneefall mit sich. Der Ménez-Hom zählt zu den schönsten Aussichtspunkten der Bretagne. Vom Gipfel aus kann man bei klarer Sicht die Pointe du Van, die Bucht von Douarnenez, die Crozon-Halbinsel, die Bucht von Brest und zum Landesinneren hin die kahlen Gipfel der Monts d'Arrée überblicken. Aufgrund des enormen Besucherzustroms wurde eine asphaltierte Straße und kurz vor dem Gipfel ein großer Parkplatz angelegt.

An den Hängen des Ménez-Hom fand man Überreste aus gallorömischer Zeit, unter anderem einen Frauenkopf aus Bronze, der eine vermutlich keltische Göttin darstellt, aus der später die römische Minerva wurde. Der Kopf ist heute im Musée de Bretagne in Rennes zu bewundern. Wahrscheinlich existierte schon in keltischer Zeit eine Kultstätte an der Stelle, wo heute am Fuß des Berges die Kapelle von Ste-Marie-du-Ménez-Hom steht. Die einst heilige Quelle, die auf einen keltischen Kultort hindeutet, ist inzwischen überwachsen.

Im Zweiten Weltkrieg war der Berg, wie die Crozon-Halbinsel, als strategischer Vorposten für die Bucht von Brest von den Deutschen besetzt. Alte Bunker zeugen noch heute davon. 1944 eroberten die Alliierten den Ménez-Hom im Sturmangriff, die Weiler am Fuße des Berges wurden dabei stark in Mitleidenschaft gezogen.

Blick von Ménez-Hom

Wegbeschreibung

Die Wanderung beginnt an der Dorfkirche von Plomodiern. Wir gehen an der Südseite mit der sehenswerten Vorhalle (steinerne und hölzerne Apostelfiguren und geschnitzte Balken) entlang nach Südwesten. Bei einem Schmuckgeschäft, wo sich die Straße gabelt, biegt man nach rechts ab. Wir überqueren eine Hauptstraße und verlassen geradeaus fortschreitend den Ort. Der Weg führt bergab, kurz darauf wieder bergauf. Bevor wir in den Weiler Gorré Ribl kommen, biegen wir nach links ab (Wegweiser: Le Rible) und wandern auf einem kleinen Sträßchen an großen alten Pinien vorbei. Hinter dem nächsten Weiler folgen wir dem Weg in eine Rechtskurve – kurz darauf in eine Linkskurve (20 Min.). Nicht versehentlich geradeaus gehen! Bald wird aus der Asphaltstraße ein geschotterter Fahrweg.

Man passiert den Weiler Penfrout (große Eiche und Zypresse) und wendet sich dann auf dem Fahrweg nach links (25 Min.). Sobald wir auf eine Straße stoßen, folgen wir ihr nach rechts, nach Norden. Von nun an begleitet uns die rot-weiße Markierung des GR 37. Dort, wo die Straße eine Spitzkehre nach rechts macht (35 Min.), gehen wir geradeaus durch den Weiler Ménez-Yan weiter. Vom letzten Hof aus begrüßen den Wanderer schon die bellenden Hunde, die auf den Dächern ihrer Hundehütten stehen und sich über jede Abwechslung freuen. Wir wandern geradeaus, bergauf durch den Wald. Oben auf der Hochfläche (45 Min.) biegen wir der rot-weißen Markierung entsprechend nach rechts ab und gehen dann immer geradeaus nach Osten bis zu einer Straße (55 Min.), die zu überqueren ist. In einer kleinen Sackgasse folgen wir der Markierung. Unterwegs hält man sich bei einer Gabelung halbrechts und geht bergab.

Unten im Tal kommen wir erst an drei Häusern vorbei und gehen dann geradeaus ins Ginstergebüsch hinein, wo der Boden oft sehr feucht ist (1.05 Std.). Ein kleiner, meist matschiger Pfad führt nach rechts durch den Ginster und die übliche bretonische Heidelandschaft. Der Pfad endet schließlich auf einem großen Weg (1.10 Std.), auf dem wir nach links bis nach St-Marie-du-Ménez-Hom hinaufgehen. Bei guter Sicht hat man einen schönen Blick nach rechts zurück über die Bucht von Douarnenez.

Auf der anderen Seite der Hauptstraße (1.20 Std.) liegen Kirche und Calvaire von Ste-Marie-du-Ménez-Hom. Hier kann man noch die Ruhe eines kleinen, wenig bekannten Pfarrbezirkes genießen (der Schlüssel zur Kirche ist im Café gegenüber zu bekommen). Am Calvaire von 1544 ist der römische Hauptmann Longinus in einer gefälligen Geste dargestellt. Er greift sich an den Kopf wie vom Geistesblitz getroffen und scheint plötzlich die wahre Mission des Gekreuzigten zu erkennen. Im Innern der Kirche aus dem 16. Jh. lenken drei Altäre und geschnitzte Holzbalken als monumentale Beispiele bretonischer Schnitzkunst die Aufmerksamkeit auf sich.

Nach zehn Minuten Pause im Pfarrbezirk wandern wir auf der kleinen Straße in Richtung Dinéault nach Norden weiter (1.30 Std.). Zehn Minuten später folgen wir an einer Straßengabelung der linken Straße. Nach weiteren drei Minuten biegen wir dann nach links auf einen Weg ab. Hier ist auch wieder die rotweiße GR-Markierung zu sehen (allerdings sehr versteckt). Bei der ersten Gelegenheit zeigt die Markierung nach rechts auf einen Weg, der häufig matschig ist. Wir folgen dem rot-weißen Zeichen und besteigen so den Ménez-Hom von hinten, von der östlichen Seite her. Der Weg führt zuerst durch immer lichter werdenden Kiefernwald und ist schließlich nur noch von Heidekraut und Stechginstergebüsch umgeben.

Nach einer Weile (ca. 2.05 Std.) läßt uns die Markierung nach links abbiegen, der Weg wird steiniger. An einer Wegkreuzung geht es erneut nach links (2.20 Std., Pfeil am Boden!). Es folgt nun der letzte Anstieg auf einem breiten, steinigen Weg. Bei schönem Wetter eröffnet sich ein großartiges Panorama. Zum letzten Mal biegen wir kurz vor dem Ziel nach links zum Gipfel hin ab (2.25 Std.), vor uns liegt der mäandrierende Fluß Aulne mit der

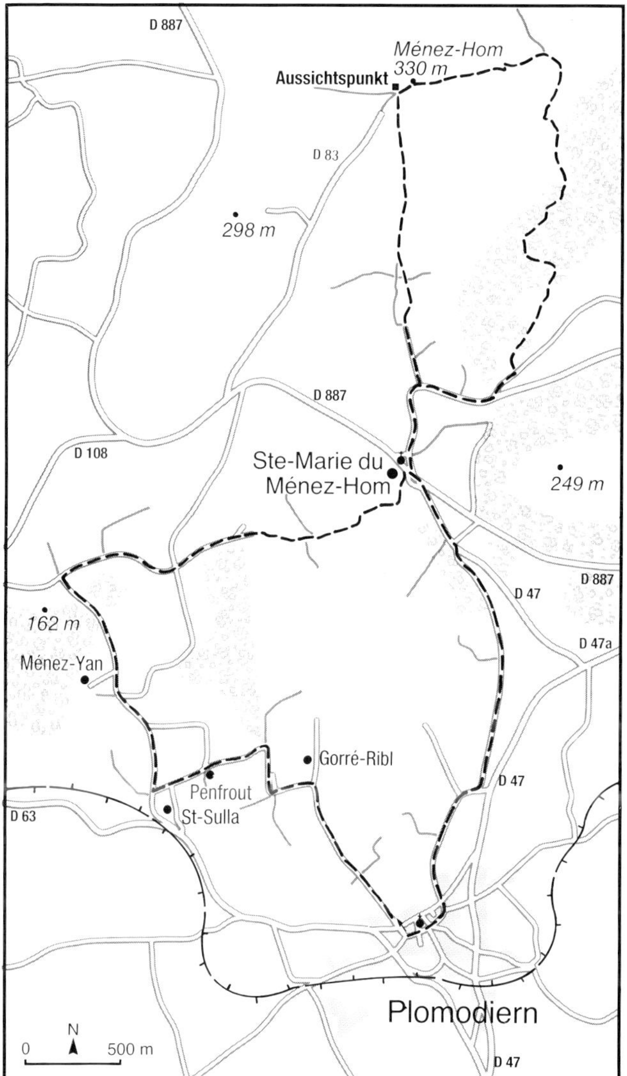

Route 13: Die Besteigung des Ménez-Hom

Brücke von Térénez. Kurz darauf ist der 330 m hohe Gipfel des Ménez-Hom mit der Panoramatafel erreicht (2.35 Std.).

Nach zehnminütiger Pause auf dem Gipfel und einem letzten Ausblick steigen wir (2.45 Std.) in südwestlicher Richtung auf den Parkplatz zu bergab. Von nun an wandern wir nicht mehr nach der rot-weißen GR-Markierung. Kurz vor dem Parkplatz biegen wir nach links auf einen Pfad ab, der sich in südlicher Richtung vom Gipfel abwendet und direkt auf den Weiler Ste-Marie-du-Méuez-Hom zuführt. Rechter Hand belohnt erneut ein schöner Blick über die Bucht von Douarnenez. Einer Straße folgen wir nach rechts (3.10 Std.), fünf Minuten später sind wir wieder am Pfarrbezirk von Ste-Marie. Auf der Hauptstraße geht es dann nach links, gleich darauf nach rechts auf der D 47 in Richtung Plomodiern/Quimper. Knapp 400 m nach der Kreuzung (3.20 Std.) biegt man in der Straßenkurve nach rechts auf den zweiten von zwei kurz aufeinander folgenden Wegen ab und wandert bergab.

Bald sind die ersten Häuser von Plomodiern zu sehen. Aus dem Weg wird ein kleines Sträßchen, das in eine Querstraße mündet (3.35 Std.), der wir nach rechts und gleich darauf nach links folgen. Vor uns liegt der Kirchturm von Plomodiern. Einem Schild ›Place de l'Eglise‹ folgen wir bis zur Kirche, dem Ausgangspunkt der Wanderung (3.45 Std.).

König Marke von Cornouaille, so heißt es in der **Legende vom Ménez-Hom** starb nach einem sündigen Leben und wurde zur ewigen Verdammnis verurteilt. Trotz all seiner Fehler war der König aber einer der frommsten Anbeter der Jungfrau Maria und huldigte ihr in der Kapelle am Fuße des Ménez-Hom. Auf die Fürsprache der Jungfrau hin milderte Gott seine Strafe und beschloß, die Seele des Königs so lange in seinem Grab am Hang des Ménez-Hom einzusperren, bis man von einem Steinhaufen über dem Grab den Turm der Kapelle von Ste-Marie-du-Ménez-Hom sehen konnte. Aus diesem Grund legen viele, die hier vorbeikommen, einen weiteren Stein auf den Haufen über dem Grab, um die Errettung des Königs Marke zu beschleunigen.

Wanderung 14: **Um Locronan – Auf den Spuren des Heiligen Ronan**

Wichtige Hinweise

Dauer: 2.50 Std.
Länge: ca. 8 km.
Routenart: Rundwanderung.
Wegbeschaffenheit: Waldwege, schmale Pfade; beim Anstieg zur Kapelle und beim Rückweg: wenig befahrene, kleine Straßen (im ganzen eine Stunde).
Anstiege: Erst 140, dann kommen weitere 70 Höhenmeter dazu.
Schwierigkeitsgrad: Leicht.
Orientierung: Leicht, da gut markiert (blauer Balken); Karte: IGN 0518 Oest; Châteaulin Ouest; 1:25000.
Restaurants: In Locronan.
Anfahrt: Von Quimper auf der D 63 nach Norden, von Châteaulin auf der D 7 nach Südwesten, von Crozon auf der D 887 und D 63 nach Südosten.

Alte Heiligenfiguren ›sonnen sich‹ vor einem Antiquitätengeschäft

Das alte Städtchen Locronan ist mit seinen malerischen Granithäusern, dem munteren Blumenschmuck und den vielen Kunstgewerbeläden ein großer Anziehungspunkt für Touristen. Einmal im Jahr, am zweiten Sonntag im Juli, quillt der Ort über. Scharen von Pilgern und Touristen kommen zur Prozession *(Troménie)*, die zu Ehren des Heiligen Ronan durchgeführt wird. Die hier beschriebene Wanderung verläuft auf Teilabschnitten der berühmten Pilgerstrecke.

Wegbeschreibung

Die Wanderung beginnt am Kirchplatz von Locronan. Das Auto kann man beim Rathaus *(Mairie)* oder auf einem der großen Parkplätze am Ortsausgang abstellen. Mit dem Rükken zur Kirche gehen wir zur Leinenweberwerkstatt in der rechten unteren Ecke des Platzes. Dort folgen wir dem Gäßchen Toul Prichen. Kurz darauf erscheint an einer Mauer ein blauer Balken, der uns nach links weist. Dann überqueren wir die Hauptstraße Locronan – Quimper und wandern auf der anderen Seite in der Venelle du Prieuré weiter.

Wir halten uns links (markiert) und kommen an einigen Gärten vorbei. Bald biegt die Straße nach links ab (7 Min.), wir gehen aber geradeaus (Pfeil am Telegrafenmast). Ein kleiner, malerischer Pfad führt an einer Steinmauer entlang und mündet in einen breiteren Weg, dem wir nach rechts folgen (Hohlweg). Wenige Minuten später wendet man sich, wie die Markierung anzeigt, nach links (15 Min.). Nach etwa 150 m trifft der Weg auf die alte Verbindungsstraße Locronan – Plogonnec, die als ehemalige Römerstraße eine der Nordsüdachsen des Finistère war. Ihr folgen wir etwa 30 m nach rechts, biegen dann aber gleich wieder nach links auf einen Weg, der von einem Baldachin aus Ästen überwölbt ist und erst bergauf, dann wieder bergab führt. Sobald der Hauptweg nach rechts abbiegt (30 Min.), folgen wir ihm entsprechend der blauen Markierung (andere Markierungen nicht beachten!). Nach drei Minuten stoßen wir auf eine Straße, die uns nach links führt.

Die Wanderung verläuft nun auf einem Teilstück der Troménie. Wenig später taucht auch schon eine Pilgerstation auf: ein Granitkreuz, neben dem in der Wallfahrtswoche eine Figur des Heiligen Théleau aufgestellt wird (11. Station der großen Troménie). Der blaue Balken und die rot-weiße GR-Markierung begleiten unseren Weg. Einer größeren Straße folgen wir nach rechts bergauf (50 Min.). Nach knapp 10 Minuten gehen wir auf einem breiten Weg ohne Markierung nach links, dann gleich halbrechts, parallel zur Straße geradeaus. In Blickrichtung liegt schon die Kapelle des Heiligen Ronan. Der Weg führt durch die *Landes* (Farn, Heide, Stechginster). Bei einer Gabelung wandert man halblinks weiter, das heißt im großen Bogen um die Kapelle herum. Am Wegende kommt von links unten ein Weg, der letzte Aufstieg der großen Troménie, herauf. Wir biegen nach rechts ab und kommen an eine Straße.

Wer Lust hat, kann noch einen kleinen Abstecher zur 1977 erbauten Kapelle St-Ronan machen (1.05 Std.). Bei der Wallfahrt wird hier, an der 10. Station der großen und der 1. Station der kleinen Troménie, aus dem Evangelium vorgelesen.

Die Wanderung führt auf der Fahrstraße ein kleines Stück nach Osten weiter. Am Straßenende, vor dem Haus mit der großen Antenne, biegen wir nach rechts ab und steigen durch den Wald des Herzogs (Forêt du Duc) steil bergab. Man kann sich die schwitzenden und angestrengten Pilger vorstellen, die bei der großen Troménie den steilen Hang auf der Nordseite des Waldes erklimmen müssen.

Einem breiten Fahrweg folgen wir nach rechts (1.35 Std.), dann nach links und steuern nun auf die Kapelle St-Théleau zu. Eine kleine Holzschranke ist zu übersteigen, dann geht es

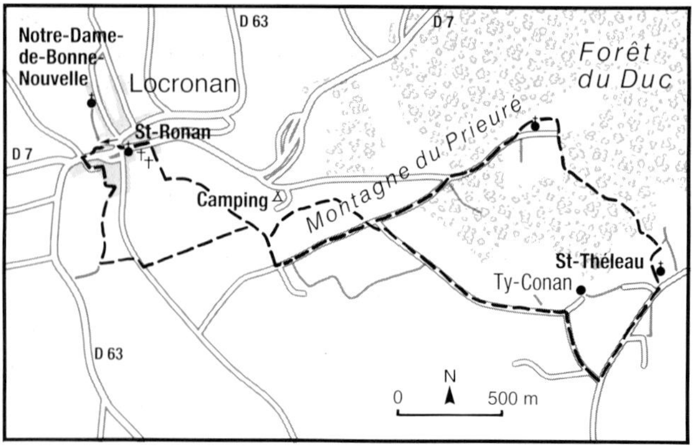

Route 14: Um Locronan

zwischen zwei Mäuerchen zur Kapelle, die sehr romantisch inmitten einer Wiese steht. Die kleine Kirche ist halb zu umrunden, um auf ihrer Südseite den Weg weiter abwärts zur Straße hin fortzusetzen (1.40 Std.). Dieser Straße folgen wir nach rechts, nach einer knappen Viertelstunde biegen wir wieder nach rechts auf ein kleines Sträßchen in Richtung Ty-Conan ab.

Bei einer Gabelung (2.00 Std.) wenden wir uns nach links in Richtung La Motte. Die Wanderung führt zwischen Feldern hindurch, zur Rechten liegt oberhalb der Wald des Herzogs, links eröffnet sich ein wunderbarer Blick auf die Ebene von Porzay. Bald stoßen wir wieder auf die Hauptstraße (2.15 Std.), die nach rechts zur Kapelle des Heiligen Ronan hinaufführt. Wir folgen ihr nur wenige Meter nach links und biegen dann beim Granitkreuz auf einen mit Gras bewachsenen Fahrweg nach rechts ab. Nach etwa 10 Minuten biegt der Hauptweg nach rechts und führt abwärts, unsere Wanderung geht allerdings auf dem schmalen Pfad geradeaus weiter. Hier ist die blaue Markierung schlecht zu finden, man kann sich auch an den rot-weißen Balken orientieren. Unter uns liegt ein Campingplatz.

Sobald der sehr schmal gewordene Pfad auf einen breiten Fahrweg trifft, geht es auf diesem unter einigen großen Pinien und Zypressen nach rechts weiter, bald auch wieder bergab. (Nicht versehentlich nach links bergauf gehen, von wo wir zu Beginn der Wanderung herkamen!) Im unteren Bereich geht der Weg in einen Hohlweg über. In Locronan wandern wir auf der direkt am Friedhof gelegenen Straße nach links und stehen kurz darauf wieder vor der Kirche, am Ausgangspunkt der Wanderung (2.50 Std.).

In dem kleinen Städtchen **Locronan** mit nur 700 Einwohnern lebten zur wirtschaftlichen Blütezeit des Ortes im 16. und 17. Jh. 1400 Menschen. Damals zählte man 400 Webstühle, die auf die lukrative Einkommensquelle des Ortes hinweisen. Auf den Feldern wuchs Flachs, der von den Webern zu Leinenstoffen verarbeitet wurde. Daraus nähte man überwiegend Segeltuch, das im 16. und 17. Jh. bei den europäischen Handels- und Kriegsflotten reißenden Absatz fand. Im 17. Jh. stand das Leinen aus Locronan bei der englischen Kriegsmarine an erster Stelle, aber auch die Niederlande, Spanien und natürlich Frankreich wurden damit beliefert. Die hübschen Bürgerhäuser im Ort bezeugen heute noch die Zeit des Wohlstandes.

Im 18. Jh. wuchs die Konkurrenz der königlichen Leinenmanufakturen und der Großbetriebe aus Rennes so stark an, daß viele Weber aus Locronan, um schneller arbeiten zu können, die Qualität ihrer Ware minderten, und schließlich ganz aufgaben. Als dann im 19. Jh. die Dampfschiffahrt das Segeltuch überflüssig machte, gaben auch die letzten Vertreter der Zunft ihren Webstuhl auf.

Heute sind viele Bewohner von Locronan zum alten Kunstgewerbe zurückgekehrt, was augenscheinlich mit der Attraktivität dieses Handwerks für die Tourismusbranche zu erklären ist. Man findet Webereien (mit sehenswerten Webstühlen), Glasbläsereien, Töpfereien und andere Arten von Kunsthandwerk.

Kirche und Penity-Kapelle: In dem harmonischen spätgotischen Bau aus dem 15. Jh. fallen besonders das Apsisfenster mit Szenen aus der Passion und die holzgeschnitzte Kanzel (1707) mit der Geschichte des Heiligen Ronan in den Holzmedaillons auf. An der Südseite der Kirche ist die 1515 vollendete Penity-Kapelle angebaut. Ihr gotisches Gewölbe soll dem legendären Ursprung zufolge entstanden sein, als der Ochsenkarren mit dem Leichnam des Ronan hier stehenblieb und mehrere Bäume über dem Karren in Form eines gotischen Rippengewölbes zusammenwuchsen. In der Mitte des Raumes befindet sich die liegende Figur des Heiligen Ronan (15. Jh.), die von sechs Engeln aus Granit getragen wird. Zu Füßen des Toten liegt als Symbol seiner Glaubensstärke ein Löwe. Auf dem Altar darüber steht ein Reliquienschrein mit den Gebeinen des Heiligen Ronan, der bei der Prozession 5 oder 12 km um den Ort getragen wird.

Der Turm der Kirche besaß bis 1808 einen schon von weitem sichtbaren spitzen Helm. Nachdem ein Blitz die Spitze zerstört hatte, schritten die Bewohner von Locronan – arm und mittellos wie sie damals waren – nicht zum Wiederaufbau, sondern rissen auch noch die Reste des Turmes nieder.

Der in der **Kapelle St-Théleau** verehrte Heilige ist als Reiter auf einem Hirsch dargestellt. Der Granitbau stammt aus dem 16. Jh. und wurde 1976 restauriert. Zwei Monate nach Abschluß der Erneuerungsarbeiten schlug der Blitz in den Turm ein.

An der Stelle des Kreuzes stand ursprünglich ein Kalvarienberg, der nach einem Raubversuch in Sicherheit gebracht wurde. Die Gelder für den Unterhalt der Kapelle stammen von Spenden aus der Troménie des Heiligen Ronan, an deren 11. Station die Holzfigur des Heiligen Théleau steht.

Die Troménie: Christliche Wallfahrt auf heidnischen Wegen

Die malerisch gestaltete, bekannteste und eindrucksvollste Prozession der Bretagne ist die Troménie von Locronan. Für die **Große Troménie,** die alle sechs Jahre durchgeführt wird, beginnen die Vorbereitungen schon Wochen vorher: Hecken werden gerodet, Wege in die Felder gemäht, Stege über Bäche gelegt und etwa 40 Reisighütten mit den Heiligenfiguren der umliegenden Kirchen und Kapellen aufgestellt. Am zweiten Juli-Sonntag werden dann die Reliquien und die alte Messing-Glocke des Heiligen Ronan in der feierlichen Prozession von Station zu Station getragen.

Nicht nur am Sonntag kommen die Pilger, auch in der folgenden Woche wandern kleine Gruppen bei Tag, manchmal auch bei Nacht, die 12 km lange Bußstrecke ab. In früheren Zeiten wurden dabei strenge Reglements eingehalten und die Strecke bis zur 10. Station schweigend, barfuß und ohne sich umzudrehen zurückgelegt. Heute kommen etwa 15000 Pilger zu der Großen Troménie, um auf den alten Pfad des Heiligen Ronan ihre Fürbitten vorzubringen.

Der Name *Troménie* wurde als bretonisch *tro mene* (›Tour um den Berg‹) gedeutet. Eine andere Erklärung ist die Übersetzung von bret. *tro minihi,* als ›Weg um das Klosterareal‹.

Der Buß- und Bittgang hat seinen Ursprung in der legendären Geschichte des Heiligen Ronan, der im 6. oder 9. Jh. in einem Steintrog von Irland über das Meer in die Bretagne gekommen sein soll. Er ließ sich erst im Gebiet Léon nieder, suchte aber später in den Wäldern der Cornouaille die absolute Einsamkeit, um dort als Eremit zu leben. Beim Ortsnamen ›Locronan‹ (Loc-Ronan) hat die Vorsilbe ›Loc‹ die Bedeutung von Einsiedelei und weist damit eindeutig auf die einstige Wirkungsstätte des Heiligen Ronan hin. Die Legende erzählt, daß der fromme Eremit täglich nach dem Aufstehen nüchtern und barfuß einen Bußgang um seine Klause absolvierte, die der heutigen fünf Kilometer langen Strecke der Kleinen Troménie entspricht. Am sechsten Tag der Woche dehnte er seinen Marsch auf zwölf Kilometer aus. Diese Strecke soll sich mit der Großen Troménie decken, die alle sechs Jahre (die nächste 1995) in und um Locronan stattfindet.

Mit einer Messing-Glocke, die auch heute noch bei den Prozessionen mitgetragen wird, soll Ronan die Gläubigen zum Gebet gerufen haben. Viele Bauern der Umgebung, ja selbst die Tiere des Waldes konnte er zum Christentum bekehren. Einer

Die Wallfahrtskirche in Locronan

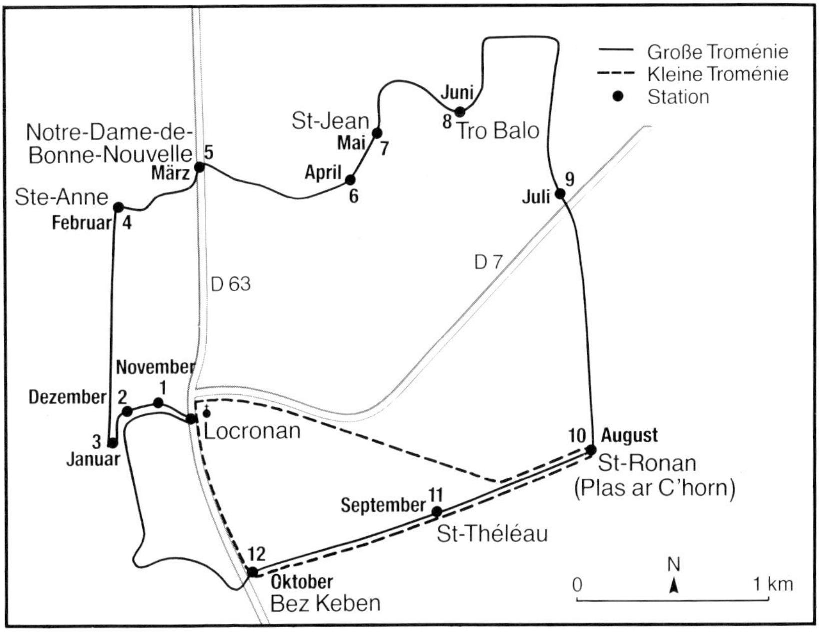

Die zwölf Stationen der Großen Troménie und ihre Entsprechung im Kalenderzyklus

dieser Bauern hatte ein grausames Weib namens Keben, das den Einsiedler haßte. Mit allen Mitteln versuchte sie, ihm Schaden zuzufügen: Einmal sperrte sie ihre Tochter in eine Kiste und beschuldigte Ronan, sie entführt und ermordet zu haben, dann wieder setzte sie das Gerücht in Umlauf, Ronan habe sie, Keben, verführen wollen.

Eines Tages, als der Eremit die Nachstellungen der Furie, deren Verhalten heute gerne als ein letztes Aufbäumen des Heidentums interpretiert wird, endlich leid hatte, zog er sich in die Grafschaft Léon zurück, wo er auch starb. Da man nicht wußte, wo der Wundertäter beigesetzt werden wollte, überließ man die Entscheidung zwei Ochsen, die vor den Karren mit der Leiche des Ronan gespannt wurden. Die Tiere schlugen den Weg zu seiner ehemaligen Einsiedlerklause ein, blieben aber in einem kleinen Flußtal solange stehen, bis der Graf von Cornouaille dem Toten die Ländereien um die Klause zum Geschenk machte. Dies war der Geburtsakt des späteren Klosterbezirkes.

Weiter beschreibt die Legende, daß die Furie Keben, als sie die Ankunft des Ochsenkarrens bemerkte, voller Wut ihr Waschholz packte und damit einem Ochsen ein Horn abschlug. Das Fuhrwerk bewegte sich bis auf den Gipfel eines nahen Hügels, auf dem das Horn des Ochsen plötzlich zu Boden fiel und daher *Plas ar C'Horn* – der ›Ort des Horns‹ – genannt wird, und das Ziel der Prozession der beiden Troménies ist. Als dann das bestialische Weib Keben den Hügel hinabstieg, tat sich mit einem Male die Erde auf und verschlang sie in ihrem Höllenschlund.

Diese christliche Legende integriert und kaschiert viele ältere Traditionen und Riten aus keltischer Zeit, die bis heute bei den Wallfahrten beobachtet werden können. Die bekannteste Hypothese zur Entstehung und Erklärung der Großen Troménie ist die Interpretation des Wallfahrtsweges als Grenze eines Klosters. Donatien Laurent, Journalist der bretonischen Zeitschrift ArMen, hat allerdings einen neuen, außerordentlich interessanten Erklärungsansatz gefunden: Demzufolge gehen die Pilger in der zwölf Kilometer langen Großen Troménie symbolisch den Lauf des zwölf Monate dauernden keltischen Kalenderjahres ab. Die großen keltischen Feste, zumeist Feiern der Fruchtbarkeit, sind in den Stationen der Prozession wiederzuerkennen.

Die Kelten teilten das Jahr in zwei Hälften, eine feuchte und kalte Winterhälfte und eine heiße und helle Sommerhälfte. Zwei große Feste (Samain und Beltane) eröffneten am 1. November und am 1. Mai die Jahreshälften. In der Mitte des Winters (1. Februar) und in der Mitte des Sommers (am 1. August) ehrte man die beiden Hauptgötter Brigit (die keltische Minerva) und Lug (den keltischen Merkur), die einen guten Verlauf der Jahreszeit und eine gute Ernte garantieren sollten.

Die Große Troménie ist in einem Viereck angeordnet. Auf Feldwegen und kleinen Straßen, durch Sümpfe und Wälder, Wiesen und Getreidefelder wandern die Gläubigen. An jeder der zwölf am Weg aufgebauten Pilgerstationen wird angehalten und gebetet. Nach einer Lesung aus den Evangelien und dem Gesang von Chorälen setzt sich der Pilgertroß wieder in Bewegung. Die Prozession verläßt Locronan nach Westen und wendet sich bald nach Norden. Anschließend ist nach Osten hin ein Sumpfgebiet zu durchqueren. Kurz nachdem der Pilgerweg nach Süden abbiegt, führt er auf einen Hügel hinauf. Vom Wallfahrtsziel, der Kapelle des Heiligen Ronan aus, verläuft der Abstieg in westlicher Richtung. Um wieder nach Locronan zu gelangen, geht es am Ende noch ein kurzes Stück nach Norden.

Die Weihe der zwölf Stationen auf der zwölf Kilometer langen Strecke bestätigt die Hypothese der keltischen Kalendersymbolik. Die erste Station westlich von Locronan ist dem Heiligen Eutrophe gewidmet. Nach der Theorie von Laurent wird hier der 1. November, d.h. der erste Monat des keltischen Jahres gefeiert. Die Reliquien des Heiligen, die vorher in eine heilige Quelle getaucht wurden, werden dem Pilger präsentiert. Wer ein Glas des Quellwassers trinkt, wird die Troménie (und auch das neu beginnende keltische Jahr) gut überstehen. Die heiligen Quellen sind ein Relikt aus der Keltenzeit, die Heilkraft des Wassers spielte damals eine überragende Rolle.

Die vierte Station liegt in einem Sumpfgebiet, was in der Kalendertheorie dem feuchten, kalten Winter entspricht. Die Station deckt sich mit dem 1. Februar, dem Halbzeitfest des Winters, an dem Brigit (später Minerva) gefeiert wurde. Heute ist die Station Ste-Anne-la-Palud geweiht. Nördlich von hier liegen zwei wichtige ›weibliche‹ Wallfahrtsorte: Ste-Anne-la-Palud und Ste-Marie-du-Ménez-Hom. Bei dem letztgenannten fand man eine kleine Bronzefigur, die Minerva des Ménez-Hom.

Die siebte Station ist Johannes dem Evangelisten geweiht. Nach der Kalenderhypothese wäre der 1. Mai, der Beginn des keltischen Sommerhalbjahres, erreicht. Hierzu gibt es auch eine Übereinstimmung zu unserer Sommersonnenwende – dem 21. Juni, an dem der Heilige Johannes, diesmal der Täufer, gefeiert wird. In Locronan wird am 1. Mai eine Buche gefällt, als Maibaum aufgestellt und dann zum Johannisfest verbrannt. An der siebten Station, dem Tag zwischen Sommer und Winter, soll die Furie Keben aufgetaucht sein und dem Ochsen das Horn abgeschlagen haben.

Die Prozession wendet sich nun nach Süden, unter Trommelwirbel beginnt der Anstieg auf den Hügel. Die Julisonne brennt auf die Wallfahrer nieder. Nach der Kalenderroute führt der Weg ebenfalls im Monat Juli auf den Hügel hinauf. Dort liegt die zehnte Station, die Ronan, dem Patron der Pilgerfahrt, geweiht ist. Diese Station entspricht dem Datum des 1. August des keltischen Kalenderjahres, dem Festtag zu Ehren des Ernte- und Fruchtbarkeitsgottes Lug. Nach der Überlieferung soll an dieser Stelle das abgeschlagene Horn des Ochsen zu Boden gefallen sein. Die Kelten kannten einen gehörnten Fruchtbarkeitsgott, was unter anderem zwei kleine, am Rande des Hügels befindliche Lechs (keltische Stelen) belegen, die oben hornförmig gebogen sind. An ihnen rieben christliche Pilgerinnen früher ihren Schoß, wenn sie auf Kindersegen hofften. Bei Ausgrabungen auf dem Hügel fand man außerdem ein Bronzerelief, das griechisch-römiche Gottheiten darstellte: Einen Pan mit Faunen und Satyrn (alle mit Hörnern an der Stirn versehen), symbolisieren die Fruchtbarkeit der Natur. Welcher Zusammenhang mag wohl zwischen dem Ort des Horns in der Legende von Ronan und den vorchristlichen Funden bestehen?

Nun zur elften Station. Hier steht das Kreuz des Heiligen Théleau, der als Heiliger der Hirsche verehrt wird. Er soll auf einem Hirsch das Areal seiner Einsiedelei abgeritten haben und ist vermutlich der Nachfolger des Keltengottes Cernunnus. Dieser mit einem Hirschgeweih ausgestattete Gott galt als Sinnbild für die jährliche Erneuerung der Natur.

Nahe der zwölften Station liegt ein Granitblock, der als ›steinerne Stute‹ bezeichnet wird. Einst umrundeten ihn die Wallfahrer dreimal; unfruchtbare Frauen legten sich unter Bekreuzigungen in die Mulde und küßten den Stein. Die Kirche blickte schon immer mit Mißbilligung auf diesen alten Fruchtbarkeitskult, kam aber nicht dagegen an und integrierte den Kultstein deshalb in die christliche Legende des Heiligen Ronan. Der Stein soll nun der ›Stuhl‹ oder das ›Schiff‹ des Eremiten gewesen sein. Die Erinnerung an die fruchtbaren Kräfte des Ortes ist jedoch nicht ausgestorben. Auch heute noch berühren bei der Wallfahrt Frauen im Vorübergehen heimlich den Stein.

Nicht nur der Stein des Heiligen Ronan, die ganze Troménie sollte für zahlreiche Nachkommenschaft garantieren. Deshalb kamen früher sogar die bretonischen Herzöge, um für Nachwuchs zu bitten oder nach der Geburt eines Kindes für die Erfüllung ihres Wunsches zu danken. Das religiöse Erbe der Keltenzeit, als das Leben vom Lauf der Sonne und dem Gang der Jahreszeiten bestimmt wurde und man deshalb an den Schnittpunkten Fruchtbarkeitsfeste feierte, ist in den einzelnen Stationen der Großen Troménie gut wiederzuerkennen. Die Kalendertheorie von Laurent, nach der jede Pilgerstation einem Monat des keltischen Jahres entspricht, findet hier ihre Bestätigung.

Die Prozession der Kleinen Troménie geht über fünf Kilometer, wobei sich die drei Stationen mit der 10., 11. und 12. der Großen Troménie decken. Noch ungeklärt ist die Frage nach dem sechsjährigen Rhythmus der Großen Troménie. Der sonntägliche

Bußgang Ronans, der in diesem Zusammenhang genannt wird, erweist sich beim ersten Blick auf die sieben Tage einer Woche als Fehlinterpretation. Die Zahl sechs hat in der keltischen Tradition eine geringe Bedeutung. Betrachtet man jedoch den keltischen Kalender, kommt die sechs zweimal vor: Jeweils am 6. Tag eines jungen Mondes beginnt ein keltischer Monat, eine keltische Jahreszeit hat sechs Monate. Ob dies allerdings eine ausreichende Erklärung für den sechsjährigen Rhythmus der Wallfahrt ist, bleibt fraglich.

Die Troménie von Locronan ist in der Bretagne und im gesamten keltischen Kulturraum keine Einzelerscheinung. Von mindestens sechs bretonischen Wallfahrten weiß man, daß es,wie in Locronan, eine kurze und eine lange Strecke gibt. Meist wird ein Hügel bestiegen, und der Ausgangspunkt der Prozession liegt am Rande eines heiligen Waldes. Grundsätzlich verlassen die Prozessionen mit den Reliquien des Heiligen die Kirche nach rechts und folgen dem Lauf der Sonne.

Eine Pilgerfahrt, die wie ein Abbild der Troménie von Locronan wirkt, ist die Prozession von Croagh Patrick in Irland, der Heimat des Heiligen Ronan. Tausende von Pilgern besteigen am letzten Juli-Sonntag den Hügel, auf dem der irische Nationalheilige 40 Tage lang gefastet haben soll. Die Pilger gehen barfuß und mit dem Lauf der Sonne. Die vierte Station, eine eingetrocknete Quelle, wird als Bett von Patrick verehrt. Ähnlich dem bretonischen Brauch legten sich sterile Frauen für eine Nacht in dieses ›Bett‹, in der Hoffnung, dafür mit Kindersegen belohnt zu werden.

Die Wallfahrt zu Ehren des Heiligen Patrick ist die aktuelle Weiterführung des keltischen Lugfestes (1. August), das den Beginn der Ernte anzeigte. Die Beispiele der Heiligen Patrick und Ronan zeigen eine Form der Imitation und Integration alter vorchristlicher Fruchtbarkeitsriten der Keltenzeit in die christlich-religiösen, bis heute praktizierten Traditionen.

Wanderung 15: **Am Ende der Welt – Von der Pointe du Van zur Pointe du Raz**

Wichtige Hinweise

Dauer: 4.25 Std. (ohne Abstecher zur vordersten Spitze der Pointe du Raz), den Abstecher zur Pointe du Van miteinbezogen. Man kann die Wanderung auch an der Pointe du Raz starten und das Auto auf einem bewachten Parkplatz abstellen. Es empfiehlt sich, an der Baie des Trépassés in einem der beiden idyllisch gelegenen Hotels zu übernachten. In diesem Fall braucht man kein Auto für die Anfahrt zur Wanderung und kann vom Hotel aus in zwei Etappen zuerst zur Pointe du Raz, dann zur Pointe du Van gehen. Hierbei sollte man sich die Gelegenheit zu einem Mittagessen mit frischen Meeresfrüchten im Hotel nicht entgehen lassen.
Länge: ca. 14 km.

Routenart: Rundwanderung.
Wegbeschaffenheit: Meist schmale Küstenpfade, die teilweise steinig sind. Feste Schuhe zu tragen ist ratsam. Durch die Weiler geht man auf breiten Feldwegen oder kleinen Straßen (insgesamt etwa 30 Min. auf Asphaltstraßen).
Anstiege: An der Küste geht es immer wieder steil bergauf und bergab, jedoch nie mehr als 50 Höhenmeter.
Schwierigkeitsgrad: Mittel.
Orientierung: Die grobe Richtung ist immer klar, da man meist an der Küste entlanggeht. Beim Rückweg durchs Landesinnere ist die Richtung nach Norden hin ebenfalls eindeutig. Es gibt keine Markierungen. Durchs Landesinnere sollte man genau der Beschreibung folgen, wenn man nicht nur auf der Hauptstraße wandern will.
Karte: IGN 0419 Ouest; Pointe du Raz, Ile de Sein; 1:25000.
Restaurants/Übernachtung: Zwei sehr idyllisch gelegene Restaurants mit Hotel in der Baie des Trépassés mit exzellenten Fisch- und Meeresfrüchtespezialitäten. Auch im Souvenirhof der Pointe du Raz gibt es Restaurants – mit allen Begleiterscheinungen des Massentourismus.
Bademöglichkeiten: In der Baie des Trépassés. Allerdings ist das Wasser dort das ganze Jahr über sehr kalt.
Anfahrt: Von Quimper aus nach Westen auf der D 784 über Audierne nach Lescoff, dort rechts abwärts zur Baie des Trépassés und wieder hinauf zur Pointe du Van. Von Douarnenez aus auf der wenig befahren D 7 nach Westen über Poullan-sur-Mer zur Pointe du Van.

Das Kap Pointe du Raz und sein Nachbar, das Kap Pointe du Van, deren Felsenküsten 70 m steil zum Meer abfallen, liegen beide am Ende der Landzunge Cap Sizun im Südwesten der Bretagne. Wie der Name des Départements Finistère schon besagt, glaubt man, hier nun wirklich das Ende der Welt erreicht zu haben. Vor einigen tausend Jahren streckte sich das Land weiter ins Meer hinaus, die Ile de Sein war damals noch mit dem Festland verbunden. Dann kam es gegen Ende der Eiszeit zu einem Meeresspiegelanstieg und gleichzeitig zu einem leichten Absinken des Festlandes. Landstriche, die schon zu jener Zeit, wie man an Hand vieler Indizien nachweisen konnte, bewohnt und landwirtschaftlich genutzt waren, verschwanden im Wasser. Dieser klimatische wie geologische Vorgang ist der wahre Kern der Legende, die sich daran anknüpfend um die versunkene Stadt Ys rankt. Heute ragen Teile der ehemaligen Landzunge nur noch als Klippen aus der wildbewegten See auf. Die Raz de Sein (bret. *Raz* – Meerenge) zwischen der Pointe du Raz und der Ile de Sein ist heute eine der gefährlichsten Stellen vor der bretonischen Küste. Hier, am Eingang zum Ärmelkanal, laufen zwei Strömungen zusammen. Es scheint, als ob ein Strudel die Fische hochwirbelte, weshalb die Fischer sich gerne in das gefährliche Fahrwasser begeben.

Wegen der Strömungen stehen hier gleich mehrere Leuchttürme, einer hinter dem anderen, in der ganzen Chaussée de Sein sechs an der Zahl.

Die Vegetation an den Felsenküsten ist wegen des starken Windes sehr niedrig, aber deswegen nicht weniger vielseitig. Neben Grasnelken und Stranddisteln findet man Farne, Heidekraut und Ginster. Zwischen Land und Meer schweben Möwen und Kormorane, die in den Nischen der Steilküste ihre Nester bauen.

Ganz so friedlich, wie es auf den ersten Blick für den Besucher erscheint, geht es in dieser scheinbar unberührten Gegend doch nicht zu. In die Schlagzeilen geriet Plogoff, als sich in den Jahren 1976–1981 Bürger und Staat verbale, aber auch miliante

An der Pointe du Raz

Gefechte um den Bau eines Kernkraftwerkes lieferten. In Frankreich, einem Land, in dem der Bau der Centrales Nucléaires nie auf große Proteste stieß, wehrte sich ganz im Westen ein Volk sturer Bretonen, die sich ohnehin gerne von den übrigen Franzosen unterscheiden. 1976 wurden die vorbereitenden Bodenprüfungsarbeiten der Elektrizitätsgesellschaft behindert, 1979 demonstrierten 15000 Menschen, 1980 sogar 50–60000 und manifestierten in dieser Form ihr ›Nein‹ zur Atomkraft. 1981 wurde auf Initiative des neugewählten Staatspräsidenten Mitterand der Baubeschluß rückgängig gemacht, die Bretonen hatten gewonnen. Noch heute kann man verblichene Parolen an Hauswänden und Verkehrsschildern lesen.

Das karge Land eignet sich bestens für Fahrradtouren. Räder sind in Audierne, Douarnenez, aber auch in Plogoff zu mieten. Die wilden Steilküsten selbst kann man sich aber nur zu Fuß erschließen.

Wegbeschreibung

Die Wanderung beginnt am Parkplatz der Pointe du Van. Es geht nach Westen, auf die kleine Kapelle St-They (15. Jh.) zu, die direkt an der Steilküste liegt. Dort biegt man nach links auf einen kleinen ehemaligen Zöllnerpfad ab, der uns an der Küste entlang führt. Nach etwa 15 Minuten steigen wir steil bergab und gleich wieder steil bergauf, um ein kleines Tal zu durchqueren. Tief unten tost bei Flut das Meer. Kurz darauf führt der Weg erneut zunächst bergab und dann unmittelbar darauf steil bergauf. 5 Minuten später erreicht man eine Landzunge (25 Min.) und ist von einem herrlichen Panorama umgeben. Rechts liegt die Pointe du Van, vor uns die Pointe du Raz, dahinter taucht in weiter Ferne die Ile de Sein und links hinter uns die Baie des Trépassés. auf.

Am Südrand der Landzunge verläuft eine kleine Straße, zu der wir hinabsteigen, ihr dann etwa 200 m nach Osten ins Landesinnere folgen, vor dem ersten bebauten Feld aber wieder nach rechts auf den schmalen Küstenpfad überwechseln.

Die nur wenige Zentimeter hohe Vegetation der Kaplandschaft hat zu allen Jahreszeiten ihren besonderen Reiz. Im Frühjahr und Frühsommer blühen rosafarbene Grasnelken, im Sommer und Herbst Erika, und fast das ganze Jahr über setzt sich der gelbe Stechginster durch, der hier geduckt über die Hochfläche kriecht. Das milde Klima ließe zwar höhere Vegetation zu, doch der peitschende, nie aussetzende Wind gestattet keinen hohen Wuchs.

Bald hat man die tosende Brandung der Baie des Trépassés unter sich liegen und steigt auf dem Pfad zur Bucht hinab (45 Min.). Die deutsche Bezeichnung ›Bucht der Dahingeschiedenen‹ weist auf kursierende Gerüchte, denen zufolge hier die Leichen der Schiffbrüchigen angespült worden seien. Außerdem erzählt man sich, daß die toten Druiden in keltischer Zeit von hier aus auf einem Floß oder in einer Barke auf die Ile de Sein gebracht wurden. Viel profaner ist allerdings der Versuch, den Namen durch eine Buchstabenspielerei zu erklären. Aus dem bretonischen ›Boe an aon‹ (Bucht des Baches) wurde ›Boe an anaon‹ (Bucht der Seelen in Not). Wie der Weisheit letzter Schluß lautet, ist ungewiß. Wahrscheinlich gingen auch hier – wie so oft bei sprachlichen Phänomenen – Wahrheit und Legende in die Bezeichnung mit ein.

Wie dem auch sei: Der Ort begeistert durch seine Ursprünglichkeit und Unberührtheit, die nur durch zwei kleine, einsam in unmittelbarer Nähe zum Strand gelegene Hotels unterbrochen wird. Bei gutem bretonischen Essen ist ein Aufenthalt hier ein ganz besonderes Erlebnis! (Die Hotels stehen unter Plogoff im Hotelverzeichnis.)

Am anderen Ende der Bucht geht es zwischen zwei Bunkerresten aus dem letzten Krieg (55 Min.) wieder auf dem schmalen Pfad zur Steilküste hinauf. Dort wandert man direkt oberhalb des Steilabfalls. Wer nicht ganz schwindelfrei ist, kann auch etwas höher auf einem parallelen Weg in Richtung Pointe du Raz gehen. Eine gute halbe Stunde von der Baie des Trépassés entfernt (1.30 Std.) liegt eine Bucht, an derem oberen Ende eine Treppe ins Meer führt, von der man sich als Wanderer nicht zum Abstieg verleiten lassen sollte, da sich dieser Weg als Sackgasse erweist. Es ist daher ratsam, in der Mitte der Bucht den direkten Küstenpfad zu verlassen, um nicht bei besagter Treppe zu landen. Man geht halblinks bergauf in Richtung Überlandleitung, der wir folgen. Bald sieht man die Signalstation (Sémaphore) und den Großparkplatz der Pointe du Raz. Die Wanderung bringt uns am Parkplatz vorbei und auf dem Küstenpfad bis auf die Höhe der ersten Gebäude weiter (1.45 Std.). Dort führt ein kleiner Pfad steil nach rechts bergab, dann gleich wieder nach links (im Sommer durch hohen Farn). Am linken Wegrand wird der Blick vom Innern einer Höhle gefangengenommen, deren fluoreszierender Moosbewuchs in geheimnisvollem Grün leuchtet. Der Pfad steigt dann hinauf auf ein Plateau, auf dem eine Muttergottesfigur steht, und die Signalstation in die Höhe ragt. Gleich darauf ist das Ziel der ersten Hälfte der Wanderung und damit das Fernrohr oberhalb der Pointe du Raz erreicht (1.55 Std.). Nur mit festem Schuhwerk und ein wenig Klettererfahrung könnte man sich von hier aus zur Spitze des Kaps vorwagen. Auch durch das Fernrohr ist der Blick über die Kette der umspülten Klippen und die Ile de Sein atemberaubend. Man glaubt, die gewaltigen Kräfte des Meeres hautnah zu spüren.

Für die folgenden Zeitangaben sind 15 Minuten Pause an der Pointe du Raz (ohne einen Ausflug zur vordersten Spitze) einkalkuliert. Der Rückweg geht vom Sémaphore, der militärischen Signalstation, aus. Man hält etwa 100 m auf die Südküste der Pointe du Raz zu, stößt dann auf den Küstenweg und folgt die-

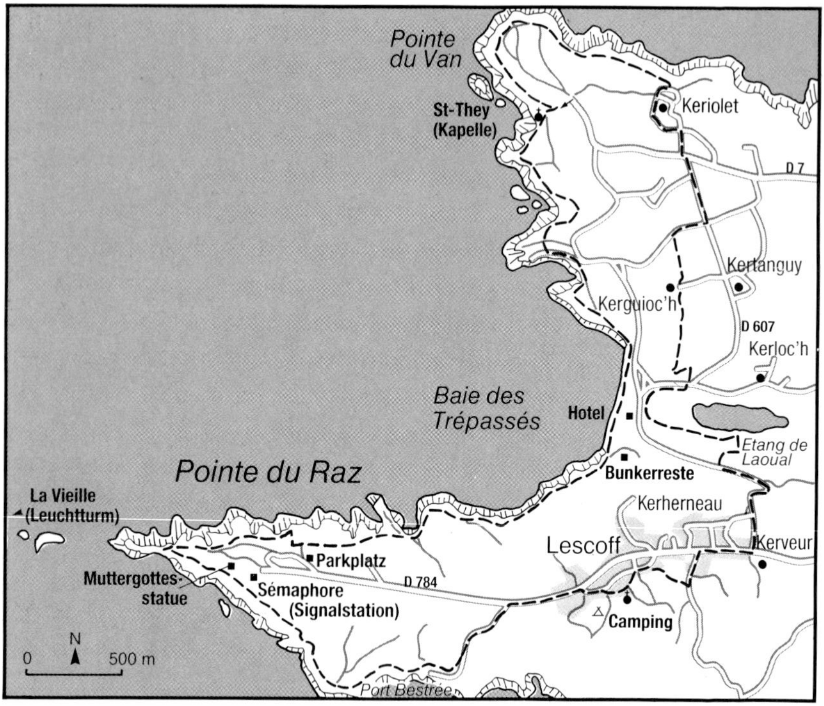

Route 15: Von der Pointe du Van zur Pointe du Raz

sem nach links. Der Weg verläuft zunächst oben am Rande des Plateaus, nach etwa 5 Minuten wendet man sich leicht nach rechts, verläßt den großen Weg und wandert auf einem kleinen Pfad an der Steilküste weiter. Es geht bergab. Von einer kleinen Landzunge aus (2.20 Std.) hat man noch einen letzten, wunderbaren Blick zurück auf die Pointe du Raz. Das Geräusch der Brandung und die Schreie der Möwen vermischen sich in dieser bizarren Landschaft am Ende der Welt zu einem ergreifenden Konzert der Natur.

Bald sind die ersten Häuser von Lescoff zu sehen. Unten taucht ein kleiner Hafen (Port Bestrée) auf. Der Weg führt langsam wieder aufwärts und mündet dann in eine Straße (2.40 Std.). Dieser folgen wir bergauf und kommen an typischen weißgekalkten bretonischen Häusern mit zwei Kaminen und bunten Fensterläden vorbei. Auf der Hauptstraße D 784 (2.45 Std.) wenden wir uns nach rechts, knapp 5 Minuten später zwischen zwei weißgekalkten Häusern wieder nach rechts auf eine schmale Straße, kurz darauf parallel zur Hauptstraße nach links. An einem Haus mit blauen Fensterläden (2.50 Std.) biegen wir nach rechts ab, schlagen aber nicht die Richtung zum Campingplatz ein, sondern halten uns gleich wieder nach links. Man kommt an einer kleinen Kapelle aus Granit vorbei und wandert, sobald der Weg einen Rechtsbogen macht, auf einem schmalen Pfad, der von zwei Steinmäuerchen eingefaßt ist, geradeaus.

Wieder folgen wir einer Straße (links steht ein Granitkreuz). In der Linkskurve am Haus mit den braunen Fensterläden geht es halbrechts, zuerst auf einem Asphaltsträßchen, das dann zum Feldweg bzw. Pfad wird, der zwischen bewirtschafteten Wiesen hindurchführt. Wir stoßen erneut auf eine Straße (3.00

Std.) und wandern auf ihr nach links bis zur Hauptstraße, auf dieser dann nach rechts. Häuser mit grünen, blauen und braunen Fensterläden verschönern den Weg.

Einer kleinen Straße mit dem Schild ›Pointe du Van‹ folgt man schließlich nach links (3.05 Std.). Kurz nach der zweiten Kurve geht es auf einem schmalen Pfad nach rechts (3.15 Std.). Er führt zunächst in dieselbe Richtung wie die Straße: nicht versehentlich in die Spitzkehre kurz vorher einbiegen! Bald verläuft der Weg bergab, direkt auf den See zu. Unten am See biegt er nach rechts ab, wir wenden uns schon vorher auf einen schmalen Pfad nach links. Durch Gebüsch halten wir auf das Hotel de la Baie des Trépassés zu. Schilf bedeckt einen kleinen Sumpf, von dem manche sagen, daß darunter die versunkene Stadt Ys liegt. Über Dünen, die mit Gräsern und Stranddisteln bewachsen sind, kommt man an die Straße. Auf einem schmalen Pfad am Schilfrand kann man neben der Straße hergehen. Sobald die D 607 halblinks zur Pointe du Van hinaufführt, biegen wir direkt vor der Straße hinter dem Haus mit den blauen Fensterläden nach links (3.30 Std.) und steigen an den Häusern entlang aufwärts. Gleich darauf biegt man abermals nach links ab, dann nach rechts, der Weg steigt auf das Plateau hinauf. Wir kommen durch den Weiler Kerguioc'h; nach den Häusern steigt der Weg wieder leicht an. Sobald man auf einen anderen Fahrweg stößt (3.45 Std.), folgt man ihm nach rechts. Nach zwei Minuten erreichen wir eine Straße, auf der wir nach links weitergehen.

Kurz darauf überquert man die D 7 (3.50 Std.) und wandert in Richtung Keriolet nach Norden. Hinter einer verfallenen Mühle biegt man nach links auf einen Fahrweg, der um den Weiler herumführt.

An einer Kreuzung (3.55 Std.) kann man links abbiegen und erreicht nach 5 Minuten den Ausgangspunkt der Wanderung. Wer aber noch die Pointe du Van erleben möchte, wandert geradeaus um den Weiler herum. Bei den letzten Häusern liegt linker Hand eine große Betonplatte, an dieser wenden wir uns nach links und gleich danach nochmals nach links zum Küstenpfad. Dieser zunächst enge, von niedrigem Stechginster umsäumte Weg wird nach und nach breiter. In westlicher Richtung erreichen wir auf dem Küstenpfad die Pointe du Van. Von dort aus bringt uns der Pfad wieder zur kleinen Kapelle St-They, über welcher der Ausgangspunkt der Wanderung liegt (4.30 Std.).

Es war einmal, so berichtet die **Legende** von der **versunkenen Stadt Ys,** ein Königreich namens Cornouaille (den Namen hatten die Einwanderer aus Cornwall mitgebracht). Seine wunderbare Hauptstadt Ys war so prächtig gebaut, daß sich später sogar Paris (par-is – gleich Ys) danach benannte. Ihr Herrscher war im 5. Jh. der vielgeliebte König Gradlon. Im Laufe der Jahre verfielen die guten Sitten der Bewohner. Auf den nächtlichen Festen trieb man es toll, und die Schwelle zur Kirche, als Symbol der Askese, war bald schon mit Moos überwachsen. Am schlimmsten führte sich des Königs Tochter Dahud auf, die jede Nacht einen neuen Liebhaber fand, bis sie eines Nachts in Gestalt eines charmanten Jünglings kein anderer als der Teufel umgarnte. Er überredete seine Geliebte, dem Vater den Schlüssel für die Deiche zu entwenden. Als sie dies getan hatte, öffnete der Teufel bei herannahender Flut die Tore, und das Meer überschwemmte die Stadt. Einzig König Gradlon, seine Tochter und der Heilige Guénolé konnten sich auf zwei Pferden retten, doch mußte der König auf Geheiß seines Beraters seine Tochter im letzten Augenblick ins Meer stoßen. Die Hauptstadt des Königreiches und mit ihr das Böse und Lasterhafte waren im Meer versunken. Der König wählte nun als Ort für eine neue Stadt den Zusammenfluß (bret. Kemper) der Flüsse Steir und Odet, woraus das heutige Quimper entstand.

An der Küste soll bis heute noch die böse Fee Dahud, die jetzt Morgane genannt wird, ihr Unwesen treiben. Durch wunderschönen Gesang lockt sie die Fischer in ihren Bann, läßt deren Schiffe an den Klippen zerschellen und holt die Männer für immer zu sich in die Tiefe des Meeres.

Wanderung 16:
Ein Tag auf der Ile de Sein

Wichtige Hinweise

Dauer: 2 Stunden; man kann abkürzen, indem man die östliche und südliche Landzunge wegläßt.
Länge: ca. 8 km.
Routenart: Rundwanderung.
Wegbeschaffenheit: Schmale Küstenpfade, Dämme; ohne Weg um die südliche Landzunge am Westrand der Insel.
Schwierigkeitsgrad: Leicht.
Orientierung: Leicht, man kann die Insel immer gut überblicken, Ort und Leuchtturm dienen als Orientierung. Keine Markierung. Karte: IGN 0419 Ouest; Pointe du Raz, Ile de Sein; 1:25 000.
Restaurants: Mehrere Restaurants und Crêperien im Ort, die aber nur während der Saison bewirtschaftet werden. In der Vor- und Nachsaison sind nur einige Cafés und Bars geöffnet.
Bademöglichkeiten: Östlich vom Leuchtturm und am Südrand des südlichen Hafenbeckens, aber auch an allen anderen Ufern; wegen der gefährlichen Strömungen sollte man nicht sehr weit hinausschwimmen.
Anfahrt: Von Quimper aus nach Westen auf der D 784 nach Audierne. Dort kann man am Hafen Plätze für die Fähre reservieren lassen (in der Hochsaison am besten einen Tag vor-

Am Hafen der Ile de Sein

her), die Anlegestelle ist aber drei Kilometer weiter südlich hinter dem Strand von Audierne im Hafen von Esquibien (Kai Ste-Evette). Dort gibt es genügend Parkplätze. Wer in Audierne wohnt, kann die drei Kilometer auch zu Fuß gehen. Die Fahrt kostet ca. 80 FF hin und zurück. Im Juli und August fahren täglich mindestens drei Schiffe, von September bis Anfang Juli fährt außer mittwochs einmal am Tag eine Fähre zur Ile de Sein. Über die genauen Abfahrtszeiten sollte man sich im Hafen von Audierne informieren. Die Überfahrt dauert eine Stunde und zehn Minuten.

Wie eine große Sandbank liegt die 5,6 ha große Ile de Sein 7 km vor der Pointe du Raz. Wer der Insel einen Besuch abstatten will, muß die 23 km lange, 70 Minuten dauernde Fahrt von Audierne durch die berüchtigte Raz de Sein wagen. Die Ile de Sein ragt bei höchster Flut im Durchschnitt nur 1,5 m aus dem Wasser – gäbe es keine Deiche, würden sich die Überflutungskatastrophen von 1868 und 1896 häufig wiederholen. Nach Hermann Schreiber hat der Name der Insel nichts mit der weiblichen Brust zu tun (frz. Sein – Busen), sondern ist eine sprachliche Überlieferung aus der alten keltischen Kultur. ›Sein‹ kommt vom bretonischen ›Sizun‹, was soviel wie ›Woche‹ oder ›siebenmal schlafen‹ heißt. Die Schläfer waren die keltischen Druiden, die vor etwa 2000 Jahren nach ihrem Tod in der ›Bucht der Dahingeschiedenen‹ (Baie des Trépassés) eingeschifft und auf der Ile de Sein begraben wurden.

Schon im Neolithikum, dem Zeitalter der Megalithkultur, war die Insel bewohnt. Menhire und ein vorgeschichtliches Grab deuten darauf hin. Es ist sehr wahrscheinlich, daß zu dieser Zeit die ›Insel‹ noch zum Festland gehörte und erst durch einen später erfolgten Meeresspiegelanstieg von allen Seiten von Wasser umgeben wurde.

Wegen ihrer Abgeschiedenheit war die Ile de Sein eine der letzten heidnischen Stätten in Europa. Im 16. und 17. Jh. siedelte man christliche Bauersleute vom Festland an, Jesuiten missionierten, dennoch hielten sich bis ins 18. Jh. Reste eines uralten Heidentums.

Das bedeutendste Ereignis in diesem Jahrhundert für die Inselbewohner war der Aufruf Charles de Gaulles zum Widerstand gegen Pétain und die Deutschen. Der Pfarrer von Sein appellierte in der Messe an die Männer, sich zu beteiligen. Schließlich zogen im Juni 1940 alle Männer bis auf den Bürgermeister und den Pfarrer nach England. Von den 144 mutigen Widerstandskämpfern mußten 36 ihr Leben lassen. Die Tradition der schwarzen Witwenhauben auf der Sein stammt dennoch nicht aus dieser Zeit, sondern schon aus dem letzten Jahrhundert, als eine Choleraepidemie einen großen Teil der Bevölkerung dahinraffte. Die vormals weißen Kopfbedeckungen ersetzten die Frauen damals durch schwarze Trauerhauben.

Heute leben 500 Menschen auf der Insel. Ein Arzt mit ständigem Wohnsitz sorgt für das leibliche Wohl der Bewohner, der Zahnarzt kommt zweimal im Monat. Die örtliche Schule können die Kinder bis zur 3. Klasse besuchen; fünf Lehrer kümmern sich um ihre Ausbildung. Danach geht es ins Internat auf dem Festland.

Den Strom erhalten die Sénans aus einem kleinen Kraftwerk im Leuchtturm. Problematischer ist die Wasserversorgung, da es auf der Insel weder Quellen noch Brunnen gibt. Jedes Haus besitzt eine Regenwasserzisterne, in der Aale leben, die für die Reinheit des Wassers garantieren. Im Sommer führen die geringeren Niederschläge bei wachsender Anzahl der Touristen zu kritischen Momenten in der Wasserversorgung. Früher gab es eine Wasserleitung vom Festland, die aber oft leckschlug. Inzwischen hat ein cleverer Unternehmer eine Meerwasserentsalzungsanlage auf der Insel installiert und verkaufte den Kubikmeter Wasser im Sommer 1987 für teure 27 FF.

Im Juli und August kommt dreimal täglich ein Schiff vom Festland, das nicht nur die bestellten Waren, sondern auch die Touristen ›auslädt‹. In den 80er Jahren konnte die Gemeinde pro Saison etwa 2000 Fremdenübernachtungen in zwei Hotels und einigen Privatzimmern verzeichnen. Das Gros der Besucher übernachtet aber nicht in einem der 30 Zimmer, sondern kommt nur für einen Tag. Dabei verdienen oft nicht einmal die Besitzer der fast 20 Kneipen und Restaurants etwas, weil sich viele Touristen ihren Proviant aus Audierne mitbringen. Der Fremdenverkehr ist daher nur ein unbedeutender Erwerbszweig.

Die meisten Männer der Insel sind Seeleute bei der Marine oder Fischer. Seit 1978 gibt es eine Hummeraufzuchtstation, um den Bestand der edlen Tiere vor den Küsten der Insel zu vergrößern. Bis sie eine Länge von sieben Zentimetern erreicht haben, bleiben die Hummerbabys in den Zuchtbecken. Nach etwa einem Jahr setzt man sie einzeln in Kästen im Meer aus, um sie dann, nach fast vier Jahren, wenn sie ausgewachsen sind, wieder an Land zu holen und auf den Markt zu bringen. Die Fanggründe um die Ile de Sein waren schon immer für ihren Reichtum an Krustentieren (Seespinnen, Krebse, Langusten) bekannt.

1976 erlitt die Fischerei erhebliche Einbußen, als der DDR-Öltanker Böhlen vor der Insel strandete und durch das auslaufende Öl die Krustentiere starben oder ungenießbar wurden.

Wegen ihrer geringen Einkommen und der hohen Transportkosten für alle lebensnotwendigen Güter sind die Sénans gegenwärtig von den Gemeindesteuern befreit, sind ansonsten aber wie alle Franzosen verpflichtet, ihre Abgaben an den Staat zu entrichten.

Wegbeschreibung

Das Schiff von Audierne landet auf der Ile de Sein bei Ebbe am Nordrand des nördlichen Hafenbeckens, bei Flut am Nordrand des südlichen Hafenbeckens. Man sollte sich gleich bei der Ankunft erkundigen, an welcher der beiden Stellen das Schiff am Nachmittag wieder ablegt.

Landet man im Nordhafen, geht es zuerst an den beiden Hafenbecken entlang nach Süden. Hier liegen mehrere Restaurants und Cafés, die allerdings nur in der Saison geöffnet haben. Wer im Süden landet, wandert nur noch am südlichen Hafenbecken entlang, dann auf der Kaimauer auf die südöstliche Inselspitze zu. Am Ende des Dammes gehen wir auf einem groben Kiesweg weiter, am Wegrand liegen von Steinmäuerchen eingefaßte kleine Vierecke, ein Hinweis auf ehemaligen Ackerbau. Kurz darauf verläuft unser Weg wieder auf einem befestigten Damm. Bevor die Mole einen großen Bogen zurück in Richtung Hafenbecken macht, steigen wir auf einer kleinen Treppe abwärts. Über große Kiesel halten wir auf die östliche Landzunge Kélaourou zu. Hier sollte man allerdings nur bei ausreichender Zeit des Niedrigwasserstan-

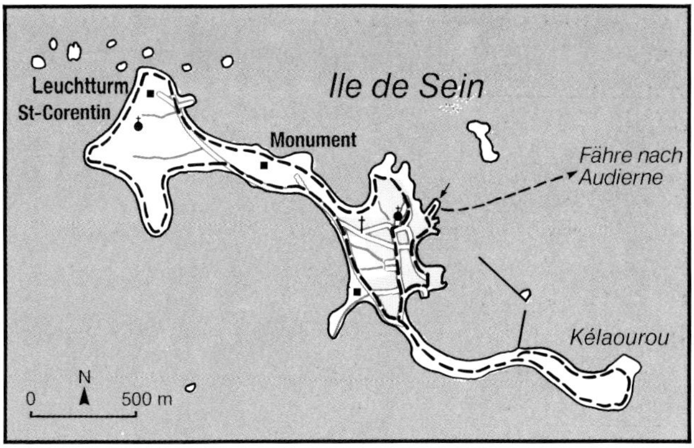

Route 16: Ein Tag auf der Ile de Sein

des (vorher erkundigen!) weitergehen, da die Landzunge bei Hochwasser von der Hauptinsel abgetrennt ist. Auch hier ist jedes Fleckchen Boden mit Steinvierecken überzogen. Heute ist die Landwirtschaft völlig aufgegeben worden. Die Vegetation der einstigen Felder besteht jetzt aus niedrigem Moos, Gräsern und Farn.

Vom östlichen Punkt der Landzunge aus (30 Min.) hat man bei klarer Sicht einen schönen Blick auf die Pointe du Van, die Pointe du Raz und die Leuchttürme auf den Klippen der Raz de Sein. Auf dem Kies sind noch allerlei Zeugnisse der ›Marée Noire‹, der Ölkatastrophe von 1976, zu sehen. Als die ›Böhlen‹ der DDR hier strandete, wurden die geretteten Matrosen ohne viele Worte von der Insel abgeholt. Eine Entschädigung für die Verschmutzung der Inselstrände und die Vernichtung des Fischbestandes gab es nicht.

Anschließend geht es zurück in Richtung Hafen. Dort bleibt man auf dem Damm und geht an der Küste entlang am Ort und einem Fußballplatz vorbei in Richtung Leuchtturm. Rechts tauchen kleine Felder auf, die von Steinmäuerchen umgeben und teilweise noch als Hausgärten genutzt sind. Das rechts liegende Hotel d'Ar-Men (1 Std.) ist das letzte Haus im geschlossenen Ort. Wir gehen am Südstrand der Insel entlang, bald an drei einsamen Häusern vorbei. Den direkten Weg zum Leuchtturm verlassen wir dann (1.10 Std.), um links an der Küste zu einer Landzunge zu wandern, die nach Süden ins Meer ragt. Nach Ende des Pfades gehen wir auf Kiesgeröll um die Landzunge, die wie die übrigen Gebiete von ehemaligen Feldeinfassungen überzogen ist.

Vom westlichsten Punkt der Insel (1.30 Std.) kann man bei guter Sicht zum letzten Leuchtturm der Chaussée de Sein, dem *Ar Men* (bret. das Riff), blicken. Er wurde nach 14jähriger Bauzeit 1881 eingeweiht. Das Leuchtfeuer reicht 55 km weit und warnt die Schiffe vor den gefährlichen Klippen. Bis vor kurzem mußte der Leuchtturmwärter noch über eine Winde heruntergelassen werden; heute holt ihn der Hubschrauber ab.

Anschließend führt ein Weg am Wasser entlang nach Norden in Richtung Leuchtturm. Man kann einen kleinen Abstecher nach rechts zur kürzlich restaurierten Kapelle und ehemaligen Einsiedelei St-Corentin machen, die aber leider verschlossen ist. Davor stehen einige Menhire, die den Beweis für eine jahrtausende alte Besiedelung der Insel liefern, die früher zum Festland gehörte.

Wir kommen am Leuchtturm vorbei, der nicht zu besichtigen ist. Ein Pfad bringt uns nach links zum Monument am Strand, das de Gaulle den Sénans 1960 stiftete. Das Lothringer Kreuz aus Granit erinnert an die Teilnahme der männlichen Inselbevölkerung bei der Résistance.

Der Weg führt links vom letzten Haus der Ortschaft und links vom Friedhof an der Küste weiter. Nach einer Weile passieren wir ein romantisches Felschaos. Sobald man vom Pfad aus direkt auf den Chor der Kirche blikken kann, biegen wir nach rechts zur Kirche hin ab. Diese wurde nach der Zerstörung durch die Sturmflut von 1896 zu Beginn unseres Jahrhunderts vor allem mit tatkräftiger Hilfe der Inselbewohnerinnen wieder aufgebaut. Zwei Menhire neben dem Eingang der Kirche stehen so eng beieinander, daß man sie die ›Plauderer‹ oder auch ›Adam und Eva‹ nennt. Nach der Besichtigung der Kirche geht es, mit dem Rücken zur Westfassade, halblinks in den Ort und durch schmale, nur einen Meter breite Gäßchen geradeaus bis zum südlichen Hafenbecken (2 Std.)

Wanderung 17:
Auf den Spuren von Paul Gauguin um Pont-Aven

Wichtige Hinweise

Dauer: 2.00 Std. ohne Besichtigungspausen in Trémalo und Nizon.
Länge: ca. 7 km.
Routenart: Rundwanderung.
Wegbeschaffenheit: Fahrwege, teils Hohlwege und kleine Nebensträßchen. Obwohl gut die Hälfte der Wanderung auf kleinen Straßen verläuft, lohnt es sich, die Route auszuprobieren, denn die Ruhe und Idylle der Landschaft gehen auch bei asphaltiertem Untergrund nicht verloren. Der Verkehr ist minimal.
Anstiege: Sehr gering, der größte Anstieg geht über 40 Höhenmeter.
Schwierigkeitsgrad: Leicht.
Orientierung: Leicht. Die blaue Markierung führt nur bis zum oberen Rand des Liebeswaldes, der übrige Weg ist aber mit der Beschreibung nicht zu verfehlen. Karte: IGN 0620 Est; Pont-Aven, Moëlan-sur-Mer; 1:25000.
Restaurants: Am Ende der Wanderung in Pont-Aven.
Anfahrt: Von Quimper aus nach Osten auf der N 165 bis zur Ausfahrt Pont-Aven, weiter auf der D 24 in den Ort. Von Quimperlé aus nach Westen auf der D 783 direkt nach Pont-Aven. Von Concarneau auf der D 783 nach Osten.

Die Christusfigur im Langhaus der Kapelle von Trémalo inspirierte Gauguin zu seinem Bild ›Der gelbe Christus‹

Das Städtchen Pont-Aven zählt keine 4000 Einwohner und ist dennoch zu großer Berühmtheit gelangt. Dies verdankt es den Malern der Schule von Pont-Aven, deren Bilder häufig in den Ausstellungen des örtlichen Museums zu bewundern sind. Das bei dem verheerenden Sturm 1987 stark in Mitleidenschaft gezogene Liebeswäldchen *(Bois d'Amour)* nördlich von Pont-Aven war eines der bevorzugten Motive der Maler.

Wegbeschreibung

Die Wanderung beginnt am Rathausplatz (Place de l'Hotel de Ville) von Pont-Aven. Hier oder in den anschließenden Seitenstraßen gibt es Parkmöglichkeiten. Am Platz befindet sich das Office de Tourisme, in dem man einen Plan über Pont-Aven und die Wanderung nach Trémalo bekommen kann.

Vom Place de l'Hotel de Ville aus geht es hinunter zum Fluß Aven und auf der Hauptstraße über die Brücke. Dahinter biegt man nach rechts und nach etwa 40 m bei der Promenade Xavier Grall wieder nach rechts. Nachdem wir einen Flußarm überquert haben, führt uns ein schöner Spazierweg auf einer kleinen Insel geradeaus weiter. Kurz darauf verlassen wir die Insel über eine kleine Holzbrücke nach links und folgen einem braunen Schild mit der Aufschrift ›Bois d'Amour‹.

Auf einer Straße führt der Weg steil bergauf, kurz danach halten wir uns halbrechts, in Richtung Bois d'Amour (mit blauem Balken markiert) und gehen an einer Mauer entlang. Der Pfad bringt uns auf einen romantischen Weg in den Liebeswald hinein. Linker Hand liegt ein Steilhang, rechts plätschert der Fluß munter vor sich hin. Große Granitfelsen liegen verstreut zwischen den Bäumen. Am gegenüberliegenden Flußufer befinden sich mehrere Fabriken, deren Lärm die Romantik während der Woche empfindlich stört.

Sobald der Weg aus dem Wald, der vorwiegend aus Buchen besteht, heraustritt (20 Min.) – vor uns liegt eine Fischzuchtanlage –, folgen wir einem kleinen Weg mit dem Schild *promenade du bois d'amour, Chapelle de Trémalo* und der blauen Markierung halblinks bergauf. Kurz darauf macht der Weg eine Spitzkehre und steigt durch den Bois d'Amour steil bergan. Am oberen Rand des Steilhanges (25 Min.) führt der markierte Weg wieder nach Pont-Aven zurück. **Achtung:** Wir verlassen die Markierung und gehen geradeaus weiter nach Norden! Manchmal sind Schnüre oder Drähte quer über den Weg gespannt, die nicht als Hindernis für Wanderer gedacht sind, sondern als Barriere für die weidenden Rinder dienen.

Durch eine Buchen- und Edelkastanienallee führt der Weg am Château du Plessis vorbei. Auf der Höhe der Haupteinfahrt zum Gutshof folgen wir einer Allee nach links (30 Min.). Wir kommen am Weiler Quistilliou vorbei und wandern auf der Straße, die einen Linksbogen macht, weiter. Dort, wo die Hauptstraße nach links abbiegt (40 Min.) führt uns ein Schild geradeaus weiter nach Trémalo. Inzwischen ist wieder eine blaue Markierung vorhanden, die nach der Kapelle von Trémalo aber erneut verschwindet. Kurz darauf ist die kleine, idyllisch gelegene Kapelle mit dem berühmten Kruzifix erreicht (45 Min.).

Nach der Besichtigung geht es auf eine Buchenallee nach Norden. 200 m weiter biegen wir mit dem Hauptweg auf einen anderen Weg nach links. Der Fahrweg, der immer wieder von Wegen oder kleinen Straßen gekreuzt wird, verläuft nach Westen. An seinem Ende überqueren wir die D 24 Quimper – Pont-Aven (1 Std.). Auf der anderen Seite – rechts versetzt – geht es auf eine kleine Straße. Wir kommen an einem alten Waschplatz vorbei und gelangen dann nach Nizon. Am Ortsbeginn liegt ein großer Platz, den wir überqueren. Auf der hinteren der beiden Straßen

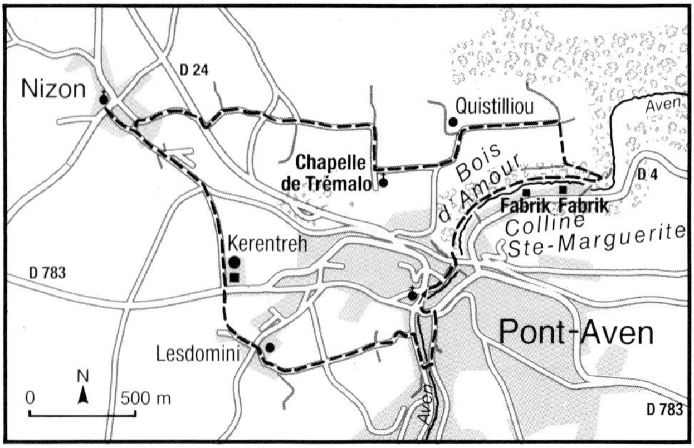

Route 17: Um Pont-Aven

wandern wir an einer kleinen Schule und der Mairie (Bürgermeisteramt) vorbei nach rechts in den Ort hinauf. Die Straße mündet auf den Kirchplatz mit dem berühmten und sehenswerten Calvaire (1.10 Std.).

Nach der Besichtigung von Kirche und Calvaire verlassen wir Nizon auf der Straße Rue des Grands Chênes. Am Ende des Ortes gelangt man wieder an den großen Platz, von dort geht es geradeaus weiter. Die Straße führt bergab. Bald treffen wir auf eine Kreuzung (1.20 Std.), überqueren sie und wandern geradeaus in gleicher Richtung weiter. Nach einer Wohnanlage auf der linken Seite überqueren wir eine größere Straße (D 783 Concarneau – Pont-Aven; 1.25 Std.) und folgen einem geschotterten Fahrweg. Bald passieren wir den kleinen Weiler Lesdomini; aus dem Weg wird ein Sträßchen. Linker Hand liegt ein schönes riedgedecktes Haus. Wir überqueren nochmals eine größere Straße (1.30 Std.), kommen auf einen für Motorräder gesperrten Weg und folgen der kleinen Straße, die an einem größeren Handwerksbetrieb vorbeiführt.

An einer Kreuzung (1.40 Std.) geht es geradeaus auf einen befahrbaren Hohlweg. Malerisch schließt sich über uns das dichte Blätterdach und taucht den Weg in mystisches Licht. An einer weiteren Kreuzung, an der sich viele Wege treffen, behalten wir unsere Richtung bei und folgen einem mit Gras bewachsenen Weg (1.45 Std.). Wir wandern – teilweise über Stufen – steil bergab. In Pont-Aven (1.50 Std.) wenden wir uns erst ca. 20 m nach links und erreichen dann bei einer alten Wassermühle wieder den Fluß. Der von hier aus nach links gerichtete Blick erfaßt ein Motiv Gauguins: ›Pont-Aven im Schnee‹.

Man biegt nach rechts ab und kommt parallel zum Fluß wandernd an einigen Galerien vorbei. Kurz darauf überqueren wir den Ave. Von hier aus genießt man einen bezaubernden Blick über den Fluß. Auf der anderen Seite geht es links und parallel zum Fluß zum ›Place de l'Hôtel de Ville‹ zurück (2.00 Std.).

Die **Kapelle von Trémalo** aus dem 16. Jh. mit ihrem tief herabgezogenen asymmetrischen Dach, dem gotischen Maßwerk und dem kleinen Flamboyantportal versetzt den Besucher in die Zeiten Paul Gauguins zurück. Nachdem er von Pont-Aven aus durch den Bois d'Amour hierher gewandert war, fand Gauguin – ebenso, wie der Wanderer heute – Gefallen an der Idylle der kleinen Kirche. Besonders der gekreuzigte Christus aus Holz an der Nordwand des Langhauses beeindruckte den Maler.

Die langgezogene, magere Gestalt aus dem 17. Jh. inspirierte den Künstler zu seinem berühmten Bild ›Der gelbe Christus‹, wobei er die Figur jedoch in eine Wiesenlandschaft ins Freie versetzte. Drei Bretoninnen in Trachten umlagern sein Kreuz und trauern unter einem grauen bretonischen Himmel um den Verstorbenen.

Der kleine Ort **Nizon,** der drei Kilometer westlich von Pont-Aven liegt, hatte es Paul Gauguin angetan. Der Calvaire vor der Kirche diente ihm als Modell für ein neues Werk: ›Der grüne Christus‹. Das zentrale Motiv darauf ist eine Pieta, der tote Leib Christi in den Armen seiner Mutter, die zu beiden Seiten von weinenden Frauen umgeben ist. Der bemoste Granit des Calvaire von Nizon animierte den Maler, den Stein zu neuem Leben zu erwecken. Das Bild-Ensemble steht unter einem bretonischen Gewitterhimmel; in der Ferne arbeiten Bauern auf dem Feld, und im Hintergrund ist die Küste zu erkennen. Am Fuße der traurigen Szene kauert eine in bretonischer Tracht gekleidete Bäuerin, die mit den drei heiligen Frauen um Christus trauert.

Die Dorfkirche in Nizon stammt aus dem 15./16. Jh. Für diese Kirche malte Gauguin sein Schlüsselbild der Schule von Pont-Aven: ›Die Vision nach der Predigt – oder Jakobs Kampf mit dem Engel‹. Der damalige Pfarrer lehnte das Bild jedoch mit der Begründung ab, ›die Gläubigen könnten es nicht verstehen‹.

Die Kirche wurde erst vor kurzem renoviert und besitzt heute herrlich leuchtende Glasfenster und viele Heiligenfiguren aus den unterschiedlichsten Epochen. Die Geschichte des Heiligen Nizon, der hier verehrt wird, ist bezeichnend für den Umgang der Bretonen mit ihren Heiligen. Nizon soll im Jahre 317 an der Landesspitze von Trévignon gelandet sein, was historisch nicht nachweisbar ist. Daß der Papst viele bretonische Heilige, so auch den Heiligen Nizon, nicht anerkennt und deren Geschichten ignoriert, stört die Bretonen nur wenig.

Wenn Sie die Kirche besuchen und den Pfarrer *(Curé)* zufällig antreffen, sollten Sie ihn ruhig um einige Erklärungen zum Bau bitten. Er freut sich über Ihr Interesse, ist stolz auf seine Kirche und weiß über die vielen Heiligen der Bretagne so manches zu erzählen. Gerne erwähnt er auch seine Besuche in Deutschland und die dort gepflegten Freundschaften.

Paul Gauguin in der Bretagne

Im Jahre 1883 beschließt der 35jährige Pariser Börsenmakler Paul Gauguin plötzlich, seinen lukrativen Beruf aufzugeben, um sich ganz seinem Hobby, der Malerei, zu widmen. Zwei Jahre später verläßt er seine dänische Frau und seine fünf Kinder.

Die ersten Bilder Gauguins stehen ganz in der Tradition des Impressionismus, wie sein Lehrer Camille Pissarro es ihm vermittelte. Im Sommer 1886 reist Gauguin aus Geldmangel – Paris ist zu teuer – in die preiswerte Bretagne. Er hört, daß seit 1860 Künstler vieler Nationen in Pont-Aven zusammentreffen, um die in Mode gekommenen bretonischen Motive auf Leinwand zu bannen. Gauguin entpuppt sich innerhalb kurzer Zeit als der begabteste der dort schaffenden Künstler, obgleich er seinen

Paul Gauguin: ›Schnee in der Rue Carcel‹ (um 1882, Öl auf Leinwand)

eigenen Stil noch nicht gefunden hatte und die ersten bretonischen Bilder im Stil des Impressionismus malte.

Gauguin bleibt bis zum November 1886, fährt dann 1887 nach Martinique und taucht im Februar 1888 völlig mittellos wieder in Pont-Aven auf. Hier trifft er den jungen Emile Bernard, mit dem er, durch theoretischen und praktischen Austausch angeregt, den revolutionären neuen Stil der ›Schule von Pont-Aven‹, den sogenannten ›Synthetismus‹, begründet. Gauguins Wandlung kommt im Schlüsselbild ›Die Vision nach der Predigt – oder Jakobs Kampf mit dem Engel‹ und folgendem Zitat zum Ausdruck: »Wenn meine Holzschuhe auf dem Granit klappern, höre ich den dumpfen, dunklen und starren Ton, den ich in meinen Bildern zu erreichen suche.« (Gauguin 1888).

Ein ›vertiefter‹ Blick in die Landschaft läßt den Künstler erkennen, daß man durch Abstraktion und Vereinfachung das Wesentliche – den Sinn des Dargestellten – begreifbar machen kann. Die kräftig konturierte mittelalterliche Glasmalerei lieferte Anregungen zum ›Cloisonnismus‹, mit anderen Worten zu einer Betonung der Umrisse durch das ›Malen mit starken Konturen‹.

Außerdem kommt der Farbe als Symbolträger eine große Bedeutung zu. In den flächigen Darstellungen werden nur reine Farben ohne Reliefierung und Zwischentöne verwendet. Man stellt verschiedene Raumebenen nebeneinander, Schatten verschwinden, die Perspektive wird unwichtig, die Formen vereinfachen sich. Der Realismus, das heißt die sichtbare Natur, wird in den Hintergrund gedrängt, entscheidend ist der Symbolgehalt des Dargestellten.

In späteren Jahren kam es zwischen den beiden Freunden Paul Gauguin und Emile Bernard zu Streitigkeiten, weil beide darauf bestanden, Urheber des neuen Stils zu sein. Heute wird die Meinung vertreten, daß erst der gegenseitige Einfluß zum ›Synthetismus‹ führen konnte, der dann auch von vielen anderen Künstlern in Pont-Aven übernommen wurde (z. B. Sérusier, Schuffenecker, Filinger, Du Haan).

1889 kommt Gauguin erneut in die Bretagne. Inzwischen ist aber Pont-Aven schon so von Künstlern und Touristen überfüllt, daß er sich mit Sérusier, Filinger und Du Haan ins 20 km entfernte und nach wie vor preiswerte Le Pouldu zurückzieht. Gauguins Bilder zeigen in ihren kräftigen Farben und dem manchmal schon exotischen Einschlag die Sehnsucht nach der Ursprünglichkeit, dem ›Wilden‹ der Tropen. Er beabsichtigt, in der Südsee ein Tropenatelier zu gründen; Emile Bernard ist zunächst begeistert, zieht sich dann aber zurück.

Im Sommer 1890 fühlt sich Gauguin in der Bretagne nicht mehr wohl, er wird melancholisch und plant im folgenden Winter ernsthaft, in die Südsee auszuwandern. Er verkauft in Paris sehr erfolgreich einige Bilder und kann das ersehnte Tahiti-Abenteuer realisieren. Im April 1891 reist er in die Südsee und kehrt 1893 mit vielen Bildern zurück, die er in Paris vor einem sehr interessierten Publikum ausstellt.

1894 fährt er in Begleitung einer Javanerin zum letzten Mal in die Bretagne. Als man sich in Concarneau über das Paar lustig macht, kommt es zu einer Schlägerei, bei der sich Gauguin einen komplizierten Beinbruch zuzieht und zwei Monate das Bett hüten muß. Von dieser enttäuschenden letzten Reise in das Land, das ihn formte, bleibt nur die Erinnerung an den Schnee vom Winter 1894.

1895 wandert Gauguin endgültig und für immer nach Tahiti aus und begründet dies mit den Worten: »Die Barbarei bedeutet für mich eine Verjüngung.« 1901 muß er wegen Schwierigkeiten mit den Lokalbehörden auf die Marquesas-Inseln umsiedeln, wo er im Jahre 1903 verbittert, hochverschuldet und gesundheitlich ruiniert stirbt. Das letzte Bild, das man auf seiner Staffelei fand, war ein bretonisches Dorf im Schnee.

Wanderung 18: **Zu den kleinen Kapellen um Le Faouët**

Wichtige Hinweise

Dauer: 3.25 Std. mit Besichtungspausen bei Ste-Barbe und St-Fiacre.
Länge: ca. 10,5 km.
Routenart: Rundwanderung.
Wegbeschaffenheit: Breite Waldwege, oft auch Hohlwege; schmale, gut begehbare Pfade; kleine Straßen (im ganzen etwa 50 Min., kaum befahren).
Anstiege: Zu Beginn relativ schneller Anstieg zum Plateau oberhalb von Ste-Barbe: 80 Höhenmeter; danach etwa 90 m kontinuierlich bergab zur Ellé.
Schwierigkeitsgrad: Leicht.
Orientierung: Leicht, da der gesamte Weg markiert ist; dort, wo neue Straßen die Orientierung erschweren, hilft die Textbeschrei-

Die Markthalle von Le Faouët (16. Jh.) mit der tief heruntergezogenen Dachkonstruktion

bung weiter. Markierung: gelber Balken (manchmal auch grün); Karte: IGN 0719 Ouest; Le Faouët; 1:25000.
Restaurants: Getränke gibt es oberhalb der Kapelle Ste-Barbe, Restaurants nur in Le Faouët.

Öffnungszeiten: St-Fiacre: 9–12 und 14–18 Uhr.
Anfahrt: Von Quimperlé fährt man nach Norden auf der D 790 nach Le Faouët, von Lorient nach Nordwesten auf der D 769 nach Le Faouët.

Das Provinzstädtchen Le Faouët mit seinen 3250 Einwohnern ist ein idealer Ausgangspunkt zum Besuch einiger Kulturschätze im Landesinneren. Die spätgotischen Kirchen von Kernascleden (Fresken) und St-Nicolas (Lettner) sind nur mit dem Auto erreichbar. Die Kapellen Ste-Barbe und St-Fiacre (Lettner) kann man auf einer herrlichen Wanderung um Le Faouët besuchen.

Le Faouët trägt mit der berühmten **Markthalle** zur Vielfalt der Sehenswürdigkeiten bei. Diese Halle aus dem 16. Jh. ist mit einer tief heruntergezogenen Dachkonstruktion bedeckt, die von dicken Granitsäulen gestützt wird. Die Größe der Markthalle bezeugt die frühere Bedeutung von Le Faouët als Handelszentrum.

Wegbeschreibung

Die Wanderung beginnt am Marktplatz von Le Faouët. An der Markthalle mit der ungewöhnlichen Überdachung gibt es viele Parkplätze. Wir wenden uns von der Platzmitte aus nach Norden auf die kleine Rue des Halles (Hinweis: Chapelle Ste-Barbe 1,2 km, gelb markiert). Der Weg führt bergab und wird bald zum schattigen Hohlweg. In einem Tunnel unterqueren wir die Umgehungsstraße Lorient – Roscoff. Dahinter geht es einige Stufen nach rechts bergauf, dann durch den Wald, direkt zur Kapelle Ste-Barbe (markiert). Auf dem Plateau (25 Min.) treffen wir auf ein Kreuz und ein alleinstehendes Haus, in dem es Getränke gibt und der Schlüssel zur Kapelle verwahrt wird. Neben einem Glokkengebäude steigt man eine prachtvolle Treppe hinab zur Kapelle Ste-Barbe (30 Min.). Die Madame aus dem kleinen Gasthaus von oben macht gerne – auf Französisch – eine Führung durch die Kapelle und erwartet danach natürlich ein Trinkgeld.

Nach 15 Minuten Besichtigungspause (45 Min.) gehen wir halb um die Kapelle herum, steigen hinter dem linken Querhausarm einige Treppen hinunter und nehmen dann den Weg nach links bergab (markiert). Wir überqueren einen breiten Weg und steigen halblinks wei-

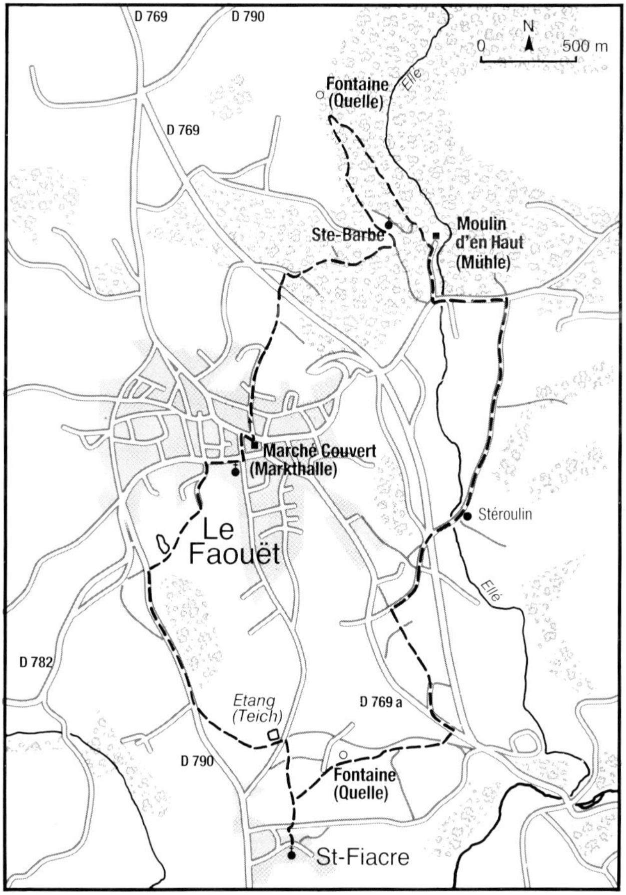

Route 18: Zu den Kapellen um Le Faouët

ter bergab. Gleich kommen wir an eine schön gefaßte Quelle mit einer kleinen Heiligenfigur. Nach der Besichtigung kehren wir zur vorgenannten Kreuzung (etwa 80 m) zurück und wählen nun den linken Weg, der bergab führt (1 Std.). Kurz darauf, bei mehreren Wegweisern angekommen, wandern wir auf einem schlecht erkennbaren Pfad an einem überwucherten Mäuerchen entlang nach links hinab in den Wald (Markierung gelb und grün, Hinweis zur Pont Normand l'Ellé). Wir stoßen auf eine zerstörte Brücke über die Ellé und nehmen rechts den schmalen Pfad parallel zum Fluß (grün markiert). Wieder auf dem Hauptweg geht es nach links, bald steil bergab Richtung Brücke. Vor uns liegt die ›Moulin d'en Haut‹, wir biegen noch vorher mit dem Hinweis ›Le grand Pont‹ scharf nach rechts ab.

Die Brücke über die Ellé überqueren wir (1.20 Std.) nach links. Nach etwa 400 m auf der D 132 biegt unser Wanderweg nach rechts, in Richtung Stéroulin ab (1.25 Std.). (Unterwegs darf man sich nicht durch orangefarbene Pfeile auf der Straße irritieren lassen!) Im Frühsommer leuchtet überall der rote Fingerhut (Digitalis purpurea). Im Spätsommer findet der Brombeerliebhaber am Straßenrand ein zu vollem Geschmack gereiftes Schlaraffenland vor.

Nach dem Weiler Stéroulin überqueren wir wieder die Ellé, die mit ihren zahlreichen Forellen und Lachsen ein Paradies für Angler ist. Gleich nach der kleinen Brücke geht es über zwei größere Straßen (1.45 Std.). (Achtung, die Straße Lorient – Roscoff ist in diesem Bereich neu und noch nicht auf den Karten zu finden.) Da hier vor allem die Schwertransporter mit hohen Geschwindigkeiten angerast kommen, sollte man beim Überqueren der Straße doppelte Vorsicht walten lassen. Auf der anderen Seite führt ein kleines Sträßchen links am Rande des Steilhanges leicht bergauf. Nach einigen Häusern (vor allem Neubauten) und einem kurzen Anstieg biegen wir nach links ab.

Die Kapelle Ste-Barbe (um 1500)

Auf einem Wiesenweg wandern wir an einem Mäuerchen entlang bergab (markiert). Kurz darauf stößt man auf einen breiteren Fahrweg (2.00 Std.) und geht in gleicher Richtung an Häusern vorbei geradeaus.

Wir biegen nach links auf eine von schönen alten Eschen gesäumte Straße (D 769) ab (markiert). Zwischen zwei Häusern weist die Markierung bald auf einen landwirtschaftlichen Fahrweg nach rechts (2.05 Std.) und etwas oberhalb wieder nach rechts in den Wald hinein (Markierung an einer alten Eiche). Der Pfad führt durch einen wildromantisch bewachsenen Hohlweg. Das Blattwerk der Edelkastanien, die den Pfad einfassen, hängt teilweise tief in den Hohlweg hinein. Böden und Hänge sind mit einem grünen Teppich aus Efeu überzogen, und im Frühsommer blüht der rote Fingerhut. Die mit Brombeergebüsch überzogenen Hänge verleiten im Spätsommer zu häufigen Pausen.

Rechts unterhalb des Weges taucht eine in Stein gefaßte Quelle auf, die bei schönem Wetter mit ihrem Steinmäuerchen als kleiner Sonnenfleck zur Rast einlädt.

Einem Querweg folgen wir später nach links (2.20 Std.) und kommen direkt zum Weiler und zur **Kapelle St-Fiacre** (2.25 Std.).

Nach 20-minütiger Besichtigungspause (2.45 Std.) geht es ein Stück zurück auf dem Weg, den wir gekommen sind. Nach dem kurzen Anstieg durch den Wald stößt man nach etwa 200 m auf die schon bekannte Kreuzung, wandert aber jetzt geradeaus weiter. Es empfängt uns ein schöner, schattiger Hohlweg. Wir überqueren die Straße (2.55 Std.), wenden uns kurz nach rechts und begeben uns auf der anderen Straßenseite auf einen Fahrweg (markiert), der rechter Hand von einem Teich begrenzt wird.

Einer größeren Straße (D 790) folgen wir nach rechts (3.00 Std.). Nach etwa 750 m biegt man hinter einem Haus, an dem die Markierung etwas verblichen ist, nach rechts ab (3.10 Std.). Ein schmaler, überwucherter Weg führt links an einem Schuppen vorbei in den Wald hinein. Wir wandern bergab, noch einmal durch einen romantischen Hohlweg. Nach einem kleinen Bach steigt der Weg bergauf, verläßt kurz darauf den Wald und führt uns nun durch die Felder.

In Le Faouët treffen wir auf die Hauptstraße, folgen ihr nach rechts, passieren eine kleine Kapelle und sind wieder am Marktplatz – dem Ausgangspunkt der Wanderung – angelangt (3.25 Std.).

Die Gründungsgeschichte der **Kapelle Ste-Barbe** hat, wie die meisten Legenden, einen wahren Kern: Ein Adeliger aus der Gegend wurde im 15. Jh. bei der Jagd im Wald von einem furchtbaren Gewitter überrascht. Die Bäche traten über die Ufer, Felsbrocken lösten sich von der Bergwand und rollten auf den Mann zu. In seiner Not rief der Edelmann die Heilige Barbara um Schutz an und gelobte ihr, bei seiner Rettung eine Kapelle zu bauen. Er hielt sein Versprechen und ließ genau an der Stelle, an der die Heilige ihn vor den Felsbrocken bewahrt hatte, die Kapelle errichten. Der Bau wurde hundert Meter über dem Fluß Ellé, am Rande der Schlucht, zwischen 1489 und 1512 im spätgotischen Flamboyantstil erstellt. Da der Platz am Hang sehr eng ist, konnten nur der Chor und das Querschiff gebaut werden; das Langschiff fehlt. Es war sicherlich sehr aufwendig und mühsam, das Baumaterial aus dem Ellétal heraufzuholen oder vom darüberliegenden Plateau herabzulassen.

Im Inneren der Kapelle erzählen Renaissancefenster des 16. Jh. die Geschichte der Heiligen Barbara, zu deren Ehren am letzten Junisonntag und am 4. Dezember hier ein Pardon stattfindet. Vielleicht baute man schon im Jahre 1700 die monumentale Freitreppe mit Ballustraden, die vom Plateau zur Kapelle hinunterführt, für die Wallfahrt der Heiligen Barbara.

Farbiger Holzlettner von 1480 in der Kapelle St-Fiacre

Für den Schutzheiligen der Gärtner wurde in der zweiten Hälfte des 15. Jh. die **Kapelle St-Fiacre** errichtet. Das Portal hat mit seinen drei Türmen einen der schönsten Giebel der Bretagne. Das Granitgestein schimmert in der Sonne fast weiß, da eine Reinigungsaktion im Sommer 1986 die Kirche von ihrer Jahrhunderte alten Patina befreite. Das Innere ist wie die Fassade asymmetrisch und birgt einen außergewöhnlichen, farbigen Holzlettner von 1480, dessen Schnitzerei in seiner Zartheit mit Spitzengewebe vergleichbar ist. Er gilt als der schönste und älteste Lettner der Bretagne und ist in seiner Darstellungsvielfalt kaum zu überblicken. Die zum Eingang gewandte Seite zeigt die ›Verkündigung‹, ›Adam und Eva nach dem Sündenfall‹ und die ›Kreuzigung‹. Um die, vom Schmerz gepeinigte Christusfigur hängen mit akrobatisch verdrehten Beinen die beiden Schächer. Dem guten ist der Verkündigungsengel zugeordnet, denn Jesus hat ihm verkündet: »Heute noch wirst du mit mir im Paradies sein.« Unter dem bösen Schächer mit der dämonisch verzerrten Grimasse stehen die Erbsünder Adam und Eva. Die Abbildungen auf den Gesimsen erzählen volkstümliche Geschichten, so z. B. von einem Fuchs, der vor einer Hühnerschar eine Predigt hält.

Auf der Rückseite sind symbolisch die häufigsten Sünden der Menschen dargestellt: Der Diebstahl ist in einer Figur personifiziert, die Obst ›pflückt‹; ein Mann, der einen Fuchs erbricht, stellt die Trunkenheit dar; die Faulheit symbolisieren ein Dudelsack- und ein Bombardespieler, und auf die Unzucht weist ein verliebtes Paar hin. Daneben stößt man auf viele rätselhafte Bilder wie etwa den kleinen Akrobaten, der fröhlich an der linken unteren Ecke des Lettners herumturnt.

Wanderung 19: **Entlang der Côte Sauvage auf der Quiberon-Halbinsel**

(auch als Radwanderung geeignet)

Wichtige Hinweise

Dauer: 2.40 Std. reine Gehzeit; man sollte aber mindestens drei Stunden berechnen, da der herrliche Blick auf die wilde Küste und das Meer immer wieder zum Verweilen einladen.
Länge: ca. 12 km, bei Radwanderung 24 km.
Routenart: Keine Rundwanderung; Fahrt zum Ausgangspunkt mit Bahn oder Bus (vgl. Anfahrt), bei Radwanderung: Rundweg.
Wegbeschaffenheit: Fast ausschließlich auf einem schmalen, gut begehbaren Küstenpfad; nur zu Beginn und am Ende der Wanderung auf Straßen, um zur Küste bzw. wieder in den Ort zu gelangen (knapp eine halbe Stunde auf Asphaltstraßen).
Radwanderung: Man startet schon in Quiberon mit dem Rad und fährt auf der D 768 (wie der Bus) nach Kerhostin. Von dort folgt man in etwa der Wanderbeschreibung, nur wählt man statt der Küstenpfade die nahegelegenen Küstensträßchen, die auf der Karte S. 165 zu erkennen sind.
Schwierigkeitsgrad: Leicht.
Orientierung: Leicht, da der Weg immer an der Küste entlangführt. Keine Markierung; Karte: IGN 0821 Est; Auray, Quiberon; 1–25 000.
Restaurants: Unterwegs nach etwa zwei Stunden: Café, das frische Meeresfrüchte anbietet; hervorragende Restaurants in Quiberon, kaum sonstwo kann man so preiswert hochwertige Spezialitäten wie Hummer und Langusten essen. Auch ein Picknick unterwegs hat seinen Reiz. Proviant kann man vor der Wanderung in Quiberon einkaufen.
Bademöglichkeiten: Auf keinen Fall an der Côte Sauvage: Dort ist das Baden lebensgefährlich; einen Badestrand findet man in Quiberon neben dem Hafen; an der Ostseite der Halbinsel gibt es lange, herrlich einsame Sandstrände.
Anfahrt: Von Auray aus nach Südwesten auf der D 768 über Plouharnel nach Quiberon; von Carnac aus auf der D 781 nach Plouharnel, dann auf der D 768 nach Süden nach Quiberon. Von Carnac und Auray aus kann man auch mit dem Linienbus, von Auray aus sogar mit der Bahn nach Quiberon fahren. In diesem Fall steigt man schon in Kerhostin aus, da hier die Wanderung beginnt. Autofahrer sollten das Fahrzeug in Quiberon auf dem Place Hoche abstellen und vom Bahnhof aus mit Bahn oder Bus nach Norden bis Kerhostin fahren. Die Abfahrtszeiten erfährt man am Bahnhof oder im Fremdenverkehrsbüro. Die Bahn verkehrt nur in der Saison, der Bus das ganze Jahr über mehrmals täglich.

Die ehemalige Insel wurde im Laufe der Zeit durch Sandanschwemmung an das Festland gebunden. Die schmalste Stelle zwischen Penthièvre und Kerhostin ist weniger als 50 m breit, gerade ausreichend, daß Straße und Eisenbahnschienen nebeneinander Platz finden. Eine mächtige Sturmflut hätte sicher keine allzu großen Schwierigkeiten, die schmale Landbrücke wieder zu vernichten.

Bis ins 13. Jh. war die Quiberon-Halbinsel noch dicht bewaldet und mit ihrem großen Wildbestand bei den bretonischen Herzögen für Jagdausflüge sehr beliebt. Die wenigen Bäume, die man heute noch findet, biegen sich unter dem Druck des Westwindes nach Osten und stehen im Gegensatz zur üppigen Vegetation in den geschützten Gärten, wo man Palmen und Feigenbäume entdecken kann.

Die Halbinsel hat etwa 7000 Einwohner, während der Hochsaison können es bis zu 100 000 werden. Der Tourismus ist inzwischen die Haupteinnahmequelle der ansässigen Bevölkerung, was die schwindenden Einnahmen bei der zurückgehenden Sardinenfischerei wieder wettmacht. Noch vor zwanzig Jahren war der Hauptort Quiberon, an der Südspitze der Halbinsel, ein sehr bedeutender Sardinenhafen; inzwischen mußten sich die immer noch bestehenden Fischfabriken auf andere Fischsorten umstellen. Munteres Treiben herrscht in Port-Maria, dem Fischereihafen und Anlegeplatz der Fähren zu den Inseln Hœdic, Houat und Belle-Ile, und im Fischerei- und Jachthafen Port-Haliguen. Der Ort Quiberon ist inzwischen zum populären Seebad geworden, und dies nicht nur aufgrund der schönen Strände, sondern auch wegen des Instituts für Thalassotherapie, in dem man wie in Carnac Rheuma- und Arthroseleiden mit Meerwasser behandeln lassen kann.

Interessant ist der Gegensatz der beiden Küsten der Quiberon-Halbinsel: Die windgeschützte Ostküste, an der herrliche, lange Strände mit wunderbaren Sanddünen zum Baden einladen einerseits und andererseits die wilde, den Naturgewalten ausgesetzte Côte Sauvage, an der sich scharfe Klippen, Felsspalten, Grotten und kleine Sandstrände abwechseln.

Wegbeschreibung

Ausgangspunkt ist der Ort Quiberon am Südrand der Halbinsel. Auf dem ›Place Hoche‹, dem großen Platz oberhalb des Port-Maria und des großen Badestrandes, kann man das Auto parken. Am Ostrand des Platzes gibt es einen Supermarkt für Picknickeinkäufe. Die eigentliche Wanderung beginnt in Kerhostin, was von Quiberon aus mit Bus oder Bahn (zwei Stationen) zu erreichen ist. Entlang der Côte Sauvage wandert man von dort aus nach Quiberon zurück.

Etwas oberhalb des Supermarktes an der gleichen Straße (Rue de Verdun) befindet sich neben dem Rathaus das Touristenbüro, in dem man die Abfahrtszeiten von Bahn oder Bus in Richtung Norden erfragen kann. Man kann aber auch direkt zum Abfahrtsort am Bahnhof (Gare SNCF) gehen, da dort sowohl die Eisenbahn als auch der Bus Quiberon – Auray (gegenüber vom Bahnhofseingang) nach Kerhostin fahren. Zum Bahnhof gelangt man, indem man der Rue de Verdun und der Rue de la Gare nach Norden folgt (etwa 800 m vom Strand entfernt).

Wer mit dem Bus von Quiberon kommt, geht von der Haltestelle in Kerhostin etwa 200 m nach Norden, dann bei der ersten Gelegenheit nach links in Richtung Marché des

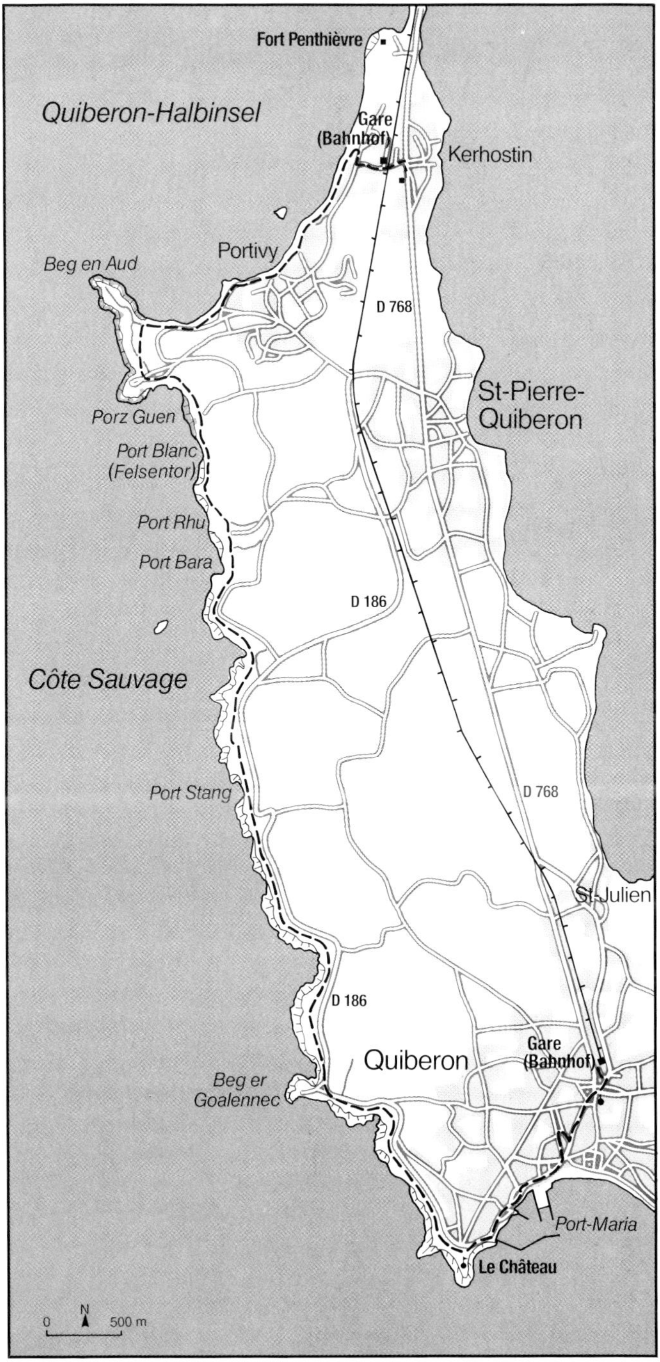

Route 19: Auf der Quiberon-Halbinsel

Dunes, Portivy, Côte Sauvage. Man kommt am Bahnhof von Kerhostin vorbei; die Route führt auf der Straße nach Westen weiter. Die Ferienhäuser am Weg haben ihre Fensterläden bis auf die Hochsaison das ganze Jahr über geschlossen. Im Spätherbst und Winter gleicht der Ort einer Geisterstadt.

Sobald die Straße eine scharfe Linkskurve macht, biegen wir nach rechts in eine kleine Sackgasse, gleich darauf nach links an einem ›romantischen‹ – über Geschmack läßt sich streiten! – Ferienhaus vorbei. Die Küste ist erreicht, rechts liegen das Fort von Penthièvre und eine malerische Bucht; links zieht sich die Steilküste der nördlichen Côte Sauvage dahin. Wir folgen dem kleinen Küstenpfad nach links. Die Häuser stehen dicht gedrängt an der Küste.

Wir lassen den kleinen Hafen von Portivy hinter uns (20 Min.) und gehen auf der Kaimauer an der Küste entlang. Kurz nachdem die Straße, die an der Küste verläuft, ins Landesinnere abbiegt, verlassen wir den Küstenweg und wenden uns am Rettungsring nach links. Quer über das Plateau halten wir auf die kleine Ruine eines ehemaligen militärischen Beobachtungspostens zu. Hier eröffnet sich ein erster überwältigender Blick über die Côte Sauvage (40 Min.). Besonders beeindruckend ist eine Wanderung bei Flut und den Frühjahrs- und Herbststürmen, wenn das tosende Meer gewaltige Wellenberge gegen die Klippen schmettert, die dann schäumend in sich zusammenfallen. Dieses Naturschauspiel wird man so schnell nicht vergessen.

Nach dem alten Beobachtungsstand geht es nun in südlicher Richtung auf dem schmalen Pfad am oberen Rand der Steilküste weiter. Kurz nach der Durchquerung einer kleinen Sandbucht (Porz Guen) kommt man auf der Steilküste zum Port Blanc, einem Felsentor, durch welches das Meer bei Flut und starker Brandung brausend hereintobt (55 Min.). Überall sind Hinweistafeln aufgestellt, die darauf aufmerksam machen, daß Baden hier besonders gefährlich und daher verboten ist. Trotzdem sind jedes Jahr mehrere Opfer zu beklagen. Der Pfad führt an einem Militärgelände vorbei und bleibt weiterhin eng an der Steilküste. Bald ist ein neuer kleiner Sandstrand, der Port Bara, zu überqueren (1.10 Std.). Wenig später verläuft parallel zur Küste und dem Wanderweg eine Straße, die trotz regem Verkehr in der Hochsaison wegen der genügenden Distanz zum Wanderweg kaum störend wirkt.

Im Frühsommer ist die Steilküste dicht mit rosa Grasnelken bewachsen. Auch die Vogelwelt ist stark vertreten, vor allem die verschiedensten Möwenarten und Kormorane. Letztere sind daran zu erkennen, daß sie mit ausgebreiteten Flügeln auf den Felsen hocken, um ihr Gefieder nach einem Tauchgang zu trocknen.

Wir kommen zum Café Le Vivier, in dem man sich frische Meeresfrüchte servieren lassen kann (2.05 Std.). Anschließend folgen wir weiterhin dem Küstenpfad und passieren einen Menhir, der aussieht, als hätte man ihn plattgedrückt. Die ersten Häuser von Quiberon weisen darauf hin, daß wir uns dem Ende der Wanderung nähern. Wir halten auf das Château de Quiberon zu. Der Weg mündet auf eine Straße; es geht am Kai entlang in Richtung Hafen. Zu Beginn einer vor uns auftauchenden Hotelkette wird das Meer zunehmend ruhiger und ist dann im Becken des Fischereihafens vollends gebändigt. Die hübschen kleinen Hotels mit ihren vorzüglichen Restaurants bieten sich gut zum Übernachten an. Dahinter liegen die Fischfabriken (Conserveries), in denen der Fang der Quiberonfischer gleich frisch verarbeitet wird. Dort kann man im Direktverkauf bretonische Fischsuppe, Rouille (die dazugehörige Knoblauchmayonnaise), Lachscreme mit Estragon, Sardinen in Whiskysauce und andere Köstlichkeiten in der Dose kaufen.

Auf der Küstenstraße kommt man am Parkplatz und an der Anlegestelle der Fähre zur Belle-Ile vorbei. Vor uns liegt der sandige Badestrand von Quiberon. Ein Fußgängerweg führt uns am Strand entlang; linker Hand liegt der Place Hoche, der Ausgangspunkt der Wanderung (2.40 Std.).

An der Côte Sauvage

Die Chouannerie – Antirevolutionäre Bewegung in der Bretagne

Als im Jahr 1789 die Französische Revolution ausbrach, begeisterten sich auch die Städter der Bretagne für die neuen Ideen. Anders sah es auf dem Lande aus. Die Kirche, der die ländliche Bevölkerung Gehorsam zollte, stärkte die Adelsschicht. 1793 kam es dann in ganz Westfrankreich, besonders in der Vendée, der Bretagne und der Normandie zu antirevolutionären Aufständen unter der bäuerlichen Bevölkerung, die von Kirchenmännern und Adeligen angeführt wurden, da diese um ihre Macht fürchteten. Auslöser für den Aufstand in der Bretagne war im Februar 1793 der Befehl des Konventes, im ganzen Land Männer für die ausgedünnte Revolutionsarmee zu rekrutieren. Dieser Krieg war kein bretonischer Befreiungskampf, sondern eine gegenrevolutionäre Erhebung der traditionellen Großgrundbesitzer und Kleriker, die die kirchen- und königstreuen Bauern hinter sich hatten. Sie kämpften in diesem blutigen Bürgerkrieg nicht nur gegen die Revolutionsarmee, sondern auch gegen die eigene städtisch-republikanische Bevölkerung. Beide Seiten gingen mit äußerster Brutalität vor. Nach langjährigen kriegerischen Auseinandersetzungen waren die Bretagne und die Vendée ausgeblutet – die Revolutionsarmee hatte gesiegt.

Victor Hugo beschreibt in seinem Roman ›1793‹ den Aufstand folgendermaßen: »Die Bretagne erhob sich, denn sie fühlte sich von dieser gewaltsamen Befreiung (gemeint ist die Französiche Revolution, Anm. der Autorin) unterdrückt – der übliche Irrtum der Sklaven ... Will man die Vendée verstehen, so muß man sich jenen gewaltigen Gegensatz vorstellen: Die Französische Revolution auf der einen Seite, auf der anderen der bretonische Bauer.« Nach Hugo war der Aufstand ein Krieg der ›Heimat gegen das Vaterland‹, ›der Bauern gegen Patrioten‹, ›des lokalen Geistes gegen den zentralen‹.

1. Chouannerie (1793–95): Partisanengruppen schlossen sich 1793 zur Bewegung der Chouans (frz. Chat-Huant – Waldkauz) zusammen, deren Erkennungszeichen der Ruf des Käuzchens war. Sie kämpften teilweise gemeinsam mit den Royalisten aus der Vendée gegen die Revolutionsarmee und traten für die Rückkehr der Monarchie und die Wiedereinsetzung des Klerus ein. Meist lebten sie versteckt in bretonischen Wäldern und bewegten sich oft, um schneller fliehen zu können, mit 15 Fuß langen Springstöcken vorwärts. 1793 nahmen die Chouans die bretonischen Grenzfestungen Vitré und Fougères ein.

2. Chouannerie (1795): In England und Deutschland lebten etwa 100000 Royalisten im Exil, die beschlossen, in die Bretagne überzusetzen, von dort aus gemeinsam mit den Chouans den Widerstand gegen die Revolution aufzubauen und dann nach Paris zu ziehen. England stellte Schiffe und Besatzung zur Verfügung, aber nur 8000 bis 10000 Männer (genaue Zahlen sind nicht bekannt) machten sich in die Bretagne auf. Im Juni 1795 erreichten die Schiffe die Bucht von Quiberon vor Carnac, 4500 Männer gingen an Land, wo die Chouans schon auf sie warteten. Allerdings war das Komplott bekannt geworden, die Revolutionstruppen unter dem 27jährigen General Hoche umzingelten die Aufständischen und drängten sie auf die Quiberon-Halbinsel zurück. Wegen des stürmischen Wetters war es ihnen fast unmöglich, wieder auf die Schiffe zu gelangen. Viele versuchten es dennoch und schwammen den englischen Schaluppen entgegen – ohne Erbarmen schoß die Armee auf die Flüchtenden. Insgesamt wurden 1400 Männer getötet, 1800 konnten sich auf die Schiffe retten und fuhren nach England zurück (unter ihnen der zukünftige Bourbonenkönig Karl X.). Weit über 1000 der Kämpfer wurden gefangengenommen und hingerichtet, 952 von ihnen fanden auf dem heutigen *Champ des Martyrs* bei Auray den Tod.

Der Partisanenkrieg wurde später dadurch erschwert, daß die Revolutionsarmee die Hecken im Lande entfernte, Hügel und Hohlwege einebnete und damit kaum mehr Verstecke für die Chouans übrigblieben.

3. Chouannerie (1799–1804): Der Anführer der Chouans, Cadoudal, ein Bauernsohn aus Auray, ließ sich trotz der schwindenden Kräfte der Bewegung nicht beirren und kämpfte sogar gegen Napoleon, obwohl dieser ihm einen Generalsposten in der Armee angeboten hatte. Cadoudal versuchte 1804, den künftigen Kaiser zu töten, woraufhin er verhaftet und in Paris hingerichtet wurde.

Ein Ärgernis für bretonische Autonomisten von heute ist das Standbild des Generals Hoche auf dem gleichnamigen Platz in Quiberon, trat dieser doch im Auftrag der Revolutionäre gegen die bretonischen ›Freiheitskämpfer‹ auf.

Wanderung 20: Zu den Zeugnissen der Megalithkultur um Carnac

Wichtige Hinweise

Dauer: 3.15 Std. einschließlich Spaziergang durch die Alignements von Le Ménec bis zum Cromlech. Der Abstecher zum Grab von Kercado und den Reihen von Kerlescan dauert etwa 1.15 Std.
Länge: ca. 11 km; Abstecher ca. 4,5 km.
Routenart: Rundwanderung.
Wegbeschaffenheit: Meist breite, landwirtschaftlich genutzte Wege; zwischen den Alignements schmale Pfade; durch die Weiler kleine Straßen (im ganzen etwa 40 Min. auf wenig befahrenen Straßen).
Schwierigkeitsgrad: Leicht.
Orientierung: Leicht, da der Weg fast durchgehend markiert ist. Markierung: erst gelb, dann orange, dann wieder gelb; Karte: IGN 0821 Est; Auray, Quiberon; 1:25000.
Restaurants: Crêperie im Feld von Kermario, viele Restaurants in Carnac und Carnac-Plage.
Übernachtung: Es empfiehlt sich, in einem der vielen Hotels oder auf einem Campingplatz in Carnac, La Trinité oder Plouharnel zu übernachten. In der Bucht kann man sehr schön baden und von hier aus auch Ausflüge auf die Quiberon-Halbinsel, die Inseln Belle-Ile, Houat oder Hœdic oder nach Locmariaquer (einem weiteren Zentrum der Megalithkultur) unternehmen. In der Saison sollte man auf jeden Fall Hotelzimmer und Campingplätze vorbestellen!
Anfahrt: Von Auray auf der D 768 nach Süden, dann nach links auf der D 119 nach Carnac.

Segelclubs, herrlicher Sandstrand, riesige Campingplätze, kleine Hotels, Meerwassertherapie und exzellente Meeresfrüchte bestimmen das Carnac von ›heute‹. 3000 in langen Reihen aufgestellte Menhire und vorgeschichtliche Gräber an beinahe jeder Ecke sind Zeugnisse der Bewohner von ›gestern‹, Zeichen einer über 6000 Jahre zurückreichenden Kultur.

Carnac und der Golf von Morbihan stellen als das Kernland der bretonischen Megalithkultur einen riesigen Friedhof mit Dolmen, Tumuli, Menhiren, 12 Steinalleen und 14 Steingehegen dar. Vom 5.–3. Jahrtausend v. Chr., als das ›Volk der großen Steine‹ hier lebte, war das Klima im Morbihan milder als im Norden der Bretagne. Außerdem gab es hier geschützte Häfen, wo die Schiffe des wahrscheinlich schon seefahrenden Volkes sicher vor Anker lagen.

Es ist daher verständlich, daß das begünstigte Gebiet um den Golf von Morbihan im Neolithikum eine beträchtliche Bevölkerungszunahme erfuhr. Sibylle von Reden fragt sich in ihrem Buch ›Die Megalith-Kulturen‹, ob man das Mekka der westeuropäischen Megalithiker im Morbihan suchen müsse, und beantwortet diese Frage dann folgendermaßen: »Auch wenn die ersten Impulse, die zu diesem religiösen Aufbruch führten, von außen in die Bretagne gelangten, bleibt die grandiose Entfaltung ihrer mehr als 2000jährigen Megalithkultur mit ihrer zentralen Bedeutung innerhalb der vorgeschichtlichen Welt West-Europas eine Schöpfung des armorikanischen Genius.«

Wegbeschreibung

Die Wanderung beginnt im Zentrum von Carnac, unterhalb (nordöstlich) der Kirche St-Cornély gegenüber dem Friedhof. Hier befindet sich ein großer Parkplatz, der allerdings sonntags und mittwochs von 8–14 Uhr für den Markt reserviert ist. In diesem Fall kann man einen der beiden kleineren Parkplätze daneben oder gegenüber benutzen.

Vom Parkplatz aus wenden wir uns nach Osten, überqueren die Straße nach Auray und kommen in die Rue de Tumulus (D 781). Gleich darauf folgt man einem Pfeil halblinks aufwärts zum Tumulus St-Michel. Wir passieren das Hotel du Tumulus und ›erklimmen‹ den Fürstenhügel. Oben steht die kleine, im Jahre 1664 errichtete Kapelle St-Michel. Von der Orientierungstafel aus genießt man einen schönen Rundblick auf das im Süden liegende Meer; bei gutem Wetter kann man die Inseln Belle-Ile, Houat, Hœdic und die Quiberon-Halbinsel erkennen. Im Norden ragen einige Menhire der Alignements aus dem Gebüsch heraus. Am Fuße des Hügels neben dem Hotel ist der Eingang zur Führung durch den Tumulus.

Die Wanderung führt über den Hügel hinter der Kapelle und dann einige Steintreppen abwärts. Hier ist gut zu erkennen, daß der Tumulus aus grobem Steinmaterial aufgeschüttet ist. Am Fuß der Treppe weist ein gelber Pfeil in die Gebüschlandschaft aus Ginster, Heide, Farn und Brombeersträuchern. Bald trifft man auf einen breiteren Weg (15 Min.) und eine in Granit gefaßte Quelle. Diese ›Fontaine St-Michel‹ ist für die Einheimischen eine heilige Quelle, da sie die Fähigkeit besitzen soll, nach einem Diebstahl den Namen des Schurken preiszugeben.

Wir folgen der gelben Markierung nach rechts und stoßen bald auf den Weiler Cloucarnac. Vor dem ersten Haus weist ein gelber Pfeil nach links, diesem folgen wir nicht, sondern biegen entgegengesetzt in einen Weg ohne Markierung nach rechts ab. Wir wandern oberhalb des Weilers an alten, typisch bretonischen Bauernhäusern vorbei. Kurz darauf

Menhir bei Le Ménec von Menschenhand mit Gesichtszügen versehen

überqueren wir die Hauptstraße D 781 (25 Min.). Auf der anderen Seite folgt man jetzt der orangefarbenen Markierung auf einen kleinen grasbewachsenen Weg in südlicher Richtung.

An einer Gabelung wählen wir den linken Weg, bei der nächsten Abzweigung (30 Min.) gehen wir mit der Markierung wieder nach links. Drei Minuten später überquert man eine Straße, an der ein Wegkreuz aus Granit steht. Nach einem kleinen Teich wendet man sich mit dem orangefarbenen Pfeil nach rechts, der Pfad führt am Teich entlang. Wenn man den Erzählungen der Einheimischen Glauben schenkt, sollte man hier nicht bei Dunkelheit wandern, da in der Nähe des Teiches Gespenster mit verspäteten Spaziergängern schlechte Scherze treiben.

Bald kommt man an einer Kläranlage vorbei. Einer Querstraße folgen wir nach links (45 Min.) und biegen nach 100 m wieder nach links auf einen Grasweg ab. Drei Minuten später weist die Markierung nochmals nach links, der Weg schlängelt sich bis zu einigen Häusern und führt im Rechtsbogen zum Ort

Beaumer. Auf der Dorfstraße (1 Std.) wandern wir nach rechts. Auf der linken Seite steht am Straßenrand ein Dolmen mit vier Tragsteinen und einem großen Deckstein. Hier biegt der Weg in einer Haarnadelkurve scharf nach links auf einen landwirtschaftlichen Fahrweg ab (markiert).

Sobald links einige Häuser auftauchen, folgen wir der Markierung nach links. Der Weg wird etwas feucht und endet in dem kleinen Ort Kerfraval. 50 m weiter wenden wir uns auf der Dorfstraße nach rechts.

Wenig später überquert man ein weiteres Mal die D 781 (Carnac – La Trinité) (1.20 Std.) und wandert in Richtung ›Parc d'Activités‹. Kurz nach der Kreuzung weist die orangefarbene Markierung nach links. Diesen Weg nehmen wir nicht, sondern folgen einer gelben Markierung geradeaus und durchqueren bald ein kleines Wäldchen. Die Straße mündet auf einen Campingplatz, vor dem man entsprechend der gelben Markierung auf einen schönen Waldweg nach links (1.30 Std.) abbiegt. Fünf Minuten später führt der Weg

Route 20: Zu den Zeugnissen der über 6000 Jahre alten bretonischen Megalithkultur um Carnac

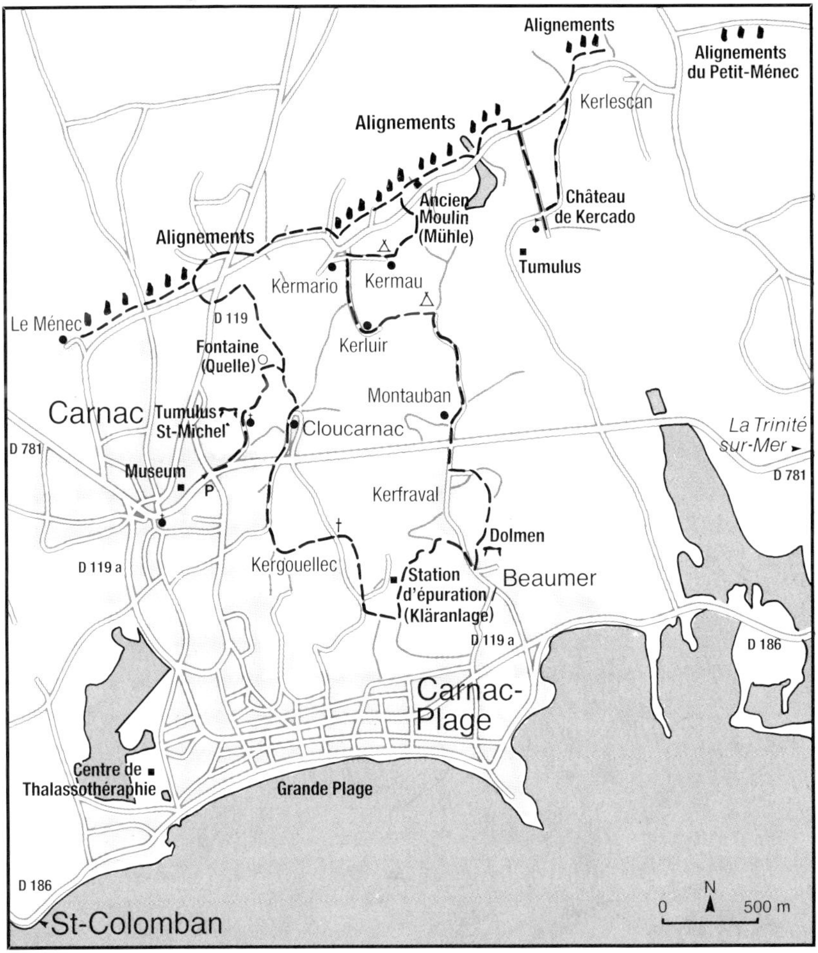

um ein Gehöft herum und durch den Weiler Kerluir. Im Ort kann man vor einem bewachsenen Schuppen einen kurzen Abstecher nach links zum Dolmen und Menhir von Kerluir unternehmen (Dauer: 5 Min.). Der 4,30 m hohe Menhir steht als Indikator für den Dolmen einsam rechts auf dem Feld.

Vom Schuppen aus geht es auf der Straße weiter durch den Ort. Bald treffen wir auf einen Pfosten mit zwei Markierungen und folgen dem gelben Zeichen geradeaus. Kurz vor der Hauptstraße am Kreuzungswarnschild biegen wir nach rechts ab (ohne Markierung; 1.45 Std.). Zuerst kommen wir an einem Campingplatz vorbei, dann durch ein gotisches Tor auf einen Bauernhof und dahinter halblinks wieder über einen Campingplatz. Nach dem Campinggelände folgen wir der Straße bis zur Hauptstraße (1.55 Std.).

Vor uns liegen die Steinreihen **(Alignements) von Kermario.** Das Phänomen des prähistorischen Baueifers ist bis heute ein ungeklärtes Geheimnis geblieben. Wendet man sich auf dem Menhirfeld zwischen den Steinen hindurch nach rechts, ist man zwei Minuten später an der ehemaligen Mühle von Kermaux. Von hier aus hat man einen schönen Blick über die eigenartige Steinanlage. Nach Nordosten hin werden die Menhire von Stein zu Stein kleiner und verlieren sich in der Ferne; in südwestlicher Richtung werden sie immer höher.

Wer noch mehr sehen will und das Feld von Kerlescan mit seinem Cromlech und das Grab von Kercado besuchen möchte, kann einen Abstecher nach links (Nordosten) machen. Der Weg wird am Ende kurz beschrieben.

Unser Wanderweg führt von der Mühle aus nach rechts (Südwesten), auf das Ende der Reihen von Kermario zu. Die Häuser zwischen den Steinen beherbergen eine Crêperie sowie eine Keramikgalerie.

Am Ende der Reihe von Kermario (2.05 Std.) stehen die höchsten Steine mit Längen bis zu 6 m. Hier fehlt der halbrunde Abschluß eines Cromlechs, der bei den Reihen von Kerlescan und Le Ménec noch zu finden ist. Statt dessen steht aber in der linken vorderen Ecke der Alignements ein Dolmen, der heute von der Fahrstraße umrundet wird. Es geht an einem Parkplatz vorbei, an dessen Ende ein schmaler Weg, wie die gelbe Markierung, parallel zur Straße nach Südwesten verläuft. Kurz darauf folgen wir der Straße bis zum nächsten Menhirfeld, an dem uns die Markierung nach rechts führt. Diese Steine gehören noch nicht zum großen Feld von Le Ménec und sind vermutlich Ausländer der vorigen Anlage von Kermario. Auf dem Pfad gehen wir schräg durch das Feld, überqueren dann eine Straße und setzen unsere Wanderung auf der anderen Seite in Richtung Camping de Kérabus fort (2.15 Std.).

Geradeaus folgt man dem Hinweis zum Tennisplatz von Kérabus, gleich danach sind neue Alignements, das Feld von Le Ménec, erreicht. Hier stehen wir erst am Anfang der Reihen, d. h. die Menhire sind noch klein. Beim ersten kleinen Querpfad (2.20 Std.) geht es nach links zur Straße. Vor der Rückkehr zum Ausgangspunkt lohnt es sich durchaus, einen Abstecher entlang der Reihen zu unternehmen, möglichst bis zu deren Ende, dem Weiler von Le Ménec, da dort noch Reste des Cromlechs zwischen den Häusern stehen (hin und zurück etwa 30 Min.). Dieser Abstecher ist in die Zeitrechnung aufgenommen.

Wieder zum Anfang der Reihen von Le Ménec zurückgekehrt, überqueren wir kurz vor der Ampel die Straße und folgen der gelben Markierung. Halblinks führt der Weg bis zur D 119, diese überquert man, 10 m weiter links weist ein gelber Pfeil in die Heidelandschaft hinein. Auf einem Querweg wenden wir uns nach rechts (2.55 Std.). Bald biegen wir nach rechts auf einen großen geschotterten Weg ab, der in den Wald hineinführt. Schon taucht wieder die Fontaine St-Michel auf (3.05 Std.), nach links kommen wir wieder zum Tumulus St-Michel und von hier aus zum Auto (3.15 Std.). Oberhalb des Friedhofes liegt auf der Place de la Chapelle das Prähistorische Museum, das man sich nach dieser Wanderung nicht entgehen lassen sollte. Viele Funde der unterwegs besichtigten Gräber und Steinreihen sind hier ausgestellt.

Abstecher von der Mühle von Kermaux nach Nordosten zum Ganggrab von Kercado und zum Menhirfeld von Kerlescan (hin und zurück etwa eine Stunde):

Von der alten Mühle aus wandern wir zwischen den immer kleiner werdenden Steinen nach Nordosten bis zu einem kleinen Stausee, der die Reihen unterbricht. Den See überquert man auf der Straße und betritt links von der Straße gleich wieder das Feld von Kermario. An seinem Anfang (im Nordosten) steht etwas erhöht ein Menhir, der zu groß für den Beginn einer Steinreihe ist. Dieser ist älter als die anderen Steine und gehört zu dem **Langgrab Manio-Kermario II,** das durch das leichte Ansteigen der Landschaft zu erkennen ist. Am Fuß des großen Menhirs sieht man fünf eingravierte Schlangenlinien, die Archäologen freigelegt haben, und deren Bedeutung bis heute nicht geklärt ist.

Am Ende der Steinreihe von Kermario folgen wir der Straße, biegen gleich darauf nach rechts (in südlicher Richtung) auf einen großen Auffahrtsweg zum Schloß von Kercado ab. In einem kleinen Gebäude rechts hinter dem Portal liegen Schlüssel, Taschenlampen, ein Gästebuch und eine Geldbüchse für den Eintritt zum **Tumulus von Kercado** bereit. Den Schlüssel, die Taschenlampen und die Beschreibung (auch in deutscher Sprache) nimmt man mit zum Grab, das über eine Treppe neben dem Gebäude und einen Weg durch den Wald zu erreichen ist. Nach der Besichtigung geht es zurück zum Schloß und direkt nach dem Torbogen vor dem Gebäude nach rechts (nicht geradeaus zurück zur Hauptstraße). Ein schöner Weg führt uns an einigen einsam gelegenen Häusern und einem alten Kultbrunnen (rechts unterhalb des Weges) vorbei. Dieser war als heilige Quelle der Kelten später christianisiert worden. Gleich darauf stößt man auf eine Straße, der man nach rechts folgt, um nach etwa 150 Metern auf das letzte Menhirfeld, die **Alignements von Kerlescan** zu treffen. Man betritt das Feld an seinem Ende und steht mitten im Cromlech, dem abschließenden Halbrund, dessen Quermauer zum Steinfeld mit einigen Menhirexemplaren noch gut erhalten ist.

Von hier aus wandert man auf der D 196 zurück zur Mühle im Feld von Kermario und dann auf dem oben beschriebenen Wanderweg über das dritte Feld von Le Ménec bis zum Ausgangspunkt in Carnac.

Kleines ABC der Megalithkultur

Alignements sind Steinalleen, die aus mehreren parallel verlaufenden Menhirreihen bestehen, deren Anlage mit großer Wahrscheinlichkeit der Kultausübung diente und auf religiöse Motive zurückzuführen ist. Die Steine am Anfang der Reihen sind niedrig und werden zum Ende hin immer höher, im Feld von Kermario ragen sie 6 m aus der Erde. Ist eine Alignements-Anlage vollständig erhalten, befindet sich an ihrem Ende eine abschließende Querreihe und dahinter ein Halbkreis aus Menhiren, der Cromlech (bret. *Kramon* – Krümmung und *Lech* – Ort, Stein). Eine der Deutungen sagt, daß zu bestimmten Jahreszeiten, beispielsweise den Sonnenwenden oder zur Tag- und Nachtgleiche, große Prozessionen durch die Reihen zogen. Ziel war der Cromlech, in dessen Mitte möglicherweise der zentrale Kultplatz lag, der durch die geschlossene Querreihe der Menhire vor den Blicken der Massen verborgen blieb. Über das, was dort passierte, kann man nur Vermutungen anstellen. Vielleicht waren es Tier- oder Menschenopfer für die große Göttin der Fruchtbarkeit, um durch deren Wohlwollen reichliche Ernten zu erlangen. Vielleicht fanden auch sexuelle Rituale statt, da womöglich die sexuelle Vereinigung ein Symbol der Fruchtbarkeit der Erde und der Felder war.

Eine weitere Deutung der Alignements ist die Festlegung von Sonnenaufgangspunkten durch die Steinreihen, um einen Sonnenkalender erstellen zu können. Man hat festgestellt, daß fünf verschiedene Steinanlagen um Carnac vier verschiedenen Punkten des Sonnenaufgangs zugeordnet sind: Kermario der Sommersonnenwende, Kerlescan der Tagundnachtgleiche, Le Ménec dem 6. Mai und 8. August (zwischen Sommersonnenwende und Tagundnachtgleiche), Ste-Barbe und St-Pierre Quiberon dem 8. November und 4. Februar (zwischen Wintersonnenwende und Tagundnachtgleiche). Die Zwischenpunkte der letzten drei Anlagen sollen sich auf das bäuerliche Jahr beziehen: Am 8. November findet die Aussaat statt, am 4. Februar geht die Saat auf, am 6. Mai blüht die Pflanze und am 8. August wird geerntet.

Eine letzte Deutungsmöglichkeit stellt einen Zusammenhang zwischen den Steinreihen und einem Totenkult her, da man meist in oder neben den Anlagen auch Megalithgräber gefunden hat.

Gräber: Am bekanntesten ist der *Dolmen* (bret. *Toal* – Tisch, *Men* – Stein). So werden im Französischen fast alle Megalithgräber genannt. Im Deutschen wird mit dem Begriff Dolmen nur die einfachste Grabform, eine Kammer aus wenigen großen Tragsteinen und einem Deckstein bezeichnet.

Daneben gibt es Ganggräber (frz. *Dolmen à Couloir),* bei denen ein Gang zur vergrößerten Grabkammer führt, (z. B. Table des Marchands in Locmariaquer, Kercado, Gavrinis), Ganggräber mit Seitenkammern (frz. *Dolmen à Chambre Laterale*) und die *Allées Couvertes,* Gräber, die nur aus einem langen Gang bestehen (z. B. Pierres Plates in Locmariaquer). Fast alle diese Formen waren ursprünglich von einem Hügel aus Bruchsteinen oder Erde bedeckt. Diese Anlagen aus Bruchsteinen

Alignements (Steinalleen) bei Le Ménec

nennt man *Cairn* (z. B. auf Gavrinis); die reinen Erdhügel über den Dolmen heißen *Tumulus* – beide Begriffe werden oft ungenau verwendet. Der Tumulus von Carnac besteht aus Steinen und einer Erdschicht. Meist haben die Jahrtausende andauernde Arbeit von Wasser und Wind sowie das Zerstörungswerk des Menschen den Kern des Grabes, die großen Steine, freigelegt.

Die Anlagen ohne große Blöcke im Innern bezeichnet man als Langhügelgräber (frz. *Tertre Tumulaire*), deren langgestreckte Hügel oft von Steinen eingefaßt sind. Im Inneren liegen unter einer Erdschicht eine unterschiedliche Anzahl von ›Steinkisten‹ (frz. *Coffres*), das sind Gräber aus aufeinandergeschichteten kleinen Steinen (z. B. Langhügel am Ostrand der Alignements von Kermario und nördlich des Cromlechs von Kerlescan).

In den meisten Gräbern wurde nachgewiesen, daß eine Kollektivbestattung stattgefunden haben muß. Da die Menschen auf die Wiedergeburt der Toten im Schoß der großen Erd- und Totengöttin hofften, trifft man an den Wänden der Grabkammern und Gänge häufig auf die Darstellung der Göttin. Fruchtbarkeitssymbole, beispielsweise mehrere Brüste oder eine große Anzahl von Armen, die wie Fischgräten aussehen, sind von mindestens einer Halskette umrahmt. Die Ketten aus Callaisperlen, einer Türkisart, findet man ebenso als Grabbeigaben wie die Beilklingen, die in früheren Zeiten wichtige Kultsymbole darstellten und oft in Form von Miniaturbeilen als Amulette getragen wurden. Viele der Funde aus den Gräbern sind im Prähistorischen Museum von Carnac ausgestellt.

Lechs (bret. Stein): Diese Langsteine aus der Keltenzeit haben mit der Megalithkultur nichts mehr zu tun. Sie wurden als Grabstelen verwendet, sind meist kleiner als die Menhire und regelmäßig behauen. Die Lechs kommen in langgestreckter Kerzenform und in Halbkugelform vor (Abgüsse befinden sich im Museum von Carnac).

Die Megalithkultur (griech. *Megas* – groß; *Lithos* – Stein) wurde mit der neolithischen Revolution, dem jungsteinzeitlichen Übergang von nomadisierenden Sammlern und Jägern zu seßhaften Ackerbauern und Viehzüchtern geboren. Man nimmt an, daß die Ideen für die Religion aus dem östlichen Mittelmeerraum über die Seehandelswege in die europäischen Küstengebiete und damit auch in die Bretagne gelangten. Hier lag der kulturelle Höhepunkt zwischen 4500 und 2000 v. Chr. In einem wahren ›Bauboom‹ wurde eine kaum überblickbare Anzahl von Kultbauten errichtet. Das wichtigste Merkmal dieser Religion ist ein ausgeprägter Totenkult, der die Urangst des Menschen vor der Vergänglichkeit ausdrückt. Die oberste Instanz der Religion war eine Mutter- und Totengöttin, aus deren Verehrung ein Fruchtbarkeitskult hervorging, der im Glauben an die Wiedergeburt der Toten aus dem Schoß der großen Göttin gipfelte. Für die Verstorbenen wurden gigantische Steingräber errichtet, die im Innern oft mit Darstellungen der Totengöttin versehen wurden.

Menhire (bret. *Men* – Stein; *Hir* – lang; deutsch: Hünenstein): Die langen Steine sind entweder einzeln, oft in der Nähe eines Dolmen als Anzeiger für das Grab, oder in der Ansammlung der Alignements zu finden. Über ihre Bedeutung gibt es vielfältige Spekulationen: vom Fruchtbarkeitssymbol (Phallusform) und Seelenthron (da man annimmt, daß auf jedem Stein die Seele eines Verstorbenen ›sitzt‹), vom Schifffahrtssignal oder Teil riesiger Observatorien bis hin zum Symbol des schöpferischen göttlichen Geistes ist hierbei die Rede. Die Größe der Menhire ist sehr unterschiedlich, der größte noch stehende ist 12 m hoch. Aufgestellt wurden die Steine wahrscheinlich mit Hilfe von Baumstämmen als Rollen und einer schiefen Ebene, von der aus der Menhir ins vorgegrabene Loch gekippt wurde, was sehr anschaulich im Prähistorischen Museum von Carnac dargestellt ist. Der berühmteste Menhir ist der umgestürzte *Men er Hroec'k* (Feenstein oder Grand Menhir) bei Locmariaquer, der ursprünglich 20,30 m hoch war, 350 t wog und heute in vier Teile zerborsten am Boden liegt.

Berühmte Megalithdenkmäler

Der **Tumulus St-Michel** ist mit 125 m Länge, 60 m Breite und 10 m Höhe einer der größten Totenhügel Europas. Über den Grabkammern im Innern ist ein Steinkern aufgeschüttet, dann folgt eine 1,5 m dicke Tonschicht und anschließend nochmals eine Schicht aus groben Steinen. Die Tonschicht war wahrscheinlich als eine Art Dichtung gedacht, um das Innere des Tumulus intakt zu halten. Zentrum des Grabes ist eine trapezförmige Kammer, in der man verbrannte Holz- und Knochenreste, 30 polierte Steinbeile, die aufrecht mit der Schnittfläche nach oben im Boden steckten, eine Kette aus Callaisperlen und Ohrgehänge fand. Neben dem Hauptgrab liegt eine kleinere Kammer. Beide Kammern sind von einem Kranz aus Steinkisten umgeben, von denen zwei Reste von Rinderknochen enthielten, was die Vermutung zuläßt, daß Rinderopfer zum hier ausgeübten Totenkult gehörten. In diesem Kontext stellt sich die Frage nach einer Verbindung zum persischen Mithraskult. Dort kämpfte der Lichtgott Mithras gegen die finsteren Mächte, überwand schließlich das Urtier in Gestalt eines Stiers, und tötete es in einer Höhle.

Ganz am Ostrand des Tumulus fand man eine weitere Kammer, von der man aber nicht weiß, ob ein zeitlicher Zusammenhang zu den Gräbern im Innern besteht, die alle zur gleichen Zeit gebaut und verschlossen wurden. Interessant ist, daß die Gräber des Hügels keinen Gang nach außen haben. Im Gegensatz zu anderen Anlagen der Umgebung sollten die Toten hier ihre ewige Ruhe erhalten. Heute geht man bei der Führung im Tumulus durch einen Gang, den die Archäologen im nachhinein in den Hügel geschlagen haben.

Wegen der beachtlichen Ausmaße der Grabanlage nimmt man an, daß hier ein Fürst begraben wurde (deshalb auch Fürstenhügel), der sich womöglich mit seinem Gefolge und seinen Tieren hat bestatten lassen. Heute datiert man den Bau in die Mitte des 4. Jahrtausends v. Chr. Die ersten Ausgrabungen fanden in den Jahren 1862–64 statt.

Auf dem Grabhügel, von dem aus man an schönen Tagen eine herrliche Sicht hat, steht heute eine kleine Kapelle von 1664 (1923 restauriert), die dem Heiligen Michael geweiht wurde, zu dem früher die Fischersfrauen pilgerten und um günstige Winde für ihre Männer beteten. Der Erzengel wird häufig dort verehrt, wo man ›heidnische Geister‹ vertreiben wollte, d. h. alte Religionen und Traditionen schnell in Vergessenheit geraten sollten.

Auf 1120 m Länge stehen bei den **Alignements von Kermario** 1029 Menhire in 10 Reihen, deren größte Blöcke sich am Westende befinden und 6 m Höhe erreichen. Hier fehlt der Cromlech als üblicher Abschluß der Alignements; statt dessen steht am Südrand der Westseite ein Dolmen. Am Ostrand, ganz zu Beginn der Reihen, wo die Menhire noch winzig klein sind, ragt ein 4 m hoher Menhir zwischen den niedrigen Steinen heraus, der als Indikator für das Langgrab Manio-Kermario II dient. Das Grab mit seinen 45 Steinkisten ist älter als die Steinreihen, was daran erkennbar ist, daß die kleinen Menhire über den sanften Hügel hinweglaufen. An dem großen Menhir wurde die Basis ausgegraben und die unter der Erde liegenden Gravierungen von fünf aufrechtstehenden Schlangen freigelegt. Manche Wissenschaftler deuten die Schlangen- oder Wellenlinien als Fruchtbarkeitssymbole. Daneben lagen fünf polierte Beile, die heute im Museum von Carnac zu besichtigen sind.

Der **Tumulus von Kercado** ist eines der ältesten und besterhaltenen Megalithdenkmäler der Bretagne (ca. 3800 v. Chr. erbaut). 20 m vor dem Eingang mitten im Pinienwald weist ein 2 m hoher Menhir bereits auf das Grab hin, ein 2,15 m hoher Stein auf des Hügels Spitze tut das übrige, damit man die Anlage nicht übersieht. Der 3,5 m hohe Cairn aus groben Steinen ist von einer Erdschicht bedeckt, auf der bis zu Beginn des Jahrhunderts hohe Pinien wuchsen. Um den Hügel läuft ein inzwischen nicht mehr vollständiger Kreis von Menhiren.

Durch einen 6 m langen Gang kommt man in die Grabkammer. Dort wurden bei verschiedenen Ausgrabungen viele Grabbeigaben gefunden: Steinbeile, Callaisperlen, Anhänger, Tonscherben, Goldschmuck und Feuersteingeräte; die Funde sind in den Museen von Vannes und Carnac zu bewundern. Interessant sind die Gravuren auf den Steinen im Innern. Der Deckstein der Grabkammer ist beispielsweise von einer Darstellung geprägt, die man einmal als gestielte Axt (Symbol der Macht oder schlichtes Werkzeug) interpretiert, dann wieder als Verbindungsachse zu anderen Megalithgräbern der Umgebung deutet. Der Stein neben dem Eingang zur Kammer ist mit rechtwinkligen Gravuren versehen, die ein geometrisches Muster bilden.

Bei den **Alignements von Kerlescan** stehen auf einer Länge von 880 m 13 Steinreihen mit 540 Menhiren. Beim Bau des Weilers Kerlescan hat man die Steine im mittleren Bereich der Anlage beseitigt. Dahinter geht es nach 200 m mit den Reihen von Petit Ménec weiter, die noch zum Gesamtkomplex gehören. Besonders sehenswert ist der Cromlech, der die Reihen am Westrand als Halbkreis mit einer Quermauer abschließt. Obwohl die Geschlossenheit des Raumes durch das Fehlen vieler Menhire nicht mehr gegeben ist – heute stehen nur noch 39 Steine –, kann man sich mit etwas Phantasie gut vorstellen, welch gespannte Atmosphäre geherrscht haben mag, als hier, geschützt vor den Augen der Massen, die Rituale stattfanden. Am Nordwestrand des Cromlechs sieht man einen 3,70 m hohen Menhir, der nicht mehr zum Halbkreis gehört. Er ist der Indikator für ein Langhügelgrab (Tertre Tumulaire), das direkt oberhalb des Cromlechs liegt. Dieses besteht aus fünf mit Erde bedeckten Steinkisten, in denen man verbranntes Holz und Knochen, Tonscherben, Feuersteingeräte und ein Beil aus Fibrolit fand (heute im Museum von Carnac zu sehen). Zwischen Grab und Cromlech besteht eine noch nicht völlig geklärte Beziehung, denn Cromlech und Menhir-Indicator sind durch einen gepflasterten Weg verbunden. Dies deutet womöglich auf eine gleichzeitige Erbauung, vielleicht sogar auf das Baumotiv für die Alignements hin. Sollten die Steinreihen Pilgerstraßen einrahmen, auf denen die Prozessionen zu den Toten durchgeführt wurden?

Auf 1167 m Länge stehen bei den **Alignements von Le Ménec** 1099 Menhire in 12 Reihen. Wir haben es hier mit der größten Steinanlage zu tun, deren Besonderheit darin liegt, sowohl am West- als auch am Ostrand mit einem Cromlech versehen zu sein. Der östliche Halbkreis besteht nur noch aus etwa 20 Menhiren und ist kaum zu erkennen. Der West-Cromlech mit seinen 70 Menhiren liegt heute mitten im Weiler von Le Ménec und schließt sich eigenartigerweise nach Süden verschoben asymmetrisch an die Steinreihen an.

Wanderung 21: **Der Golf von Morbihan – Wanderung um die Ile Berder**

Wichtige Hinweise

Dauer: 45 Minuten.
Länge: ca. 3½ km.
Routenart: Rundwanderung.
Wegbeschaffenheit: Meist breiter, manchmal schmaler, gut begehbarer Küstenpfad.
Schwierigkeitsgrad: Leicht.
Orientierung: Leicht; es geht immer an der Küste entlang; Karte: IGN 0921 Ouest; Vannes, Golfe du Morbihan; 1:25000.
Restaurants: In Larmor-Baden.
Bademöglichkeiten: Kleiner Strand im Norden der Insel.
Anfahrt: Mit dem Bus Nr. 22 von Vannes nach Larmor-Baden. Mit dem Auto von Vannes auf der D 101 nach Südwesten nach Larmor-Baden. Dort kann man am Hafen parken und an der Küste entlang nach Osten bis zum Übergang zur Ile Berder gehen. Man kann das Auto aber auch auf dem kleinen Parkplatz neben dem Damm zur Insel abstellen.
Gezeiten: **Achtung!** Die Wanderung kann nur in der Zeit zwischen 2½ Stunden vor und 2½ Stunden nach Niedrigwasser (frz. *Basse Mer*) unternommen werden, weil nur dann der kleine Verbindungsdamm zur Ile Berder aus dem Wasser ragt. Gezeitenangaben sind im Touristenbüro zu erfragen, oder der Tagespresse (Ouest France) zu entnehmen.
Ausflüge: Vom Hafen von Larmor-Baden aus kann man mit dem Boot zur Insel Gavrinis fahren und dort den berühmten Grabhügel besichtigen. Von März bis September fahren die Vedettes Blanches bis auf die Mittagspause jede halbe Stunde zur Insel. Interessant und abwechslungsreich ist auch eine große Rundfahrt durch den Golf, die 3½ Stunden dauert und in der Zeit vom 1. 6.–14. 9. um 14.30 Uhr beginnt, vom 1. 7.–30. 8. auch noch um 10 Uhr startet.

Das ›Kleine Meer‹, wie Morbihan auf bretonisch heißt, zählt durch das Ineinandergreifen von Land und Meer, die zahlreichen Inseln, Buchten, Landzungen und Meeresarme zu den abwechslungsreichsten Landschaften der Bretagne; das Binnenmeer mit dem einen Kilometer breiten Ausgang zwischen Port Navalo und Locmariaquer ist erst in historischer Zeit durch Landabsenkung und einen Meeresspiegelanstieg entstanden. Der Golf liegt bei Niedrigwasser teilweise trocken, doch die über 40 Inseln sind auch dann kaum trockenen Fußes zu erreichen, weil die drei Flußbetten immer Wasser führen und damit die Verbindung zum Festland abschneiden. Die größten Inseln sind die Ile d'Arz und die Ile aux Moines mit knapp 300 bzw. fast 600 Einwohnern, die meisten übrigen Inseln sind in Privatbesitz.

Rundfahrten durch den Golf und zu den beiden großen Inseln kann man von Vannes, Larmor-Baden, Auray, Locmariaquer und Port Navalo aus unternehmen.

Der Golf von Morbihan ist auch prähistorisch interessant, weil hier schon in der Jungsteinzeit intensiv gesiedelt wurde. Unzählige Megalithdenkmäler auf den Inseln bezeugen dies. Damals lag das Gebiet wahrscheinlich noch trocken, was der versunkene Cromlech der Insel Er Lannic beweist.

Auch zur Römerzeit spielte der Golf, der damals schon sein heutiges Gesicht angenommen hatte, eine große Rolle. Historiker streiten sich zwar noch über den genauen Ort, doch ist die Wahrscheinlichkeit groß, daß die Entscheidungsschlacht zwischen den Venetern (keltischer Stamm mit Sitz in Vannes) und den Römern hier im Golf stattfand. Es war im Jahre 56 v. Chr., und Julius Cäsar berichtet in seinem Werk ›De bello gallico‹ (Drittes Buch, Kap. 8–16), daß die Veneter ausgezeichnete Seeleute mit hervorragend ausgestatteten Schiffen waren. Diese hatten im Gegensatz zu den römischen Schiffen flache Kiele, um auch bei Niedrigwasser sicher navigieren zu können; höhere Schiffswände sollten gegen Flut und Stürme schützen; statt der römischen Leinensegel hielten Fell- und Ledersegel auch großen Stürmen stand. Cäsar beschreibt weiter, wie die Veneter trotz ihrer günstigen Ausgangslage besiegt wurden. Wegen einer Flaute waren die Schiffe nicht mehr von der Stelle zu bewegen, woraufhin die Römer, durch ihre flotten Rudergaleeren im Vorteil, mit scharfen, an langen Stangen befestigten Sicheln die venetischen Taue durchschnitten und die manövrierunfähigen Schiffe kaperten. Die Oberschicht der Veneter wurde hingerichtet, die übrige Bevölkerung als Sklaven verkauft. Somit war auch der letzte keltische Stamm in der Bretagne unterworfen.

Wegbeschreibung

Die Wanderung beginnt in Larmor-Baden gegenüber der Ile Berder. Der kleine Damm, der zur Insel hinüberführt, liegt bei Flut unter Wasser. Man kann nur 2½ Stunden vor bis 2½ Stunden nach Niedrigwasser (Basse Mer) trockenen Fußes hinübergelangen. Die Gezeiten – von Ort zu Ort verschieden – sind im Fremdenverkehrsbüro (Syndicat d'Initiativ) oder aus der Tagespresse zu erfahren. Die Insel ist bis auf den unmittelbaren Küstenbereich und den hier beschriebenen Wanderweg in Privatbesitz. Deshalb sollte man den Pfad nicht verlassen.

Nach der Überquerung des Dammes wenden wir uns nach rechts auf den zwischen hohen Pinien und Zypressen verlaufenden idyl-

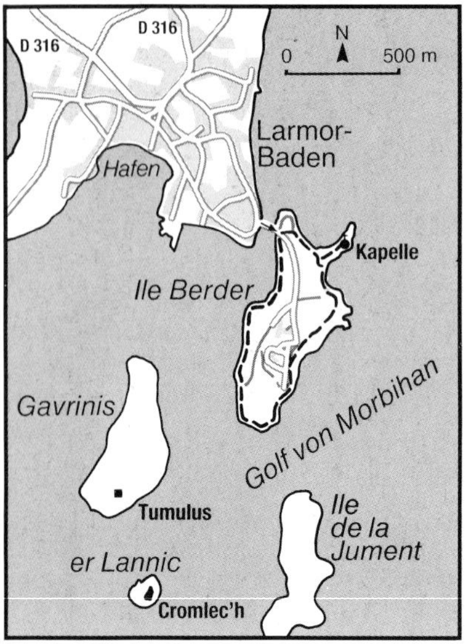

Route 21: Der Golf von Morbihan – Um die Ile Berder

lischen Küstenpfad. Die Vegetation hat hier schon sehr mediterranen Charakter. Zwischen den hohen, oft uralten Bäumen wachsen kleine immergrüne Steineichen, Erdbeerbäume, Yuccapalmen und Mäusedorn *(Ruscus aculeatus),* und offeriert damit ein Pflanzenspektrum, das man sonst eher im Mittelmeerraum antrifft. Nach etwa 20 Minuten eröffnet sich nach rechts ein herrlicher Blick: Vor uns liegt die Insel Gavrinis mit dem berühmten Tumulus, den man hinter den Bäumen erahnen kann. Südlich davon ist die einzige Öffnung des Golfs *(Le Goulet)* zum offenen Atlantik zu sehen. Dort strömt das Meer im Rhythmus der Gezeiten ein und aus.

Neben Gavrinis liegt die kleine Insel Er Lannic, an deren linkem Rand ein halbversunkener Cromlech aus dem Wasser ragt. Dieses Phänomen ist der Beweis dafür, daß die Megalithbevölkerung den Cromlech zu einer Zeit erbaut hatte, in der die Insel noch mit dem Festland verbunden war. Ein Meeresspiegelanstieg vor etwa 4000 Jahren gab Akkerland und Siedlungen dem Wasser preis, und trug gleichzeitig zur Entstehung des Golfes von Morbihan bei. Bei Flut versinkt der Cromlech, ist aber während der Wanderung gut zu sehen, da diese ja bei niedrigem Wasserstand durchgeführt werden muß.

Nach knapp 30 Minuten Wanderzeit sieht man links die Wohnhäuser der Insel liegen. Ein herrschaftliches Gut ist im nachgeahmten Stil einer mittelalterlichen Feudalfestung gebaut. In Hausgärten wachsen südländische Pflanzen wie Palmen und Feigenbäume.

Bald führt uns der Weg an riesigen Zypressen und immergrünen Eichen vorbei. Gleich darauf kann man einen Abstecher zu einer Landzunge machen, der uns zu einer spätgotischen Kapelle führt. Der mit Fialen versehene Bau trägt an der Fassade ein Wappen, das vermutlich der alten Herrschaft der Insel gehörte. Zwei Adler umrahmen das Wappen, über dem eine Krone schwebt, es könnte daher als Anspielung auf die Verwandtschaft zum Königshaus gedeutet werden.

Der Hauptpfad führt uns an einer Bucht mit Austernbänken entlang. Bald kommen wir nach links auf einen Weg, der durch eine Wiese hindurch zum Ausgangspunkt der Wanderung zurückführt (45 Min.).

Gavrinis: Vollendete Kunst im Megalithzeitalter

Die kleine Insel Gavrinis (bret. Ziegeninsel), die mitten im Golf von Morbihan liegt, ist in Privatbesitz; nur der 6 m hohe Cairn (Grabhügel aus Bruchsteinen) im Süden gehört dem Staat. Von Larmor-Baden aus kommt man in wenigen Minuten mit dem Boot herüber.

Das Ganggrab wurde zwischen 4300 und 3800 v. Chr., d. h. im frühen Neolithikum, erbaut. Durch einen 13 m langen Gang, der aus 23 Trag- und 9 Decksteinen

Das Felsengrab auf der Insel Gavrinis

besteht, erreicht man die Grabkammer, einen 1,80 m hohen Raum mit sechs Tragsteinen und einem riesigen Deckstein, der 3 × 4 m groß ist und 17 t wiegt. 23 der 29 Tragsteine weisen Gravierungen in einer Qualität auf, wie sie die neolithische Kunst der Umgebung sonst nicht hervorbrachte. Zunächst wirken die Kunstwerke wie gigantische Fingerabdrücke: Konzentrische Halbkreise, Spiralen und mäandrierende Linien bedecken die Granitblöcke. Die schildförmigen Halbkreise wurden im Vergleich zu Megalithdarstellungen in Frankreich und Spanien als stark abstrahierte Erd- und Totengöttin gedeutet. Im Mittelmeerraum ist diese Göttin eher in konkreten Bildern dargestellt, während die Künstler der Bretagne zur Abstraktion neigten.

Die schildförmigen Halbkreise vervielfachen sich nach oben und zu den Seiten um die Grundabbildung herum. Dies erklärt man als Verherrlichung des Urbildes der Göttin. Oft ist um die Schilde noch eine haarkranzartige Aureole angelegt, die wahrscheinlich eine weitere Erhöhung der großen Muttergöttin beabsichtigte.

Neben der Darstellung der Göttin findet man aber auch Gravuren, die schon aus anderen Gräbern der Umgebung bekannt sind:

- Geschliffene Beile als häufigste Kultgegenstände des Neolithikums; sie wurden nicht nur als Werkzeuge in der Landwirtschaft oder als Waffen benutzt, sondern waren auch ein Zeichen der Macht und könnten metaphorisch die Idee der zerstörenden Macht symbolisieren, vergleichbar etwa der Naturgewalt des Blitzes.

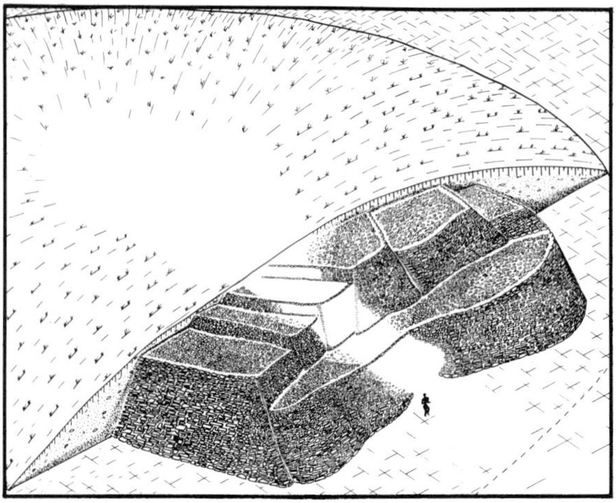

Der Cairn von Gavrinis, stufenförmiger Bau des Steinkerns

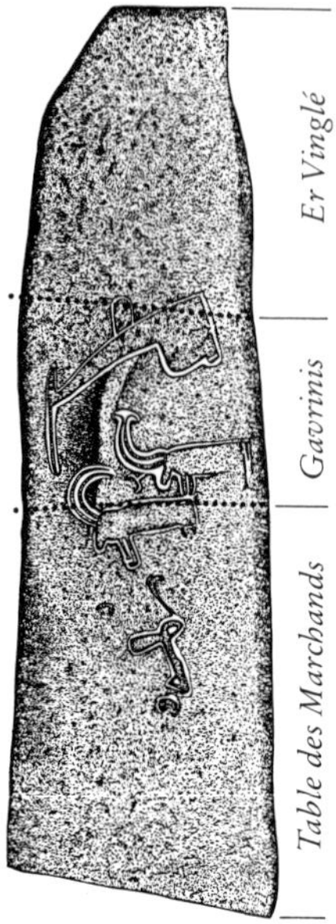

- Krummstäbe stellten möglicherweise den Stab des Schäfers dar und galten damit als Sinnbild der Autorität.
- Hörner oder U-Formen weisen als Stilisierung von Rindern eventuell auf den Stierkult der frühen Mittelmeerkulturen hin.
- Wellenlinien stellen Schlangen oder fließendes Wasser dar und legen die Deutung einer Fruchtbarkeitssymbolik nahe.

Seit 1969 arbeiten erneut Archäologen in Gavrinis. Zunächst befreite man den gestuften Steinhügel (Cairn) von Grasbewuchs und der Erdschicht, wodurch die eigentliche Form der Anlage unverfälscht zum Vorschein kam. Außerdem legte man die Rückseiten von sechs großen Steinen frei. Bei zwei Tragsteinen entdeckte man ältere Gravuren (Krummstäbe und Beile), was beweist, daß diese Blöcke schon in früheren Bauwerken genutzt worden waren.

Als größte Sensation stellte sich 1984 die Entdeckung der Gravuren auf der mit Steinen bedeckten Oberseite des großen Decksteines der Grabkammer dar. Man fand Abbildungen einer 2,80 m langen Pflugschar und einer 2 Meter langen Rindersilhouette mit 1 Meter langen Hörnern sowie Hörner- und Rückgratdarstellungen eines zweiten Tieres. Das schier Unglaubliche ist nun, daß 4 km entfernt auf dem Festland in Locmariaquer das berühmte Ganggrab ›Table des Marchands‹ (Tisch der Kaufleute) einen 50 t schweren Deckstein aufweist, dessen Abbildungen die Gravuren von Gavrinis fortsetzen. Dort sind der Körper des Rindes, von dem man in Gavrinis nur die Hörner sieht, ein Krummstab und ein gestieltes Beil zu sehen. Der Granit beider Steine weist die gleiche Körnung auf, und die Bruchflächen passen genau zusammen. Doch damit nicht genug, im Grab Er Vinglé, ebenfalls in Locmariaquer, fand man einen weiteren Deckstein mit derselben Granitkörnung, dessen Bruchfläche an die andere Seite des Gavrinis-Decksteines paßt. Diese drei Blöcke zusammen bildeten einen Riesenmenhir von 14 m Höhe, in dessen Mitte gigantische Gravuren eingehauen waren. Der Stein wurde später zerstört und in den drei beschriebenen Gräbern wieder verwendet. Ursprünglich stand er in Locmariaquer, da dort heute noch zwei Teile liegen, und bildete mit dem 20,30 m hohen, inzwischen zerborstenen Grand Menhir ein beherrschendes Duo. Vielleicht gehörte der 11 m lange heutige Deckstein des Grabes Mané Rutual aus Locmariaquer ebenfalls zu dieser Gruppe.

Eine andere erstaunliche Entdeckung bei den jüngsten Ausgrabungen war ein langer Brandplatz vor der Fassade des Cairn, auf dem ein Berg von Bruchsteinen auf noch heiße Kohlenglut geschüttet worden war. Dieser Akt der Verwüstung von Gavrinis, der sich zwischen 3480 und 2950 v. Chr. ereignete, bedeutete das Ende für die Nutzung des Grabes. Der damals entfachte Großbrand zerstörte die hölzerne Fassadendekoration; der Eingang wurde mit Bruchsteinen zugeschüttet.

Ein weiteres Ergebnis der neuerlichen Forschungen ist die sehr nüchterne Deutung einer lange umrätselten Kuriosität: Die eigenartigen Höhlungen im ersten Tragstein auf der linken Seite der Grabkammer erklärt man heute als Form natürlicher Meereserosion, die nicht, wie zuvor angenommen, durch Menschenhand entstanden ist. Häufig wurde spekuliert, daß es sich hier um eingemeißelte Fackelhalter für Kultveranstaltungen in der Grabkammer handle. Heute, nachdem man weiß, daß der Mensch seine Hand nicht im Spiel hatte, stellt sich die Frage, ob der Stein trotz oder gerade wegen der Vertiefung zum Bau des Grabes ausgewählt wurde.

Wanderung 22:
Auf der Halbinsel Rhuys – Um den Tumulus von Tumiac

Wichtige Hinweise

Dauer: 2.50 Std. inklusive der Abstecher zur Gezeitenmühle (20 Min.) und zur Bucht von Logeo (45 Min.).
Länge: ca. 11 km, inklusive den 3,5 km langen Abstecher zur Bucht von Logeo.
Routenart: Rundwanderung.
Wegbeschaffenheit: Breite Wiesenwege, manchmal Pfade, z. T. ziemlich überwuchert; kleine, kaum befahrene Straßen (eine gute Stunde).
Schwierigkeitsgrad: Leicht.
Orientierung: Leicht, da fast der gesamte Weg markiert ist. Der Rest ist mit der Beschreibung problemlos zu finden. Markierung: am Hauptweg blau, beim Abstecher zur Bucht von Logeo zunächst rot-gelb, dann ohne Markierung; Karte IGN 0921 Ouest; Vannes, Golfe du Morbihan; 1:25 000.
Restaurants: Neben der alten Gezeitenmühle: Restaurant ›Moulin de Pen-Castel‹.
Anfahrt: Von Vannes aus auf der N 156, dann auf der D 780 (manchmal als N 780 ausgeschildert) in Richtung Sarzeau und Port Navalo um den halben Golf von Morbihan herum. Etwa 4 km vor Port Navalo liegt links der kleine Ort Tumiac, rechts hinter dem Ort ein großer Parkplatz für die Besucher des Tumulus.

Die zweite Wanderung am Golf von Morbihan verläuft an dessen Südseite auf der Halbinsel Rhuys. Ausgangspunkt ist der **Tumulus von Tumiac** kurz vor Port Navalo. Bei Ausgrabungen unter dem 20 m hohen Grabhügel fand man – wie in vielen anderen Grabanlagen – polierte Beile und Callaisperlen.

Nach der Überlieferung soll Julius Cäsar vor mehr als 2000 Jahren hier oben gestanden haben, um der Schlacht gegen die Veneter im Golf von Morbihan beizuwohnen. Aus diesem Grunde wird der Tumulus heute auch oft ›Cäsars Hügel‹ genannt.

Wegbeschreibung

Die Wanderung beginnt auf dem Parkplatz an der D 780, kurz hinter Tumiac, neben dem Tumulus. Wir gehen zunächst nach Norden zum Tumulus und besteigen ihn, um dort, zwanzig Meter höher, den phantastischen Rundblick über den Golf von Morbihan mit seinen Inseln, den Ort Carnac und die Belle-Ile zu genießen. Der Tumulus ist völlig mit Farn und Ginster bewachsen und stellt in der flachen Landschaft eine unübersehbare Erhebung dar.

Der Weg führt dann in nördlicher Richtung am Hügel entlang. Bald biegen wir nach links auf einen geschotterten Feldweg ab (10 Min.), der von Brombeerhecken gesäumt wird. Anschließend folgen wir der blauen Markierung (15 Min.) scharf nach rechts und weiter in leichten Windungen nach Nordosten. In Béninze, einem hübschen kleinen Ort mit schönen alten Häusern, wenden wir uns nach links auf die Dorfstraße (25 Min.). Die Vegetation in den Gärten, in denen Pfirsich- und Feigenbäume, Zypressen und alte Pinien um die Wette wachsen, verbreitet ein südländisches Ambiente.

Der blau markierte Weg ›Circuit de la Butte de César‹ biegt gleich nach rechts ab. Zuvor lohnt es sich jedoch, einen kleinen Abstecher zur **Moulin de Pen-Castel,** einer alten Gezeitenmühle, zu machen. Wir gehen auf der Dorfstraße geradeaus weiter bis zur Brücke, an deren Anfang (35 Min.) sich die alte Gezeitenmühle befindet, bei der die Kraft des ein- und ausfließenden Gezeitenwassers genutzt wurde, um das Mühlwerk anzutreiben. Sie gehörte zuerst den bretonischen Herzögen und wurde später mit den Mönchen von Rhuys geteilt. Die Bevölkerung der Gegend war bis zur Französischen Revolution verpflichtet, ihr Getreide hierher zum Mahlen zu bringen.

Man kehrt nun wieder zum Ausgangspunkt des Abstechers zurück und folgt dann dem gut markierten Weg nach links (45 Min.). Bald darauf führt uns der blaue Balken nach rechts (50 Min.). In Porh Nèze folgen wir der Dorfstraße zunächst nach rechts (1 Std.) und treffen nach wenigen Metern links auf eine Quelle. Hier steigen wir einige Stufen hinauf und wandern auf einem sandigen Fahrweg parallel zur Straße nach links. Die Markierung fehlt an dieser Stelle, taucht aber kurz darauf wieder auf. Linker Hand öffnen sich immer wieder schöne Blicke auf das Buchten- und Inselgewirr des Golfes. Kurz vor Le Net führt der Weg an einer Bucht entlang, die bei Niedrigwasser trockenliegt. In Le Net weist die Markierung auf die Straße (1.20 Std.).

Von hier aus kann man einen Abstecher zur **Bucht von Logeo** mit ihren Austernparks anschließen. Der Weg hin und zurück dauert 45 Min. und ist die Mühe wert. Läßt man den Abstecher zu den Austernparks aus, ist man in 45 Minuten wieder in Tumiac.

Der Abstecher führt uns kurz auf der Straße nach links, dann gleich nach rechts an alten Zypressen vorbei. Wir halten uns eine Weile lang an die rot-gelbe Markierung. Links auf der Wiese liegt ein umgestürzter Menhir. Kurz darauf mündet der Weg in ein Sträß-

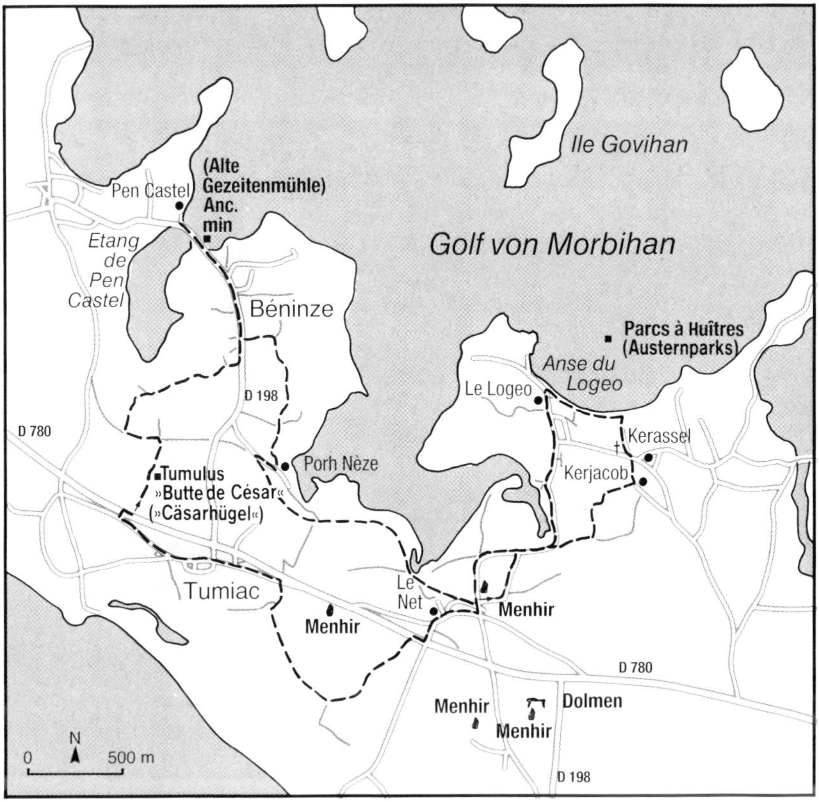

Route 22: Auf der Halbinsel Rhuys – Um den Tumulus von Tumiac

chen, dem wir nach Norden folgen. Auf einer größeren Straße wandern wir nach rechts, in Richtung Osten (1.25 Std.). Zwei Minuten später macht die Straße eine Linkskurve; wir wandern geradeaus auf einem Feldweg. Die rot oder rot-gelbe Markierung ist nur schwach zu erkennen. Es geht zwischen Farn, Ginster- und Brombeerbüschen im Bogen nach Norden durch die Heidelandschaft, an einem Tennisplatz nach rechts, kurz darauf scharf nach links (1.35 Std.).

Bald kommen wir an eine Straße, an der die rot-gelbe Markierung nach rechts weist. Wir biegen jedoch nach links und gleich darauf bei einem Granitkreuz nach rechts, zum Meer hinunter, ab. Von nun an kehren wir auf einem nicht markierten Weg zum Beginn des Abstechers zurück.

Die Bucht Anse de Logeo mit ihren Austernbänken, die allerdings nur bei Niedrigwasser zu sehen sind, liegt vor uns. Wir spazieren auf einer kleinen Kaimauer an der Bucht entlang nach links. Bänke und ein herrlicher Blick über den Golf laden zum Verweilen ein. Sobald wir auf die Straße im Ort Le Logeo stoßen (1.45 Std.), wenden wir uns nach links und verlassen die Bucht. Die wenig befahrene Straße verläuft in Windungen an kleinen Golf-Armen entlang, die bei Niedrigwasser trockenliegen. Nach 20 Minuten ist wieder der Ausgangspunkt des Abstechers in Le Net erreicht (2.05 Std.).

Wir folgen jetzt wieder der blauen Markierung und gehen auf der Straße geradeaus nach Süden bis zum Schild, das zur N 780 nach Port Navalo weist. Unser Markierungspfeil führt nach rechts auf die Dorfstraße von Le Net. An den letzten Häusern folgen wir einem Schild zum ›Plage du Kervert‹ nach links. Auf der Hauptstraße N 780 gehen wir kurz nach rechts und 50 m weiter gleich wieder nach links auf einen Weg (markiert), der mit Farn, Ginster und Brombeeren überwachsen, aber noch gut zu erkennen ist. Bald weist uns der blaue Pfeil nach rechts, der Weg ist jetzt ein schmaler, sehr dicht bewachsener Pfad, was sich jedoch von Jahr zu Jahr ändern kann, je nachdem wie gründlich die Gemeinde die Pflege der Wanderwege betreibt. Bei einer Gabelung wählen wir den rechten Weg (2.35 Std.) und kommen wenig später an eine Straße, auf der wir nach links parallel zur großen Hauptstraße in den Ort Tumiac wandern. Hier geht das Sträßchen in die Rue Jules César über, der Hauptachse von Tumiac, auf der wir den Ort durchqueren. Sobald unsere kleine Straße sich der großen N 780 nähert, überqueren wir diese und kommen zum Parkplatz des Tumulus von Tumiac, dem Ausgangspunkt der Wanderung (2.50 Std.).

Wanderung 23:
Forêt de Paimpont – Im Zauberwald von Brocéliande

Wichtige Hinweise

Dauer: 3.20 Std.; mit dem 90minütigen Abstecher: knapp 5 Std.
Länge: ca. 11 km, mit Abstecher ca. 16 km.
Routenart: Rundwanderung.
Wegbeschaffenheit: Bequeme Wald- und Feldwege, schmale Pfade.
Anstiege: Sanft, maximal 100 Höhenmeter.
Schwierigkeitsgrad: Leicht. (Eventuell durch die bei dem gewaltigen Orkan im Herbst 1987 umgestürzten Bäume etwas erschwert).
Orientierung: mittel; ein Kompaß kann bei verschwundenen Wegen (durch Waldbrände und Orkane verursacht) hilfreich sein; meist gute Orientierung anhand der blauen Markierung; der Abstecher nach Tréhorenteuc wird von der rot-weißen GR-37-Markierung begleitet. Karte: IGN 1019 Est; Ploërmel; 1:25000.
Restaurants: Keine; im Abstecherziel Tréhorenteuc zwei kleine Bars; Verpflegung und Getränke für ein Picknick besorgen (Einkaufsmöglichkeiten in Rennes, Ploërmel-, Paimpont, Campénéac)!
Anfahrt: Von Ploërmel auf der N 24 in Richtung Rennes; nach 8 km hinter Campénéac auf der D 312 in Richtung Paimpont nach Nordosten, vorbei am Schloß Trécesson bis zum verlassenen Weiler St-Jean.
Übernachtung: In Paimpont idyllisch und preiswert.

Der Wald von Paimpont, im Volksmund und in vielen Legenden auch ›Brocéliande‹ genannt, ist mit über 7000 ha das größte geschlossene Waldgebiet der Bretagne. Vor 2000 Jahren war der größte Teil des bretonischen Landesinneren noch mit Wald bedeckt, wovon der keltische Name ›Argoat‹ – ›Land des Waldes‹ zeugt. Der Zweck der Rodungen war einerseits die Ausdehnung der landwirtschaftlichen Nutzfläche und andererseits die Holznutzung für die Eisenindustrie im 18. und 19. Jh.

Die geologischen Schichten des Waldgebietes lagern auf den ›grünen‹ Schiefern des Brioverian. Vor 800 Mio. Jahren, in einer sehr frühen Phase unserer Erdgeschichte, wurden während einer Meeresbedeckung Tone abgelagert. Diese verfestigten sich später zu Schiefern, die heute in den Becken von Rennes und Ploërmel zu finden sind. Darüber lagern die 500 bis 800 Mio. Jahre alten roten Schiefer des Kambriums, die man besonders in den Randgebieten des Waldes von Paimpont findet. Auf unserer Wanderung begegnen wir diesem rötlichen Gestein häufig. Im zentralen Waldgebiet und gleichzeitig im Bereich der höchsten Erhebungen (bis 258 m) herrscht der harte und helle armorikanische Sandstein des jüngeren Ordovizium vor (ca. 450 Mio. Jahre alt). Auch er entstand durch Ablagerungen eines urzeitlichen Meeres.

Die ursprüngliche Vegetation des Waldes von Paimpont bestand vor allem aus Buchen und Eichen, die auch heute noch vorherrschen. Ihr Unterwuchs setzt sich aus Efeu, Farnen, Ginster, Stechpalmen *(Ilex aquifolium)* und Fingerhut *(Digitalis purpurea)* zusammen; an den Bächen findet man die feuchtigkeitsliebenden Weiden. Seit etwa 150 Jahren wurden einige Pinienarten angepflanzt. Wo der Boden wegen des anstehenden Felsens für Bäume zu flachgründig ist, gedeiht die typisch bretonische Heideformation der *Landes:* Ginster, Heidekraut und Brombeeren. Diese Pflanzen wachsen so schnell, daß sie nicht selten innerhalb eines einzigen Jahres einen Wanderweg bis zur Unkenntlichkeit überwuchern.

Château de Trécesson bei Paimpont (15. Jh.)

Wegbeschreibung

Die Wanderung beginnt an der kleinen Kapelle St-Jean, einem Bau des Johanniterordens, in einem romantisch gelegenen, verlassenen Weiler. Hier ist genügend Platz, das Auto abzustellen. Wir überqueren die Straße (D 40) und gehen auf einem Fahrweg in etwa südwestlicher Richtung. Links weisen Warntafeln auf Militärgelände und einen Schießplatz hin. Unser Weg führt jedoch ungefährdet am Rand dieses Gebietes entlang. Nach einem Rechtsbogen (20 Min.) wandern wir in mehreren Serpentinen bergab. Es eröffnet sich ein weiter und anmutiger Blick über die Ebene nach Süden. Kurz darauf ist das **Schloß von Trécesson** erreicht (45 Min.). Der spätmittelalterliche Bau aus dem 15. Jh. liegt sehr idyllisch im Tal und spiegelt sich in einer künstlich angelegten Wasserfläche wider. Leider ist die Besichtigung des in Privatbesitz befindlichen Schlosses nicht möglich. Einen Blick über das Tor in den kleinen Park des eleganten Baus mit seinen gepflegten Beeten und Granitstatuen kann man jedoch wagen.

Nach dem Schloß spaziert man halbrechts durch den zum Herrenhaus gehörigen Weiler in westlicher Richtung, stößt auf die von Ploërmel kommende D 312 und folgt ihr nach rechts. An einer Abzweigung biegen wir nach links in Richtung Le Lidrio ab (weißes Kreuz an der Ecke; 55 Min.).

Die blaue Markierung führt uns leicht bergauf. Bald kommen wir aus dem Wald heraus und steigen zwischen Besen- und Stechginstergebüsch auf eine Anhöhe. An einigen Stellen ist das anstehende Schiefergestein zu sehen. Kurz vor dem höchsten Punkt (1.10 Std.) biegt man, der Markierung folgend, nach links ab. Linker Hand öffnet sich ein weiter Blick über die Ebene von Ploërmel. Der Pfad führt parallel zum Hang um einen kleinen Gipfel herum.

Etwa 100 m vor dem stark beschädigten Granitkreuz Croix Lucas, das von einer Wegkreuzung aus links liegt (1.30 Std.), wandern wir geradeaus auf einem neu angelegten breiten Fahrweg zum Grab des Riesen (**Tombeau du Géant,** Wegweiser). Dieses Monument (1.35 Std.) besteht aus zwei großen Schieferblöcken mit einer dazwischen liegenden Grube. Hier handelt es sich um ein Megalithgrab aus dem 18. Jh. v. Chr. Auf dem gleichen Weg kehren wir zur Wegkreuzung zurück und biegen dann nach rechts zum Lukaskreuz ab. Dort folgt man wieder der blauen Markierung, die nach rechts weist (1.40 Std.); der breite Weg ist bald rot geschottert. Kurz bevor man auf eine kleine Teerstraße stößt, biegt man nach links auf einen Weg ab (blau markiert).

Bald folgt man dem Hauptweg nach rechts (1.55 Std.). Wieder ist eine Höhe zu erklimmen. Drei Minuten später biegt der blau markierte Weg nach links ab (nach einem Waldbrand im September 1990 zur Zeit nicht begehbar). Wer das Haus der Viviane sehen will, geht geradeaus weiter (weißer Pfeil), an einem Feld entlang, bald auf einem schmalen Pfad steil bergauf über die roten Schiefer hinweg bis zur höchsten Erhebung (191 m). Wenige Meter nördlich davon liegt ein altes Megalithgrab aus roten Schieferplatten (2.05 Std.), das unter dem Namen **Haus der Viviane** bekannt ist.

In nördlicher Richtung bringt uns der schmale Pfad (teilweise sehr steil und nicht markiert) durch Brombeergestrüpp und Farnsträucher wieder bergab. Den Abstieg blokkieren immer noch einige Bäume, die im Oktober 1987 durch einen Orkan entwurzelt worden waren, es ist aber inzwischen unproblematisch, sie zu umgehen bzw. sie zu übersteigen. Nach einer Weile kommen wir an eine erste Talsohle mit einem kleinen Bachlauf (2.10 Std.), dem wir talabwärts folgen. Der blau markierte Wanderweg, der direkt ins Tal ohne Wiederkehr führt (ohne den Abstecher zum Haus der Viviane), taucht kurz darauf von links oben kommend neben uns auf (2.25 Std.). Es geht weiter talabwärts, bis wir an mehreren Wanderwegweisern auf das **Tal ohne Wiederkehr** stoßen (2.30 Std.).

Es gibt zwei Möglichkeiten, von hier aus den Weg fortzusetzen. Man kann einen **Abstecher** unternehmen und entgegengesetzt

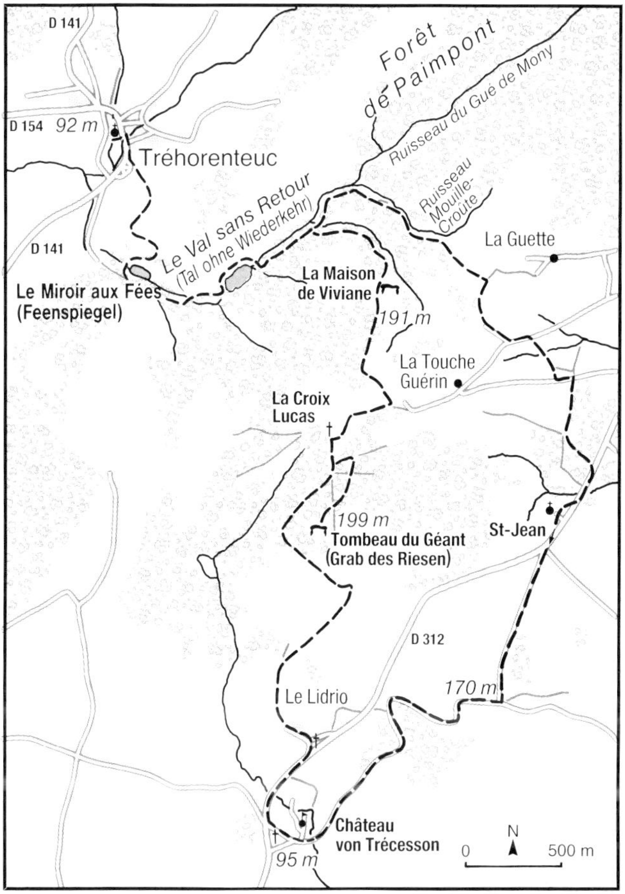

Route 23: Forêt de Paimpont – Im Zauberwald von Brocéliande

zur blauen Markierung nach links abbiegen, d.h. der rot-weißen GR-37-Markierung durch das Tal ohne Wiederkehr nach Tréhorenteuc folgen. Dabei kommt man nach fünf Minuten an einen kleinen, neu angelegten See, biegt über eine Brücke nach rechts ab und folgt der GR-Markierung auf eine Anhöhe, spaziert oberhalb des Sees, dann über einige Treppen hinab und über den ebenfalls neu angelegten Damm. An dessen Ende wendet man sich nach rechts und wandert am Bachlauf entlang bis zum nächsten Gewässer, einem Teich mit dem geheimnisvollen Namen Feenspiegel (Miroir aux Fées). Am Seeende biegt man nach rechts auf den Damm ab, läßt sich von der rot-weißen Markierung über eine kleine Holzbrücke leiten und steigt dahinter links über die Felsen steil bergauf. Der Weg führt durch Ginstergebüsch hoch über das Tal ohne Wiederkehr und bietet jetzt einen schönen Ausblick. An einer Kreuzung mit Wandermarkierungen folgt man dem Wegweiser in Richtung Tréhorenteuc nach links, zwei Minuten später auf einem roten Schotterweg erneut nach links und nun hinab zum Wanderparkplatz und ins Dorf **Tréhorenteuc** (45 Min.) hinein. Dort liegt links die Dorfkirche, die keltisch-bretonische und christliche Traditionen in sich vereint. Besonders sehenswert sind die Glasfenster und Bilder der Kirche mit Motiven der Tafelrunde, des Abendmahls, des Heiligen Gral und der Legenden um die Fee Morgane (s. S. 190). Auf dem gleichen Weg kehrt man nach der Besichtigung zum Ausgangspunkt des Abstechers zurück und wandert dort geradeaus weiter.

Die zweite Möglichkeit besteht darin, auf den 1½stündigen Abstecher zu verzichten und sich gleich nach rechts auf den schmalen, blau markierten Pfad am Fluß zu begeben. (Dann sollte man nach der Wanderung aber unbedingt mit dem Auto in Tréhorenteuc vorbeifahren!)

Durch das Tal ohne Wiederkehr (das Flüßchen ist vom Weg aus leider nicht zu sehen) wandern wir weiter. Die folgenden Zeitangaben beziehen sich auf die zweite der oben genannten Varianten. Unser Pfad mündet bald in einen breiten Fahrweg (2.35 Std.), dem wir, immer noch im Wald, nach rechts folgen. Die rot-weiße und die blaue Markierung begleiten uns. Wir folgen dem Weg nach links (2.45 Std.) aus dem Wald heraus und gehen zwischen Viehweiden und Streuobstwiesen bergauf. Oben stoßen wir auf ein kleines Sträßchen und ein Steinkreuz. Die rot-weiße Markierung verläßt uns nach links, wir gehen rechts auf der Straße weiter. Bald durchqueren wir einen Bauernhof (2.55 Std.). Kurz darauf folgen wir einer größeren Fahrstraße nach links, jedoch nur wenige Meter, dann weist uns die Markierung nach rechts. Wiederum gehen wir mit einer größeren Fahrstraße nach links, gleich darauf weist uns die Markierung nach rechts in den Wald. Auf einem kleinen Sträßchen wandern wir später nach links (3.05 Std.), 100 m weiter aber gleich wieder mit der Markierung nach rechts.

Bald kommen wir an die Straße nach Paimpont (D 40, 3.15 Std.) und folgen ihr etwa 300 m nach rechts. Dort liegt St-Jean, der Ausgangsort unserer Wanderung (3.20 Std.).

Legendäre Gestalten im Wald von Brocéliande

Der Zauberer Merlin: Vom vergessenen Abendgebet eines jungen Mädchens profitierte der Teufel, der das schöne Kind bei Nacht mißbrauchte, ohne daß es etwas davon merkte. Den Jungen, der daraufhin zur Welt kam, ließ seine Mutter sogleich taufen und nannte ihn Merlin. Da er aufgrund hellseherischer Fähigkeiten über Kenntnisse sowohl vergangener wie zukünftiger Ereignisse verfügte, wurde Merlin schon in jungen Jahren Berater von König Vortigern, später von Uther Pendragon und schließlich von König Artus. Eines Tages traf er im Wald von Brocéliande an der Quelle von Barenton die **Fee Viviane.** Die beiden verliebten sich ineinander, und er zauberte ein wunderbares Schloß mit einem tiefen See herbei. Viviane wurde deshalb auch die ›Dame vom See‹ genannt. Hier zog sie den verwaisten Lancelot auf, der als **Lancelot vom See** später der edelste aller Ritter der Tafelrunde wurde.

Eines Tages entlockte Viviane ihrem Merlin auch noch das letzte Geheimnis seiner Zauberkunst und probierte es dann auf der Stelle an ihm aus. Während Merlin schlief, sprach sie die Zauberformel und erbaute ein durchsichtiges, aber undurchdringliches Gefängnis um ihn, so daß er ihr nimmermehr entrinnen konnte.

Morgane: Die Halbschwester von König Artus, Herrin von Avalon, heilkundig und gebildet, wurde im Wald von Brocéliande zur bösen und rachsüchtigen Fee. Möglicherweise hatte die Kirche bei dieser Deutung ihre Hand im Spiel, da in Morgane die keltische Muttergöttin Modron wiederzuerkennen ist, deren Kult man gerne gebrochen sah. Morgane, so beschreibt es Maud Ovazza, hauste im Tal ohne Wiederkehr, vergrämt und nach Vergeltung trachtend, weil ein von ihr bewunderter Ritter ihr seine Gunst nicht geschenkt hatte, sondern eine andere, jüngere Frau liebte. Jeder Mann, der nun das Tal betrat und seiner Frau auch nur einmal untreu geworden war, blieb für immer Gefangener der Fee. Bis auf den Verlust der Freiheit führten diese Männer jedoch ein höchst angenehmes Leben. Eines Tages kam der Ritter Lancelot in diese Gegend. Er war seiner Geliebten, der Königin Guinevra, niemals untreu gewesen, brach den Bann der Fee und befreite zum großen Ärger Morganes alle Eingesperrten.

Die Kirche von Tréhorenteuc

Der schlichte Bau aus dem 17. Jh. besticht besonders durch seine zur Berühmtheit gelangte Ausstattung, die dem Pfarrer Abbé Gillard zu verdanken ist, der der kleinen Gemeinde von 1942–1962 vorstand. Als er 1979 im Alter von 78 Jahren verstarb, gab man ihm einen ewigen Ruheplatz in ›seiner Kirche‹. Sein ungewöhnliches Interesse für die heidnischen und keltischen Mythen spiegelt sich in den zunächst als ›skandalös‹ empfundenen Kirchenfenstern und Bildern mit Motiven aus alten Legenden wider, die heute Besucher aus aller Welt in ihren Bann ziehen.

1943 waren die beiden Fenster rechts und links des Hauptaltars vollendet: ›Das letzte Abendmahl‹ und die ›Erscheinung des Grals‹ zeigen, daß ein Zusammenhang zwischen der letzten Feier der Apostel mit Jesus und der Tafelrunde des Königs Artus besteht. Auf beiden Tischen steht ein Gral. In der Apostelrunde diente das Gefäß der Zelebration der Eucharistie und steht als Kelch des Blutes Christi symbolisch für sein späteres Leiden. Den Rittern Artus' galt die Suche nach dem Gral – dem Sinnbild der messianischen Hoffnung und Erlösung – als höchstes Lebensideal. In vorchristlichen Zeiten war der Gral für die Kelten ein Symbol der Fruchtbarkeit, der unversiegbaren Lebenskraft. Die mittelalterliche Artus-Literatur christianisierte den keltischen König. Aus dem heidnischen Kelch wurde ein christliches Erlösungssymbol gemacht.

1945 bat der Pfarrer die Behörden in Rennes, zwei deutsche Kriegsgefangene, einen Maler und einen Tischler, für ihn freizustellen. Diese beiden, Karl Rezabeck und Peter Wisdorf, schufen in knapp zwei Jahren einen Kreuzweg, Altäre und weitere Bilder mit heidnisch-christlichen Legenden. Das Besondere am Kreuzweg ist, daß nur zwei der vierzehn Leidensstationen Jerusalem zum Schauplatz haben, alle übrigen Stationen liegen in und um Tréhorenteuc. Die zweite Station der Passion Christi wurde in den Hof des Pfarrhauses verlegt. Der in dieser Szene dargestellte Tischler, der das Kreuz anfertigte, trägt die Gesichtszüge des deutschen Kriegsgefangenen Wisdorf. Beim ersten Sturz (3. Station) liegt Jesus zu Füßen eines Pharisäers, der, nach den Angaben des Pfarrers, die Hochmut symbolisieren soll. Das Treffen des zum Tode Verurteilten mit seiner Mutter findet vor dem Château de Rue Neuve in Tréhorenteuc statt; im Hintergrund ist der Maler Karl Rezabeck in Gestalt eines römischen Soldaten abgebildet. Simon von Kyrene übernimmt dann das Kreuz am Eingang des Tals ohne Wiederkehr. Christus stürzt zum zweiten Mal (7. Station) neben einem anderen Pharisäer, der die Habsucht darstellt. Beim dritten Sturz Christi (9. Station) wird die Wollust, als dritte der menschlichen Sünden, durch die legendäre Fee Morgane aus dem Tal ohne Wiederkehr verkörpert. An der 11. Station, kurz vor der Kreuzigung, ist in der rechten unteren Ecke eine deutsche Feldflasche zu erkennen, die, ebenso wie die zuvor beschriebenen Beispiele, die Kriegsgeschichte der beiden deutschen Gefangenen und die Passion Christi miteinander verknüpfen.

Das schönste Fenster der Kirche entstand 1951 und ist im Chor zu bewundern. Der hier dargestellte heilige Gral steht auf einem brennenden Busch inmitten des Bildes und erstrahlt in glänzender Pracht. Links davon kniet Joseph von Arimathäa, Hände und Blick Christus und dem Kelch zugewandt. Über dem Knienden hängt das Kreuz Jerusalems; an den Seiten ergänzen Tiersymbole der vier Evangelisten und das Wappen der Bretagne das kirchliche Fensterbild.

Interessant ist auch das große Mosaik am anderen Ende der Kirche, das einen von vier Löwen umgebenen weißen Hirsch zeigt. Der Hirsch als ein Symbol der Passion Christi wird bei der Parforcejagd zu Tode gehetzt und später unter den Jägern – wie des Erlösers Leib in der Feier der Eucharistie unter den Gläubigen – verteilt. Einer Legende zufolge sollen dem Gralsucher Galahad der Hirsch und die vier Löwen begegnet sein. Als er ihnen in eine nahe Kirche folgte, verwandelten sich die fünf Tiere während der Messe in Christus und die vier Evangelisten.

In den Kapellen, der Sakristei und dem Narthex (Vorhalle), gibt es noch viele beachtenswerte Bilder und Fenster zu bewundern. Ausführliche Broschüren, die man in der Kirche erwerben kann, geben über ihre Bedeutung Auskunft.

Wer war König Artus wirklich?

Artus' legendäre Geschichte basiert vor allem auf den im 12. Jh. in England und Jersey von Geoffrey von Monmouth und Wace verfaßten Werken.

Artus (oft auch Arthur), Sohn des Königs Uther Pendragon und der Igraine, soll im Britannien des 5. Jh., das von räuberischen sächsischen und piktischen Stämmen heimgesucht wurde, gelebt haben. Im Alter von 15 Jahren verliert er seinen Vater, den die Sachsen vergifteten. Artus wird zum König über Britannien gekrönt.

Trotz seiner Jugend und dank seines wundertätigen Schwertes Excalibur von der Insel Avalon besiegt er die Sachsen – Britannien findet zwölf Jahre lang Frieden.

Artus heiratet die schöne Guinevra und begründet die berühmte Tafelrunde. Die tapfersten aller Ritter versammeln sich regelmäßig am Hofe des Königs um die große runde Tafel, die durch ihre Form alle Plätze gleichwertig macht. Nur der Stuhl rechts von Artus ist unbesetzt – ein Pendant zur Tafel des letzten Abendmahls, bei welcher der Platz des Verräters Judas ebenfalls frei blieb. Der ›gefährliche Sitz‹ an der britischen Tafel wird schließlich vom edelsten und reinsten aller Ritter eingenommen, der würdig genug ist, die Suche nach dem Heiligen Gral zu leiten. In einigen Versionen heißt dieser Ritter Parcival, oft aber auch Galahad, Sohn des Lancelot.

Hier finden wir erneut eine Verbindung zum Christentum: Der Gral ist der Kelch des letzten Abendmahls, in dem später Joseph von Arimathäa das Blut des Gekreuzigten auffing. Aber schon die keltische Religion, deren Vorstellungen Artus im 5. Jh. nicht fremd waren, kannte wundertätige Gefäße. Sie waren keine Erlösungssymbole, sondern spendeten Lebenskraft und Fruchtbarkeit. In modernen Deutungen werden die Gefäße auch als Muttersymbole interpretiert.

Die Verhaltensweisen der Ritter der Tafelrunde entsprechen eher dem höfischen Kodex des 12. Jh., und damit der Entstehungszeit der beiden ältesten Artuszyklen, als der spätrömischen Zeit. Das Tragen von Rüstungen, ritterliche Wettstreite und höfische Liebesaffairen waren in der beschriebenen Form in den Zeiten des historischen Königs Artus unbekannt.

Eines Tages begehrt König Artus seine Macht auch im übrigen Europa zu erproben. Auf seinem Siegeszug erobert er bald Norwegen, Dänemark und Teile Galliens. Als er nach Rom ziehen will, um die verfallene Bastion des ehemaligen Weltreiches einzunehmen, hört er von Verrat durch seinen Neffen Mordred und kehrt schnellstens in die Heimat zurück. Dort hatte der von ihm als Stellvertreter eingesetzte Neffe die Macht an sich gerissen und die Königin zu seiner Geliebten gemacht. (Andere Versionen der Legende nennen Lancelot, den edelsten aller Ritter, als den Liebhaber der Königin.) Es kommt zu einer blutigen Schlacht, in der Mordred getötet und Artus schwer verwundet auf die Insel Avalon geführt wird, um sich von seiner Halbschwester Morgane gesundpflegen zu lassen. Artus kehrt nicht mehr zurück, soll aber der Legende nach eines Tages wieder auftauchen, um Britannien zu seiner alten Pracht und Größe zu führen.

Dem englischen Artusforscher Geoffrey Ashe ist es in seinem neuesten Buch ›König Arthur. Die Entdeckung von Avalon‹ gelungen, ein klares Bild der historischen Person Artus zu zeichnen. Seine Untersuchungen führten ihn zum britischen König Riothamus, der von 454 bis 470 als Hochkönig regierte und sich besonders dadurch auszeichnete, daß er die vordringenden Sachsen in Britannien zurückdrängte, und dem Land Frieden verschaffte. Darüber hinaus war er der einzige britische König in dieser Zeit, der sein Heer nach Gallien – ins heutige Frankreich – führte, um auch dort gegen die Sachsen zu kämpfen. Nach der erfolgreichen Schlacht an der Loire sollten die Westgoten geschlagen werden, diese erfuhren durch Verrat von den Plänen, und griffen nun ihrerseits an. In dieser Schlacht wurden die britischen Truppen am Indre, einem Nebenfluß der Loire, vernichtend geschlagen. Ihr König Riothamus zog sich mit den Überlebenden zu den verbündeten Burgundern zurück. Dort verlor sich seine Spur. In Burgund liegt auch der Ort Avallon. Sollte die geheimnisvolle Insel Avalon der Ort Avallon in Burgund gewesen sein?

Riothamus könnte, wie viele romfreundliche Briten damals, einen weiteren römischen Namen – Artus – gehabt haben. Er ist jedenfalls die einzige historisch belegte Persönlichkeit, die sich durch ihr Verhalten mit dem legendären Artus vergleichen ließe. Die Chronisten Geoffrey und Wace haben aus dem Leben Artus' eine phantasievolle Legende gemacht, wobei sie Artus zum feudalhöfischen Kriegsherren stilisierten und viele Einzelheiten hinzudichteten. Der Gallienfeldzug und die Befriedigung Britanniens sind jedoch historische Tatsachen. Chrétien de Troyes (um 1135–vor 1190) und Wolfram von Eschenbach (›Parcival‹, um 1210) tragen dem Rechnung, indem sie Artus häufig in der Bretagne hofhalten lassen. Beide Autoren verbinden Artus nicht nur wegen des Gallien-Abenteuers mit der Bretagne: Die vom 5.–7. Jh. vor den Sachsen in die Bretagne geflohenen britischen Kelten brachten ebenfalls Elemente der Artus-Legende in ihre neue Heimat. Diese wurden zur unerschöpflichen Quelle der mittelalterlichen Artus-Dichtung.

Wanderung 24:
Durch die Sumpflandschaft der Grande Brière

(auch als Radwanderung geeignet)

Wichtige Hinweise

Dauer: 4.40 Std., ohne Kahnfahrt in Le Clos d'Orange.
Länge: ca. 19,5 km.
Routenart: Rundwanderung.
Wegbeschaffenheit: Knapp ⅔ des Weges führen über kleine asphaltierte Straßen, gut ⅓ über gut begehbare Fahrwege. Wegen des dichten Straßennetzes und der vielen Privatgrundstücke ist man leider auf die Straßen angewiesen, weshalb sich diese Tour auch besonders gut als Radwanderung eignet. In Kerhinet kann man Räder ausleihen.
Schwierigkeitsgrad: Leicht.
Orientierung: Mittel. Der erste Teil der Wanderung sollte eigentlich grün markiert sein, davon ist aber ausgesprochen wenig zu sehen. Ab Kerhinet wandert man mit kurzen Unterbrechungen auf rot-weiß markierten GR-3-Wegen. Man sollte möglichst auf der ganzen Strecke die Beschreibung lesen, um nicht den Weg zu verlieren. Karte: IGN 1022; La Roche-Bernard; 1:50000.
Restaurants: In Kerhinet und in St-Lyphard; picknicken kann man am Barkenanlegeplatz Le Clos d'Orange und in Kerhinet (Einkaufsmöglichkeiten in St-Lyphard).
Übernachtung: Im Modelldorf Kerhinet; vorher unbedingt anmelden (unter St-Lyphard im Logis-de-France-Führer), da es in der sehr gefragten Auberge nur sieben Zimmer gibt.
Anfahrt: Von La Roche-Bernard aus nach Süden bis Herbignac, von dort aus auf der D 47 nach Südosten bis St-Lyphard. Von La Baule aus nach Norden auf der D 774 oder D 92 nach Guérande. Von dort aus nach Nordosten auf der D 51 nach St-Lyphard.

Seit 1970 gibt es den Naturpark ›Parc Naturel Régional de Brière‹ mit 40000 ha, dessen Zentrum die Grande Brière, ein 6700 ha großes Torfmoor, ist. Die Landschaft ist, geologisch betrachtet, noch sehr jung. Vor langer Zeit standen hier weite Wälder, die im Neolithikum schon von Menschen bewohnt waren. Dann, vor etwa 7500 Jahren, entstand durch eine Flutkatastrophe eine Bucht mit vielen kleinen Inseln, ähnlich dem Golf von Morbihan. Die Flüsse Loire und Vilaine schwemmten im Verlauf der folgenden Jahrtausende so viel Schlamm und Sand in die Bucht, daß diese langsam verlandete. Es entstanden Sümpfe; die Wasserpflanzen vertorften. Heute ist die Grande Brière nach der Camargue Frankreichs zweitgrößtes Sumpfgebiet.

Die Sümpfe werden von Kanälen durchzogen, die die ›Inseln‹ – kleine Siedlungen auf Granitfelsen – miteinander verbinden. Noch im letzten Jahrhundert waren manche Orte in den Wintermonaten von der Außenwelt abgeschnitten. Das einzige Beförderungsmittel waren die flachen Kähne (frz. *Chalands* oder *Blins*), die man mit Hilfe einer langen Stange (frz. *Perche*) durch die Sümpfe stakte. Heute haben viele dieser Kähne Außenbordmotoren. Die alte Stange wird nur noch benutzt, um die Touristen durch die Sümpfe zu befördern. Alle Orte der Brière sind inzwischen ans Straßennetz angeschlossen. Die Hauptverbindungsstraße führt von ›Insel‹ zu ›Insel‹ mitten durch die Sümpfe hindurch.

Museumsdorf Kerhinet in der Grande Brière

Einzigartig in Frankreich ist die besitzrechtliche Regelung für die Brière. Seit dem 8. August 1461 existiert die ›Charte de la Brière‹, eine Verordnung des bretonischen Herzogs Franz II. über den gemeinschaftlichen, unteilbaren Besitz der 17 Kirchsprengel (heute 21 Gemeinden) der Sumpflandschaft. Diese Verordnung wurde immer wieder bestätigt: Im 16. Jh. von den französischen Königen Franz I., Karl IX. und Heinrich IV., im 17. Jh. von Ludwig XIII. und Ludwig XIV. und im 18. Jh. von Ludwig XVI. und den Revolutionären. Die Brièrons verteidigten ihre Rechte über die Jahrhunderte hinweg, wenn es sein mußte, auch mit Waffengewalt (wie im 19. Jh.).

Bis ins 19. Jh. konnte man allein vom Besitz der Sumpflandschaft gut leben. An erster Stelle stand der Torfabbau (als Heizmaterial), außerdem schnitt man Schilfrohr und Weiden für Dächer und Körbe, jagte Wildenten und fing Aale, Hechte, Schleien und Rotaugen. Heute sind dies nur noch Freizeitbeschäftigungen. Die Brièrons verdienen ihr Geld jetzt im Schiffs- und Flugzeugbau, in der Metallindustrie oder am Hafen von St-Nazaire, aber auch in den beiden großen Fremdenverkehrsorten La Baule und Le Pornichet. Durch die guten Verkehrsverbindungen ist es vielen möglich, in der Grande Brière zu leben und an der Küste zu arbeiten.

Der Torfabbau hat heutzutage eher Symbolcharakter. Seit der Errichtung des Naturparks 1970 dürfen die Bewohner nur noch an neun Tagen im August Torf stechen. Er wird inzwischen nicht mehr als Heizmaterial, sondern als Gartendünger und zum Grillen der kleinen Aale genutzt.

Die alte Hausform, das schilfgedeckte Bauernhaus *(Chaumière),* bleibt dank der Bestimmungen des Naturparks erhalten: In manchen Gemeinden müssen alle Neu-

Alter Backofen in der Grande Brière

bauten mit Schilf gedeckt und die Außenwände der Häuser in jedem Frühjahr weiß gekalkt werden.

Am Südostrand des Naturparks besitzt die bretonische Naturschutzgesellschaft S.E.P.N.B. (Société pour l'étude et la protection de la nature en Bretagne – Gesellschaft zur Erforschung und zum Schutz der Natur der Bretagne) seit 1982 das 58 ha große Gut Bois Joubert. Hier laufen einige interessante Projekte zur Bewahrung des sensiblen ökologischen Gleichgewichts der Sumpflandschaft, so werden beispielsweise Brutstellen für Vögel geschützt oder neu geschaffen. Ferner entdeckte man eine kurz vor dem Aussterben stehende Kuhrasse, die Nantaiser Kuh, die gut auf Feuchtwiesen und Sümpfen überleben kann. Die Restherde wurde aufgekauft und deren Zucht erneut betrieben. Inzwischen ist der Fortbestand der Rasse ›Vache Nantaise‹ gesichert. Ähnliches gelang mit einer Schaf-Rasse, die seit 50 Jahren als ausgestorben galt.

Seit 1984 gibt es auf dem Gut ein ›Haus der Natur‹ mit 20 Betten für Wandergruppen, Schulklassen und Naturinteressierte, in dem die Besucher alles über die Naturlandschaft und die traditionellen Lebensweisen in der Grande Brière erfahren können.

Wegbeschreibung

Die Wanderung beginnt an der Kirche von St-Lyphard. In südöstlicher Richtung geht es an der Bar de la Poste in die Rue de la Vinière und am Friedhof vorbei. Auf einer Hauptstraße biegen wir kurz nach rechts (5 Min.), dann gleich wieder links auf eine kleine Straße, die für Lastwagen gesperrt ist (roter Pfeil). Auf der linken Seite befinden sich Sportanlagen.

Die Felder werden wenig später schon feucht, die ersten kleinen Kanäle und Sümpfe tauchen auf. Sobald wir auf eine kleine Querstraße stoßen (15 Min.), folgen wir dieser nach rechts. Bald trifft man an einer weiteren Querstraße auf den Weiler Le Clos d'Orange. Hier sollte man sich einen kleinen Abstecher nach links zur Anlegestelle der Barken (Chalandes) nicht entgehen lassen. Im Sommer kann man sich in den Kähnen durch die Sümpfe fahren lassen und die reiche Fauna und Flora der Sumpflandschaft bewundern (u.a. Schwertlilien, Seerosen, Wildenten).

Nach dem Abstecher führt uns die Straße zurück nach Westen, wir kommen an den typischen riedgedeckten Brièrehäusern vorbei und wenden uns bei der ersten Gelegenheit nach links auf ein kleines Sträßchen, dem wir nach Süden folgen. An einer Weggabelung (30 Min.) geht es nach rechts, etwa 800 m danach (40 Min.) nach links (Wegweiser ›Promenade à Cheval‹; grüne Markierung am weißen Pfosten). Bald tauchen rechter Hand Pferdekoppeln auf. Von hier aus kann man Spazierritte durch die Brière unternehmen.

Nach Überquerung der D 47 (St-Lyphard – La Baule; 50 Min.) halten wir uns weiter geradeaus; linker Hand liegt eine Gärtnerei. 20 m bevor wir auf die D 51 (St-Lyphard – Guérande) treffen, biegen wir nach links ab (1.05 Std.). Bald durchquert man den Weiler La Croix Longue. 100 m nach dem Ort geht es halbrechts auf einen Fahrweg. Bei der nächsten Gelegenheit wenden wir uns nach links (1.20 Std.), wieder auf eine kleine Straße, die auf eine größere Straße führt (1.25 Std.), der wir nach rechts folgen. Wir überqueren eine Kreuzung und setzen unseren Weg nach Süden bis zu einem Wegkreuz fort, an dem wir nach rechts in Richtung Kerdanaitre (Kerdanestre) wandern (1.35 Std.). Wir durchqueren den idyllisch gelegenen Weiler mit seinen hübschen riedgedeckten Häusern und biegen dann nach rechts ab (1.40 Std. – 5 Min. nach dem Wegkreuz). Im Weiler Kercradet scheinen die alten Rieddachhäuser noch schöner und malerischer zu sein als die zuvor gesehenen. An der Stelle, wo die Dorfstraße eine Rechtskurve macht, wenden wir uns nach links auf einen Schotterweg (1.50 Std.) und nach 500 m kurz vor einem Telegrafenmast nach links zum Weiler Kerhinet.

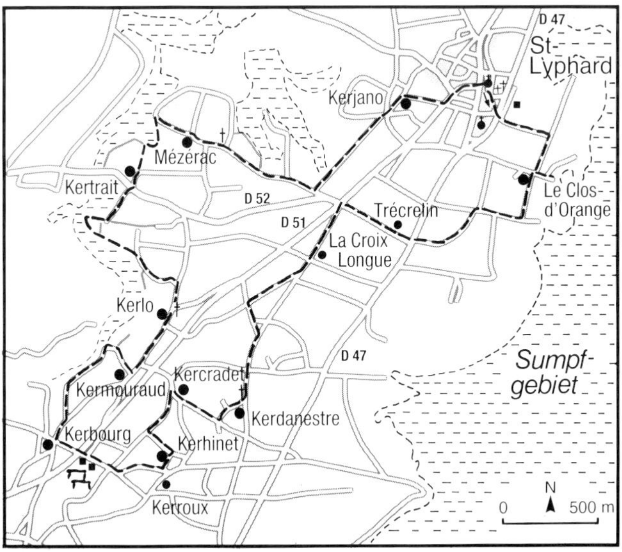

Route 24: Durch die Sumpflandschaft der Grand Brière

An einem Holzzaun (2 Std.) biegt man nach rechts in die Dorfstraße des Village de Kerhinet (für Autos gesperrt!). Das Dorf wurde von der Naturparkbehörde der Brière erworben. Originalgetreue Restaurierungen wurden vorgenommen und erweckten den Ort zu neuem Leben, um die Erinnerung an ein traditionelles Dorf der Brière zu erhalten. Ein nettes kleines Hotelrestaurant mit ausgezeichnetem Essen, Ausstellungen, ein Museum und eine Leinenweberwerkstatt laden den Besucher zum Verweilen ein.

Am Ortsende von Kerhinet (2.05 Std.) folgen wir einer kleinen Straße nach rechts, und werden nun eine Zeitlang von der rot-weißen Markierung des GR 3 begleitet.

Bald tauchen zwei alte Mühlen auf. Kurz vor der zweiten Mühle kann man nach links einen kleinen Abstecher zu den ›Pierres druidiques de Kerbourg‹ machen, wobei es sich hier nicht, wie der Name fälschlicherweise suggeriert, um Druidensteine, sondern um zwei megalithische Langgräber handelt.

Nach der Legende verbindet die beiden Gräber ein unterirdischer Gang, der mit Gold angefüllt ist. Sollte jedoch jemand versuchen, danach zu graben, würde der Gang sofort einbrechen!

Nach der Mühle wandern wir zur Hauptstraße (D 51), die wir überqueren (2.20 Std.). Im Weiler Kerbourg biegt man bei der ersten Gelegenheit der rot-weißen Markierung folgend nach rechts ab (2.30 Std.), 200 m weiter dann nach links auf einen sandigen Fahrweg. Wir bleiben auf dem Hauptweg (der markierte Weg biegt unterdessen nach links ab), der uns im Rechtsbogen zur Straße zurückführt (2.55 Std.). Dieser folgen wir nach links, nun wieder mit Hilfe des GR-Zeichens.

Den Weiler Kerlo schmücken erneut schöne riedgedeckte Häuser. An einem Wegkreuz und einer Gabelung (3.05 Std.) wählen wir die linke Straße. Nach 300 m, bevor die Straße eine langgezogene Rechtskurve macht, wenden wir uns auf einem sandigen Fahrweg nach links. Man bleibt auf dem Hauptweg, linker Hand liegen kleine Wasserflächen. Bald steigt der Hauptweg nach rechts bergauf, wir folgen dem linken grasbewachsenen Weg, der an den Sümpfen entlangführt. Kurz nach einer scharfen Rechtskurve geht es zwischen den Feldern in östlicher Richtung bergauf.

Nach etwa 250 m führt uns der Weg nach links (schlecht markiert) zum Weiler Kertrait (3.35 Std.). Dort biegen wir nach links auf die Straße. Nach der Überquerung der D 52 wandern wir in nördlicher Richtung geradeaus in eine Privatstraße (Einfahrt verboten; markiert). Einem Querweg (3.40 Std.) folgt man nach rechts und kommt wieder an Seen und Sümpfen vorbei. Sobald man auf einen neuen Fahrweg trifft (3.45 Std.), geht man nach rechts bergauf (nicht geradeaus!) und verläßt nun das Sumpfgebiet.

Im Weiler Mézérac (3.50 Std.) kommen wir an pittoresken, teils mit Moos bewachsenen Häusern vorbei, halten uns geradeaus und passieren ein Wegkreuz. 150 m vor der Vorfahrtstraße (D 51) biegen wir auf eine kleine Straße nach links ab (markiert; 4.10 Std.). Im Weiler Kerjano (4.25 Std.) verlassen wir schließlich die Markierung und wandern geradeaus durch den Ort. 250 m weiter, an einem hübschen, weiß getünchten Haus, wenden wir uns nach rechts und treffen gleich auf die Hauptstraße, der wir nach links zum Ausgangspunkt, der Kirche von St-Lyphard, folgen (4.40 Std.).

Alphonse de Châteaubriant: La Brière (1923)

Hauptperson des Heimatromans ›La Brière‹ ist der Jagdaufseher Aoustin aus dem Ort Ile de Fédrun, dem eine schwer zu lösende Aufgabe übertragen wird. Einige einflußreiche Industrielle beabsichtigen, die Brière in ihren Besitz zu überführen, um dort neue Betriebe aufzubauen. Dies können die Einheimischen nur verhindern, wenn sie die alten Urkunden mit ihrem Recht auf ungeteilten Landbesitz vorweisen können. Nach vergeblicher Suche in den alten Archiven bittet der Bürgermeister von Ile de Fédrun den Jagdaufseher Aoustin, alle Gemeinden der Brière nach den alten Dokumenten zu durchforsten. Pflichtbewußt besteigt dieser seine Barke und fährt auf einsamen Kanälen von Ort zu Ort, von Hof zu Hof.

Aoustin durchstreift wochenlang die Grande Brière, durchsucht alte Schränke, kehrt in den Truhen das Unterste nach oben und bleibt dennoch erfolglos. Der Zufall führt den resignierten Mann zu einem alten Dolmen mitten im Sumpf. Dort haust die verrückte Florence, eine Frau aus gutem Hause, die sich seit dem unglücklichen Tod ihrer Tochter völlig aus der Gesellschaft zurückgezogen hatte. Das schöne Kind war einem Mann nach Paris gefolgt, der sie dort aber sitzen ließ, worauf sich das Mädchen vergiftete. Die Mutter Florence verfiel daraufhin in Schwermut, erhielt sie doch nun keinen der begehrten Briefe aus Paris mehr. Dem Jagdaufseher Aoustin zeigt sie in einem Anflug von Vertrautheit die alten Briefe der Tochter, worauf dieser zwischen den Blättern ein altes Papier findet, auf dem die Bestätigung des ungeteilten Landbesitzes der Brière-Gemeinden durch Ludwig XVI. geschrieben steht. Die Suche nach dem Papier nimmt zwar ein glückliches Ende, die Geschichte der Familie des Aoustin endet jedoch tragisch. Der Jagdaufseher hatte seinen Auftrag auch dazu genutzt, sich an einem jungen Mann zu rächen, der trotz seines (Aoustins) Verbots, seine Tochter Théotiste verführt hatte. Am Ende züchtigt der wütende Vater den Fremden, verstößt seine eigene Frau und treibt seine Tochter in den Wahnsinn. Bei einer anschließenden düsteren Kahnfahrt in die Nebel der Brière findet Aoustin den Tod.

Der Roman beeindruckt nicht nur durch seine Beschreibung der melancholischen Sumpflandschaft mit ihrer vielfältigen Fauna und Flora, sondern zeigt mit der Charakterisierung der urigen, konservativen Brièrebewohner auch die Schattenseiten diesen Menschenschlages auf, der mit allen Mitteln gegen den Einzug der Moderne kämpft. In dieselbe Richtung weist eine Legende, der zufolge einst drei Banditen in die Brière flüchteten, und viele ihrer Eigenheiten heute bei den Bewohnern wiederzufinden seien: Unzugänglichkeit, Starrsinn und Empfindlichkeit.

Alphonse de Châteaubriant wurde 1877 in Rennes geboren, seine Kindheit und Jugend verlebte er in der Vendée und in Nantes. 1923 erschien sein zweiter Roman ›La Brière‹, für den er den großen Preis der Académie Française erhielt. Seine politischen Aktivitäten der 30er Jahre führten im Zweiten Weltkrieg schließlich zur Kollaboration mit den Deutschen. Aus diesem Grund lebte Châteaubriant von 1944 bis zu seinem Tode 1951 im österreichischen Exil.

Wanderung 25:
Durch die Salzgärten der Guérande-Halbinsel
(auch als Radwanderung geeignet)

Wichtige Hinweise

Dauer: Zu Fuß etwa 3 Std.; die Zeitangaben im Text beziehen sich auf die Fußwanderung. Mit dem Rad eine gute Stunde (ohne Besichtigung des Maison des Paludiers).
Länge: ca. 14 km.
Routenart: Rundwanderung.
Wegbeschaffenheit: Breite Fahrwege, ein schmaler Pfad auf den Dämmen zwischen den Verdunstungsbecken; meist kleine Asphaltstraßen (knapp ⅔ der Wanderung); fast immer auf wenig befahrenen Nebenstraßen oder durch Wohnvororte; nur kurz vor Saillé muß man etwa 1 km an einer befahrenen Hauptstraße entlanggehen; die D 92 (Hauptdurchquerungsstraße der Salzgärten) ist außerhalb der Saison ruhig, im Hochsommer fahren hier allerdings viele Badetouristen aus La Baule, um sich diese einzigartige Kulturlandschaft vom Auto aus anzusehen. Wegen des hohen Asphaltstraßenanteils eignet sich der Weg besser zur Radtour als zur Fußwanderung.
Schwierigkeitsgrad: Leicht.
Orientierung: Mittel; im allgemeinen einfach, problematisch wird es inmitten der Salzgär-

ten, solange die Wanderung abseits der Straße auf den Dämmen zwischen den Verdunstungsbecken verläuft. Hier muß man sich, um sich nicht zu verlaufen, unbedingt an die Beschreibung oder die Landkarte halten. Markierung: keine; Karte: IGN 1023 Ouest; La Baule, Guérande; 1:25000.
Öffnungszeiten des Maison des Paludiers: Juli/August: täglich 10–12 und 14–19 Uhr; Mai, Juni, September: täglich 14–17 Uhr.
Restaurants: Im Ort Guérande.
Anfahrt: Von Vannes aus auf der N 165 in südöstlicher Richtung nach La Roche-Bernard, von hier nach Süden auf der D 774 nach Guérande; von La Baule auf der D 92 nach Guérande.

Die Salzgärten auf der Guérande-Halbinsel sind eine jahrhundertealte Kulturlandschaft. Glücklicherweise hat das französische Umweltministerium bestimmt, daß alle außer Betrieb gesetzten Salinen sofort zu Naturschutzgebieten erklärt werden. Deshalb wird sich hoffentlich, trotz der Aufgabe vieler Salzgärten wegen der mangelnden Attraktivität der traditionellen Salzgewinnung, im Landschaftsbild so schnell nichts ändern. In den nicht mehr genutzten Becken brüten heute Seevögel und wachsen salzliebende Pflanzen wie beispielsweise der Queller *(Salicornia herbacea).* In Essigwasser eingelegt, wird der Queller im Sommer an kleinen Ständen am Straßenrand verkauft.

Salzgärten der Guérande-Halbinsel

Wegbeschreibung

Die Fuß- bzw. Radwanderung beginnt im ummauerten Städtchen Guérande an der Porte St-Michel (Haupteingang zur Altstadt), in der sich auch das Touristenbüro befindet. Außerhalb der Stadtmauer stehen viele Parkplätze zur Verfügung.

Mit dem Rücken zum Tor gehen wir gegen den Verkehr an der Mauer entlang nach rechts. Kurz nach dem Stadttor, der Porte de Saillé, überqueren wir die Straße (5 Min.), um nach links in den Chemin de Bel-Air einzubiegen. Nach etwa 700 m wird aus dem Sträßchen ein Fahrweg. Vor uns breitet sich ein erster beeindruckender Blick über die Salzgärten der Guérande-Halbinsel aus. Zwischen den Feldern wandern oder radeln wir langsam bergab.

Sobald man auf eine kleine Straße stößt (25 Min.), folgt man ihr nach links. Nach 800 m (35 Min.) treffen wir auf die D 774, wenden uns nach rechts und wandern etwa einen Kilo-

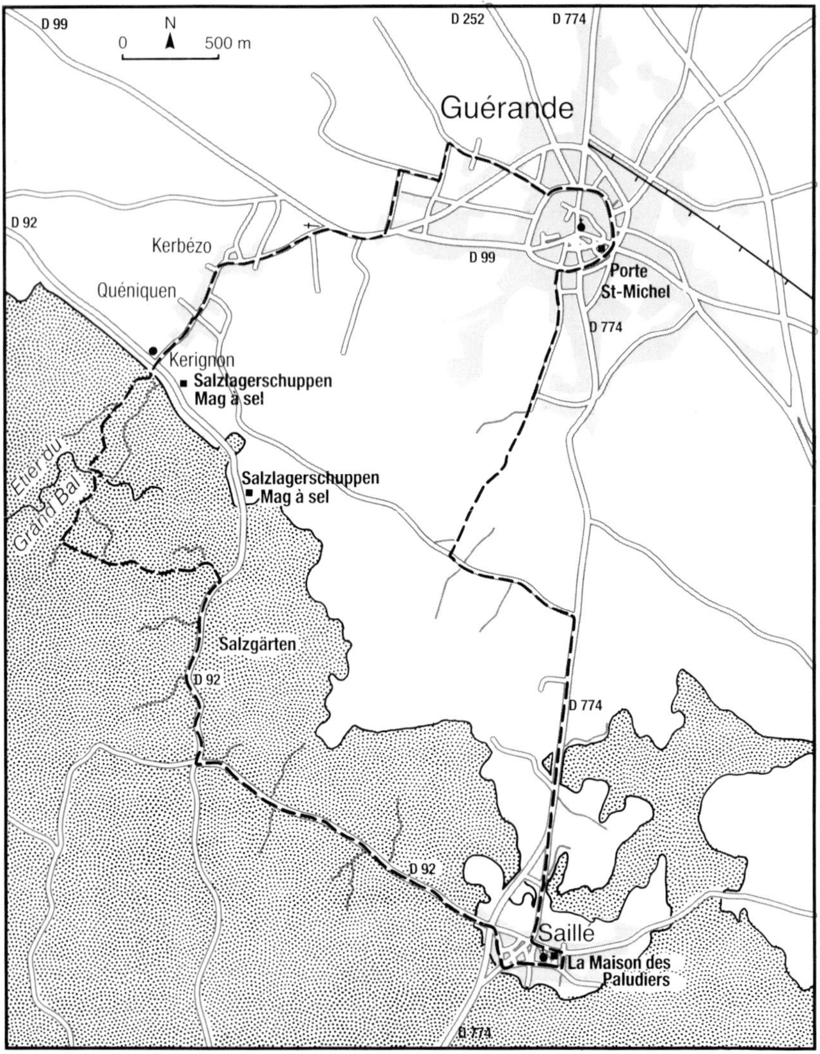

Route 25: Durch die Salzgärten der Guérande-Halbinsel

meter auf der Hauptstraße, dann führt uns die kleine Straße links nach Saillé, in den Hauptort der Salzarbeiter. Man kommt am Friedhof und einigen Salzverkäufern vorbei, die hier im Sommer den Straßenrand bevölkern. Der Dorfstraße folgen wir nach links in Richtung La Baule (55 Min.). Nach etwa 150 m halten wir vor einer ehemaligen Kapelle, dem heutigen Haus der Salzarbeiter *(Maison des Paludiers)*. In dem zum Museum umgestalteten Bau werden Leben und Arbeit der Salzarbeiter thematisiert. Trachten, Möbel, Werkzeuge und ein Modell der Region sind ausgestellt, ein Film informiert über die Methoden der traditionellen Salzgewinnung. Vor der Fortsetzung der Wanderung, die in die Salzgärten hineinführt, ist der Besuch des Museums empfehlenswert. Nach der Besichtigung biegen wir direkt am Maison des Paludiers in südlicher Richtung nach rechts ab. Hinter der Dorfkirche wenden wir uns abermals nach rechts auf die Rue Basse. Am Ende eines Platzes folgen wir der linken oberen Straße, der Rue du Four. Bald halten wir uns halblinks (1 Std.) und durchqueren die Rue de Carmes. Eine gleich darauf erreichte größere Straße überqueren wir schräg nach rechts und gehen geradeaus durch eine Wohnstraße (Rue des Gabariers). An deren Ende biegen wir nach links ab (1.05 Std.) und verlassen Saillé.

Nach der Überquerung der D 774 wandert man geradeaus auf der D 92 in Richtung La Turballe mitten durch die Salzgärten. 20 Minuten später erreichen wir eine Kreuzung (1.25 Std.), an der wir nach rechts in Richtung La Turballe abbiegen. Von hier aus bleiben wir etwa 15 Minuten lang (ca. 1 km) auf der kleinen Straße, das Städtchen Guérande vor Augen. Dann, nach einer kleinen Brücke, wenden wir uns nach links auf einen Feldweg (1.40 Std.) und nach weiteren zwei Minuten bei einer Weggabelung wieder nach links.

Achtung: Verpaßt man hier den richtigen Weg, kann man sich hoffnungslos in den Salzgärten verirren. Der hier beschriebene Pfad ist die einzige Möglichkeit, abseits der Straßen die Salinenanlagen zu durchwandern, da einer der Kanäle (Etiers) auf einer Holzbrücke überquert werden kann. Versucht man, einem anderen Weg durch die Landschaft zu folgen – die vielen Zufahrtswege zu den Salinen verleiten dazu –, steht man nach kurzer Zeit vor einem Kanal, der jedes Weitergehen vereitelt. Wer mit dem Rad unterwegs ist und selbiges nicht durch die Salzgärten schieben will, kann auch auf der D 92 bleiben, die bei Kerignon, d. h. 1,5 km weiter, wieder auf die beschriebene Route trifft.

Wir folgen dem großen Fahrweg. Etwa 20 Minuten später (2 Std.) macht der Hauptweg eine scharfe Kehre nach links. Achtung, hier wandern wir nicht mehr auf dem Hauptweg, sondern in der Kehre auf einem schmalen Weg geradeaus weiter. Er führt uns an einem kleinen Kanal entlang und verläuft wie der Etier (der nicht immer mit Wasser gefüllt ist) nach rechts. Kurz darauf taucht eine kleine Holzbrücke auf, auf der wir den Kanal überqueren. Auf der anderen Seite wenden wir uns nach links und gehen am großen Becken (Vasière) entlang, dann an dessen Ende nach rechts auf die Häuser von Kerignon zu (2.15 Std.).

Wir verlassen die Salzgärten, überqueren die D 92 und wandern zwischen den Häusern der Rue de Kerignon in nordöstlicher Richtung weiter. Wir durchqueren die Weiler Kerignon, Quéniquen und Kerbézo und bleiben dazu immer auf derselben Straße, die bald bergauf führt, vorbei an malerischen alten Häusern der Salzarbeiter. Sobald man auf die D 99 trifft (2.30 Std.), folgen wir ihr nach rechts, am Ortsschild von Guérande vorbei. 20 m bevor die Hauptstraße sich V-förmig teilt, biegen wir scharf nach links (2.35 Std.) in die Rue des Buissons ab. Aus dem Sträßchen wird bald ein Feldweg. 300 m weiter kommen wir an eine Wohnstraße (2.40 Std.), biegen nach rechts ab und halten jetzt direkt auf die Kirche von Guérande zu.

Am Ende der Straße folgen wir einer Querstraße nach links, nach etwa 150 m geht es bei der nächsten Querstraße nach rechts, dann überqueren wir eine Hauptstraße (2.50 Std.) und steuern weiterhin auf die Kirche des Städtchens zu.

Die Stadtmauer von Guérande ist erreicht; wir befinden uns gegenüber dem Haupttor und gehen nach links an der Mauer entlang bis zum Parkplatz der Porte St-Michel (3 Std.)

Zum Abschluß empfiehlt sich noch ein kurzer Besuch im Städtchen. Von der Porte St-Michel aus führt die Hauptstraße (Fußgängerzone) zur Kirche. In dem romanisch-gotischen Bauwerk aus dem 12.–16. Jh. spielt häufig der blinde Organist Louis Yhuel aus Guérande, der durch die Schallplattenaufnahmen klassischer und bretonischer Orgelmusik auch außerhalb seiner Heimat bekannt ist. Die beruhigende Atmosphäre in der Kirche, und das Orgelspiel des Meisters sind die verdiente Erholung nach dem Spaziergang oder der Radtour über die Guérande-Halbinsel.

Traditionelle Salzgewinnung in den ›Marais Salants‹ auf der Halbinsel Guérande

Das französische Wort ›Guérande‹ kommt vom bretonischen ›Gwenn-rann‹ (weißes Land). Das ›weiße Gold‹ dieser Gegend wurde schon in der Römerzeit gewonnen. Sogar aus der Eisenzeit hat man Funde, die darauf schließen lassen, daß schon damals das ›Salzbrot‹ ein begehrtes Zahlungsmittel war. Das Gebiet der heutigen Salzgärten auf der Halbinsel war noch im Jahre 1000 n. Chr. eine Meeresbucht, die durch Ablagerungen aus den Flußmündungen von Loire und Vilaine immer mehr versumpfte. Seit dem späten Mittelalter legten die Bewohner von Guérande und Saillé in diesen Salzsümpfen die Salinen an, die noch heute das traditionelle Bild dieser alten Kulturlandschaft bestimmen.

Das Salz wurde früher hauptsächlich zur Konservierung von Lebensmitteln verwendet. So wurden Fisch und Fleisch vor dem Zeitalter der Kühlschränke lagerfähig gemacht. Im 14. Jh. benötigte man zur Konservierung von vier Tonnen Heringen eine Tonne Salz. Die leicht salzige bretonische Butter ist noch ein Relikt aus diesen Zeiten. In der Landwirtschaft war das Salz als Dünger gefragt. Die bretonischen Salzhändler verkauften die Erträge aus den Salinen nicht nur in der Bretagne, sondern auch in die Normandie (im 15. Jh. deckte Dieppe 83 % seines Salzbedarfs aus der Bretagne), an England (London deckte 80 % seines Bedarfes mit bretonischem Salz), an Spanien und die Hansestädte.

Die Bewohner von Guérande waren im 15. Jh. auf die Salzgewinnung angewiesen, weil sie mit dem angebauten Weizen nur ⅙ ihrer Bevölkerung versorgen konnten und das Salz als Tauschmittel für Getreide diente. Mit der Einführung der Salzsteuer im Jahre 1340 verdienten auch der bretonische Herzog und später der französische König an dem ›weißen Gold‹. Das Schmuggelgeschäft blühte, obwohl die Strafen hart waren, und man für wenige Kilogramm geschmuggeltes Salz bereits Gefahr lief, auf die Galeere geschickt zu werden.

Die Salzgewinnung aus Meerwasser basiert auf der durch Sonne und Wind begünstigten Verdunstung. Eine Saline besteht aus einem komplizierten System unterschiedlich großer Becken, Kanäle und Dämme. Bei Springflut läßt der Salzbauer *(Paludier)* das Meerwasser durch einen Kanal *(Etier)* ins Klärungsbecken *(Vasière)* fließen. Hier erwärmt sich das Wasser und wird in den folgenden 15 Tagen in kleinen Mengen in die folgenden Becken geleitet. Dazu braucht man keine Hebewerke oder Pumpen, da die Becken so angelegt sind, daß das Wasser durch ein leichtes natürliches Gefälle bis zu den Kristallisationsflächen fließt. Durch Klappen und Schächte kann der Salzbauer die Wassermenge, die von Becken zu Becken fließt, regulieren. Nach dem Klärungsbecken kommt ein erstes großes Konzentrationsbecken *(Cobier)*. Weiter geht es durch einen kleinen Kanal in die kleinen Konzentrationsbecken (*Fares* und *Adernes*), in denen das Wasser durch das leichte Gefälle auf einem Zickzackweg fünf Tage lang von Becken zu Becken fließt, um schließlich in die zentralen Kristallisationsbecken (*Œillets* – Äuglein) zu gelangen. Dort kommt die sehr konzentrierte Salzlake mit 280 g Salz je Liter an und benötigt noch etwa 24 Stunden zur endgültigen Kristallisation des Salzes.

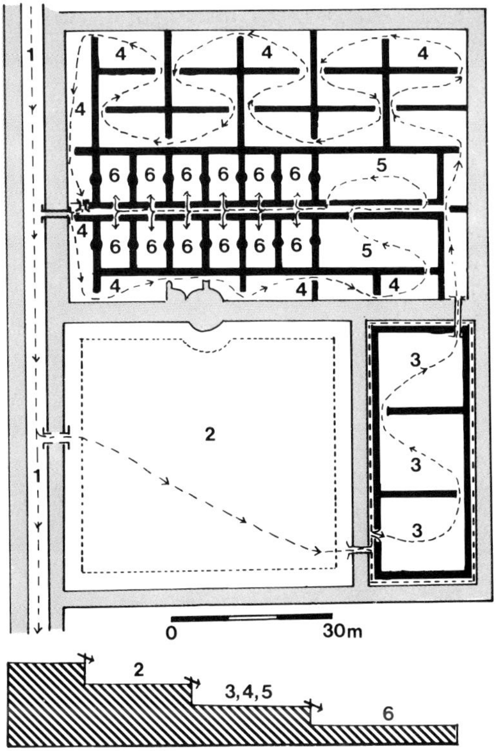

Schema einer Saline (nach E. Bureau)
1 Kanal, durch den das Meerwasser bei Hochflut einfließt (Etier)
2 Erstes Klärbecken (Vasière)
3 Konzentrationsbecken (Cobier)
4/5 Becken mit niedrigem Wasserspiegel zur Erwärmung, Verdunstung und Konzentration des Salzwassers (Fare, Aderne)
6 Becken mit weniger als 5 cm Wasserhöhe, Kristallisation der Sole (Œillet)

Die Größe der Œillets schwankt zwischen 50 und 80 m². Je nach Temperatur und Jahreszeit können hier täglich zwischen 15 und 50 kg Salz gewonnen werden, im Durchschnitt sind es 1500 kg pro Jahr und Œillet. Der Paludier recht die Kristalle mit langstieligen Spezialrechen *(Las)* zusammen und häuft sie auf einer kleinen Plattform neben dem Becken für einen Tag zum Abtropfen auf. Dann wird die Ernte auf große Haufen am Rande der Saline oder gleich in die Salzschuppen gebracht. Die Œillets beanspruchen weniger als 10% der Gesamtfläche der Saline.

Die Salzgewinnung ist eine Saisonarbeit, die im März mit dem Ablassen des winterlichen Regenwassers beginnt. Anschließend werden die Becken gereinigt, und danach das erste Meerwasser eingelassen. Das Einbringen des Salzes findet – bei gutem Wetter täglich – zwischen Ende Juni und Mitte September statt. Je häufiger ein Paludier erntet, desto geringer sind die Verlustrisiken durch niedrige Temperaturen und Regen. Der Konkurrenz in Südfrankreich genügt eine Ernte pro Jahr, da dort das Wetter stabiler ist, und die Salzgewinnung in großem Maßstab mit Maschinen durchgeführt wird.

Obwohl das französische Umweltministerium seit 1972 mit einer Verordnung die Erhaltung der Salzgärten und den traditionellen Beruf des Paludiers fördert, werden immer weniger Salinen genutzt. Reine Handarbeit und die große Konkurrenz der Salinen des Mittelmeeres sowie der Steinsalzabbau machen den Beruf des Paludiers immer weniger lukrativ. Fast alle 210 noch verbliebenen Paludiers betreiben heute die Salzgewinnung nur noch als Nebenerwerb zur Arbeit in der Industrie oder im Fremdenverkehr.

1932 wurden fast 21 000 Œillets bewirtschaftet, heute sind es weniger als 7000. Die Erträge sind, den schwankenden Temperaturen und Niederschlägen entsprechend, sehr unterschiedlich. 1976 wurden bei großer Hitze 25 000 t Salz geerntet; im verregneten Sommer 1977 nur 800 t; 1979 brachte ein durchschnittlicher Sommer 8500 t Salz ein.

Das Kochsalz aus dem Atlantik war schon immer für seine Qualität bekannt. Der Natriumgehalt ist mit 34 % relativ gering (bei anderen Speisesalzen 37–40 %), der Magnesiumgehalt mit 0,25–0,70 % hundertmal höher und der Kalziumgehalt viermal höher als im Mittelmeersalz. Während der Saison kann man überall am Straßenrand die Säckchen mit weißem oder grauem Salz erwerben. ›Weiß‹ ist das Salz, das sich als feine Ablagerungen an den Beckenoberfläche bildet, ›grau‹ ist das gröbere, am unteren Beckenrand abgesetzte Salz.

Wanderung 26:
Durch das Weinanbaugebiet des Muscadet

Wichtige Hinweise

Dauer: 2.15 Std.
Länge: ca. 8 km.
Routenart: Rundwanderung.
Wegbeschaffenheit: Breite und schmale Winzerwege, Waldpfade, kleine Straßen, die die Weinorte mit den Hauptstraßen verbinden. Insgesamt etwa 55 Min. auf kaum befahrenen Straßen.
Anstiege: Gering; 30 Höhenmeter zum Plateau hinauf.
Schwierigkeitsgrad: Leicht.
Orientierung: Leicht, da der gesamte Weg sehr übersichtlich markiert ist; Markierung: blau; Karte: IGN 1324 Ouest; Clisson; 1:25 000.
Restaurants: In Le Pallet.
Weingüter: In großer Zahl (überall angeschrieben); ein Besuch lohnt sich, die Flasche Muscadet kostet ca. 6,- DM.
Anfahrt: Von Nantes aus nach Südosten auf der N 149 in Richtung Poitiers, Clisson nach Le Pallet.

Die Wanderung führt mitten durch das Weinbaugebiet der A.C.-Weine ›Muscadet de Sèvre et Maine‹ (Appellation d'Origine Contrôlée, s. S. 221). Der Ausgangspunkt, das Weinstädtchen Le Pallet, hat heute 1700 Einwohner und 550 ha Weinberge. Seit der Römerzeit werden hier Reben kultiviert. Durch die Gemarkung fließt der Fluß Sèvre Nantaise, an dem wir eine Weile entlangwandern werden.

Berühmtester Sohn des Ortes war der Philosoph und Theologe **Abélard,** der hier im Jahre 1079 das Licht der Welt erblickte. Abélard gilt als Hauptvertreter der Frühscholastik auf den Gebieten der Logik, der Erkenntnistheorie und einer philosophisch fundierten Theologie. Der große Gelehrte der Didaktik verliebte sich in die Schülerin Héloise und ging mit ihr ein Verhältnis ein. Ihr Onkel, der Kanoniker Fulbert, ließ daraufhin Abélard überfallen und entmannen. Héloise zog sich in das Kloster Argenteuil zurück. Abélard wurde 1119 Mönch in St-Denis und beschreibt in der ›Historia calamitatum mearum‹ (›Die Geschichte meiner Leiden‹) seine Romanze mit Héloise. Diese soll, so berichten die Bretonen, hier in Le Pallet ihren Sohn Astrolabe zur Welt gebracht haben.

Wegbeschreibung

Der Start ist in Le Pallet zwischen dem Ortszentrum und dem Bahnhof an der Hauptstraße N 149 bei der Kapelle St-Michel. Dort hängt auch eine Tafel mit zwei Wanderkarten. Die hier beschriebene Wanderung entspricht dem blau markierten Weg von 8 km Länge.

Zuerst überqueren wir die Straße und folgen einem Weg gegenüber der Kapelle in südlicher Richtung. Ein Wegweiser zeigt den Beginn des ›Circuit Bleu‹ an. Ein kleiner Tunnel führt unter dem Bahngleis hindurch; direkt dahinter wenden wir uns auf einem schmalen Pfad nach links, dann leicht bergab und an einem Teich vorbei. Wenig später treffen wir auf eine kleine, von üppigem Bewuchs umrahmte Quelle (3 Min.). Wir wandern auf dem leicht überwucherten Weg neben einem plätschernden Bächlein, der blauen Markierung folgend, bergab. Kurz darauf stoßen wir auf die Rue de la Vallée und folgen ihr parallel zum Fluß Sèvre Nantaise nach rechts. Bald kommen wir an einem alten Gabbro-Steinbruch vorbei (Gabbro: grobkörniges, fast schwarzes Tiefengestein, wird als Baustein und für Grabdenkmäler verwendet), der von einer Rosenkranz-Madonna geschmückt wird. Der Weg am Fluß entlang ist zur Sommerzeit, wenn die Seerosen blühen, besonders reizvoll.

Vor uns taucht die 1853 erbaute Brücke von Monnières auf, zuvor mußte man den Fluß an einer Furt überqueren. An der Brücke biegen wir nach rechts ab (25 Min.), gleich darauf führt die Markierung nach links auf die kleine Straße am Fluß (30 Min.). Neben einigen Häusern liegt ein Hafen, der bis zum Bau der Eisenbahn für die Ausfuhr von Wein und die Einfuhr von Holz und Kalk genutzt wurde. Dort, wo die Straße einen Bogen nach rechts aufwärts macht, wenden wir uns nach links zum Fluß hinab (45 Min.). Kurz vor dem Fluß führt uns das blaue Zeichen nach rechts. Wegesrand und Flußufer sind von Laubbäumen, insbesondere von Eschen, gesäumt.

Wir überqueren einen großen Picknickplatz mit Grillanlagen, Holztischen und Bänken (55 Min.), der Weg führt weiter am Fluß entlang und wird zu einem schmalen Pfad. Nach einer guten Stunde (1.05 Std.) biegt er nach rechts ab, kurz darauf nochmals nach rechts (markiert!), diesmal bergauf. Wir wandern wieder parallel zum Fluß, jetzt auf der Hochfläche neben den Weinreben und in entgegengesetzter Richtung, zurück nach Südosten. Bisweilen eröffnet sich nach rechts ein schöner Blick hinab zum Fluß Sèvre Nantaise. Die Markierung führt bald mitten in die Weinfelder. Vor uns liegen die Häuser des kleinen Weinortes Le Pé de Sèvre.

Wer hier zur Zeit der Weinlese wandert, sollte sich trotz des verführerischen Anblicks der Weintrauben nicht dazu hinreißen lassen, hier und da etwas zu ›stibitzen‹. Erstens werden die Trauben öfter gespritzt, und zweitens sollte man sich überlegen, wie hoch der Verlust für einen Winzer sein kann, wenn jeder Wanderer, der hier durchkommt, nur eben mal kosten möchte. Die Konsequenz eines rücksichtslosen Verhaltens könnte sein, daß

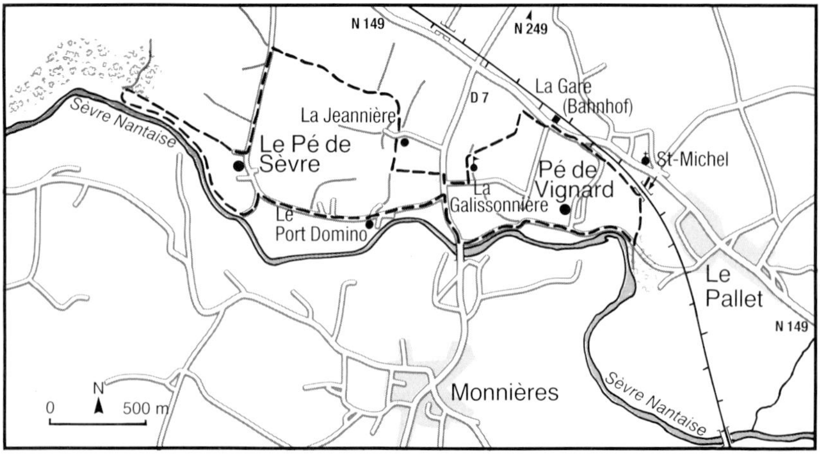

Route 26: Durch das Weinanbaugebiet des Muscadet

die Weinberge zur Zeit der Reife und Lese, wie meist bei uns in Deutschland, für Wanderer gesperrt werden.

In Le Pé de Sèvre (Pé bedeutet Anhöhe) kann man noch schöne alte Winzerhäuser vorfinden (1.15 Std.). Auf der Dorfstraße wenden wir uns nach links und gehen nach Norden bergab. An einem Haus weist der blaue Pfeil später nach rechts (1.25 Std.), zunächst an einem Weinfeld entlang, dann durch ein kleines Tal und an einem kleinen Teich vorbei. Den Weiler La Jannière, ehemaliges Pachtgut des Château da la Galissonnière, durchqueren wir in südlicher Richtung. Am Ortsausgang führt uns der Wanderweg mit dem blauen Pfeil am Ende einer kleinen Mauer nach links in die Weinfelder (1.40 Std.).

Man biegt dann nach rechts auf eine kleine Straße (1.45 Std.) und sogleich vor dem Schild Château Galissonnière wieder nach links.

Das Château – ein altes Schloß aus dem 15. Jh. – brannte im September 1793 beim Vendéeaufstand bis auf den Turm nieder. Zur Zeit werden die Räume des Turmes für Bankette vermietet, außerdem ist La Galissonnière heute als Domäne für Weinkenner bestens bekannt.

Vor dem alten Turm geht es bei einer alten Esche nach links und an den Gebäuden vorbei. Halbrechts wandern wir dann an einer Mauer entlang und an deren Ende halblinks in Richtung Straße, etwa 30 m vor dieser Straße nach rechts auf einem breiten Weg in die Weinfelder.

Einem Querweg folgen wir nach links (2 Std.) zur Straße (N 149). Gegenüber liegt der alte Bahnhof, in dem am 1. August 1867 zum ersten Mal ein Zug Station machte. Die Straße führt uns nach rechts. Etwa fünf Minuten später, direkt vor dem Bahnübergang, wandern wir auf der Rue de la Sèvre parallel zur Bahn. Die Straße macht bald eine Rechtskurve, der Wanderweg bringt uns aber geradeaus auf einen Pfad, der direkt am Gleiskörper entlangläuft. Bald taucht wieder der Fußgängertunnel unter der Bahn auf. Dahinter liegt die Kapelle St-Michel: der Ausgangspunkt der Wanderung (2.15 Std.). Wer noch nicht müde ist, kann auch den zweiten Rundwanderweg um Le Pallet in Angriff nehmen. Die Route ist orangefarben markiert und dauert bei 7 km Länge 2.15 Stunden. Der Weg beginnt von der Kapelle aus entgegengesetzt zur beschriebenen blau markierten Runde. Eine weitere und überaus angenehme Möglichkeit besteht darin, die Wanderung mit einer Weinprobe in einem der umliegenden Weingüter abzuschließen und sich, falls man schon am Ende der Bretagne-Rundreise angelangt ist, einen Vorrat für den Weinkeller mitzunehmen.

Anreise

Fährt man mit dem **Auto** bei Saarbrücken über die Grenze nach Frankreich, fehlen noch weitere 750 km bis zur Ankunft in Rennes. Auf der Autobahn (gebührenpflichtig) über Paris ist diese Strecke an einem Tag leicht zu schaffen. In Frankreich dürfen 130 km/h auf der Autobahn, auf Landstraßen 90 km/h und in Ortschaften 60 km/h nicht überschritten werden. Anschnallpflicht gilt ebenso wie in der Bundesrepublik Deutschland. Verstöße gegen das eine wie das andere Gebot werden auch bei Ausländern mit hohen Geldbußen bestraft. Das Versorgungsnetz für bleifreies Benzin wird auch in Frankreich immer weiter ausgedehnt. Eine Liste aller Tankstellen verschickt das französische Fremdenverkehrsamt oder der ADAC.

Wer mit der **Bahn** anreist, muß über Paris fahren und dort am Bahnhof Montparnasse in den Zug nach Rennes steigen.

Eine **Flugreise** in die Bretagne ist inzwischen auch kein Problem mehr. Seit 1988 gibt es von der Air France sogar einen Direktflug von Düsseldorf nach Nantes. Alle anderen Flughäfen sind nur von Paris aus erreichbar. In der Regel muß man vom internationalen Airport Charles de Gaulle nach Orly fahren und in eine Maschine der Inlandslinien Air Inter oder T.A.T. umsteigen. Diese fliegen Rennes, Nantes, St-Nazaire, Lorient, Quimper, Brest, Lannion, St-Brieuc und Dinard an. Genaue Auskünfte geben die Air France in Frankfurt, Friedensstraße 11 und die Deutsche Lufthansa.

Wer mit Bahn oder Flugzeug anreist und die beschriebenen Wanderwege erreichen will, mietet sich am besten ein Auto. Das ist an den großen Bahnhöfen und Flughäfen problemlos möglich. Am einfachsten ist es, schon zu Hause bei Avis, Europcar, interRent oder Hertz einen Wagen vorzubestellen.

Ärztliche Versorgung: Wer Mitglied in einer gesetzlichen Krankenkasse ist, sollte sich vor der Reise in die Bretagne einen Auslandskrankenschein besorgen. Kommt es zu einer Behandlung, muß der Schein in einen in Frankreich gültigen Krankenschein umgetauscht werden. Die Kosten werden dann von den französischen Krankenkassen zurückerstattet.

Auskunft

Ausführliches Informationsmaterial über die Bretagne, Hotelverzeichnisse, Broschüren über alle Campingplätze und Agenturen, die Ferienwohnungen und Ferienhäuser vermieten, verschicken auf Anfrage folgende Institutionen:

In Deutschland
Französisches Fremdenverkehrsamt
Kaiserstraße 12 (Auskünfte)
Westendstraße 47 (nur Verwaltung)
6000 Frankfurt/Main 1
✆ 069–7560830

Berliner Allee 26
4000 Düsseldorf 1
✆ 0211–80375

In Österreich
Französisches Fremdenverkehrsamt
Hilton Center 259 C
Landstrasser Hauptstraße 2 A
Postfach 11
1033 Wien
✆ 0222-757062

In der Schweiz
Französisches Fremdenverkehrsamt
Bahnhofstraße 16,
Postfach 4979
8022 Zürich
✆ 01-2113085

Services Officiels Français du Tourisme
2, rue Thalberg
1201 Genève
✆ 022-328610

In Frankreich
Maison de la France
8, avenue de l'Opéra
75001 Paris Cédex
✆ (0033) 1-42961023

La Maison de Bretagne
Centre Commercial Maine-Montparnasse
17, rue de l'Arrivée, B.P. 1006
75737 Paris Cédex 15
✆ (0033) 1-45387315

In der Bretagne
Comité Régional de Tourisme (für die gesamte Bretagne)
3, rue d'Espagne, B.P. 4175
35041 Rennes
✆ 99-501115

Comité Départemental du Tourisme d'Ille-et-Vilaine
1, rue Martenot
35000 Rennes
✆ 99-029741, 42 oder 43

Comité Départemental du Tourisme des Côtes-du-Nord
1, rue Chateaubriand
22000 St-Brieuc
✆ 96-616670

Comité Départemental du Tourisme du Finistère
34, rue de Douarnenez, B.P. 125
29105 Quimper
✆ 98-537272

Comité Départemental du Tourisme du Morbihan
Hotel du Département, B.P. 400
56009 Vannes Cédex
✆ 97-540656

Comité Départemental du Tourisme de Loire-Atlantique
Maison du Tourisme, Place du Commerce
44000 Nantes
✆ 40-895077

Fast jeder bretonische Fremdenverkehrsort hat heute ein Touristenbüro (*Office de Tourisme,* oder *Syndicats d'Initiativ,* abgekürzt S.I.) in dem man vor Ort Auskunft über das Beherbergungsangebot, Ausflugsmöglichkeiten, Museen, das Mieten von Autos und Fahrrädern sowie Stadtpläne bekommt.

Sollte es im Urlaub größere Probleme geben (Diebstahl, schwerer Unfall), helfen die deutschen **Honorarkonsulate** in **Brest** (9, Square Commandant l'Herminier, ✆ 98-443559) und **Nantes** (49, Quai de la Fosse, ✆ 40-732946) weiter. Österreich und die Schweiz haben keine diplomatischen Vertretungen in der Bretagne.

Aquarien

Die Aquarien bieten nicht nur gute Alternativen bei schlechtem Wetter, sondern beantworten auch so manche Frage, die sich während einer Bretagnereise stellt. Die Fische und Krustentiere, die auf vielen Speisekarten zu finden sind, kann man hier lebendig bewundern. Gute Beschriftungen geben Aufschluß über deren französische und lateinische Bezeichnung wie auch über die Lebensgewohnheiten der Meeresbewohner.

St-Malo: Aquarium und Exotarium, Place Vauban

Dinard: Meeresmuseum mit Aquarium, Mondscheinpromenade

Trégastel-Plage: Meerwasseraquarium in einer Höhle aus rosa Granit

Roscoff: Aquarium Charles Pérez

Concarneau: Marinarium im Meereslaboratorium am Quai de la Croix

Vannes: Ozeanographisches und tropisches Aquarium am Ende des Jachthafens

Ausrüstung

Für die Wanderungen:
- knöchelhohe Wander- oder Trekkingschuhe, am besten wasserfest
- ein zweites Paar leichte Wander- oder Turnschuhe zum Wechseln
- einen kleinen Rucksack
- Regenbekleidung; ideal, aber teuer sind Anoraks und Hosen, die mit wasserdichten und atmungsaktiven Fasern gefüttert sind
- Schirm
- Verbandszeug, Pflaster gegen Blasen; Hirschtalg zur Vorbehandlung der Füße
- Kompaß (in jedem Kaufhaus billig zu haben)

Nicht vergessen sollte man:
- Taschenmesser (für das Picknick)
- Fernglas
- Taschenlampe (für die Megalithgräber)
- Badesachen
- Fotoausrüstung – einfach oder aufwendig – je nach Bedarf; Filme und Batterien sollte man von zu Hause mitnehmen.

Baden

Baden kann man fast überall an den bretonischen Küsten, da zwischen den Steilküsten immer wieder kleine sandige Strände auftauchen. Natürlich muß das Wetter mitspielen, und verfroren sollte man auch nicht sein. Bis auf 22 °C kann sich der Atlantik hier erwärmen, meist ist das Wasser aber kälter, besonders im Frühsommer muß man mit 15–17 °C vorliebnehmen.

Fahrräder

Neben dem Wandern bereitet es auch großes Vergnügen, die Bretagne mit dem Rad zu erkunden. Die Steigungen halten sich in Grenzen. Unangenehm kann manchmal der Wind sein, der fast ständig von Westen her bläst. Vier der vorne beschriebenen Wanderungen eignen sich auch mit leichten Abänderungen des Routenverlaufs als Radtouren. Wer keine eigenen Räder dabei hat, kann fast überall welche ausleihen (Fahrradvermietung heißt *Location de Vélos).* Auskünfte darüber erteilen die Touristenbüros.

Küche

Die Bretagne ist ein Paradies für Fischesser. Salz- aber auch Süßwasserfische gibt es immer frisch und in großer Auswahl. Ebenso schmackhaft sind die verschiedenen Krustentiere, die man in der Regel als Vorspeise ißt. Auf einem üppigen ›Plateau de Fruits de Mer‹ werden meist einige Austern *(Huîtres),* Venusmuscheln *(Palourdes),* ein Taschenkrebs oder eine Meerspinne (*Crabe* oder *Arraignée de Mer*), Scampi *(Langoustines),* Miesmuscheln *(Moules)* und kleine schwarze Meerstrandschnecken *(Bigorneaux)* angeboten. Der Hummer *(Homard)* und die Languste *(Langouste)* sind die Krönung einer jeden Tafel.

Die bekannteste Fleischdelikatesse ist das würzige Lammfleisch Pré-Salé von den Salzwiesen um den Mont-Saint-Michel. Die Gemüseauswahl in der Bretagne bietet ein reichhaltiges Angebot. Eine Spezialität sind die Artischocken, die in der Gegend um St-Pol-de-Léon besonders groß werden.

Früher ernährte sich die bretonische Landbevölkerung vor allem von Hafer- und Buchweizenbrei. Buchweizen ist, entgegen seiner Bezeichnung, kein Getreide, sondern ein sehr nahrhaftes Knöterichgewächs. Heute übernehmen viele Crêperien in verfeinerter Form das Arme-Leute-Essen früherer Zeiten. Die raffiniert gefüllten Buchweizenpfannkuchen *(Galettes),* die wir heute als Delikatesse verzehren, wurden früher nur gebuttert gegessen. Die süßen Crêpes aus Weizenmehl gibt es erst seit weniger als 100 Jahren, weil das feine weiße Mehl früher ein teures Luxusgut war. Auf großen und runden Pfannen werden Crêpes und Galettes hauchdünn gebacken, mit salziger Butter bestrichen und süß oder salzig gefüllt serviert. Die entsprechenden Pfannen, die man auf den Elektro- oder Gasherd stellen kann, sind in Haushaltswarengeschäften u. a. in Quimper in der Nähe der Kathedrale zu bekommen.

Folgende Rezepte sollen als Anregung dienen, im Ferienhaus, auf dem Campingkocher oder später zu Hause bretonische Kochkunst auszuprobieren.

Galettes aus Buchweizenmehl

Für 12 hauchdünne Pfannkuchen braucht man:

350 g Buchweizenmehl *(Blé Noir)*
1 EL Weizenmehl
1 Ei
$\frac{1}{10}$ l Cidre
$\frac{1}{2}$ l Wasser
65 g zerlassene, leicht salzige Butter

Salz, Mehl, Ei, Cidre und Wasser verquirlen. Ist der Teig flüssig, zerlassene Butter hinzufügen und salzen. Der Teig soll mindestens ein bis zwei Stunden bei Zimmertemperatur ruhen. Eine flache runde Pfanne erhitzen und mit wenig Öl einfetten. Mit einer Suppenkelle die erste Portion Teig daraufgießen und mit einem Schaber schnell, gleichmäßig und sehr dünn verteilen. Wird der Teig auf der Pfannenseite braun, wendet man mit einem Spatel und buttert das Galette. Anschließend die vorbereitete Füllung verteilen, kurz mitbacken lassen, dann den Pfannkuchen zu einem Viereck zusammenklappen und servieren.

Vorschläge für Füllungen: Schinken, Käse, Ei, gebratene Champignons mit Zwiebeln und Petersilie, Meeresfrüchte, Tomaten mit Kräutern und Knoblauch.

Crêpes aus Weizenmehl

Für 12 hauchdünne Pfannkuchen braucht man:

220 g Weizenmehl
30 g Buchweizenmehl
1 Ei
75 g Zucker
$\frac{3}{8}$ l Milch

50 g zerlassene, leicht salzige Butter
1 kleines Glas Rum
1 Messerspitze Salz

Mehl, Ei, Zucker und Milch vermengen. Ist der Teig flüssig, vorsichtig die zerlassene Butter, den Rum und die Prise Salz dazugeben, backen wie die Galettes.

Vorschläge für Füllungen: verschiedene Konfitüren, Honig, Bananen, Mandelsplitter, Schokolade, Sahne.

Artischocken mit Vinaigrette-Sauce

Die Artischocken gründlich waschen, den Stiel abschneiden und die untersten Blätter entfernen. Die großen Artischockenköpfe müssen in Salzwasser mit etwas Zitrone mindestens 40 Minuten kochen. Die Garprobe ist einfach: Man zieht ein Blatt ab, löst es sich leicht, ist die Artischocke fertig. Während des Kochens die Vinaigrette zubereiten:
3 EL Essig
6 EL Öl (nach Geschmack Oliven- oder Sonnenblumenöl) Salz, frisch gemahlener Pfeffer
1 feingehackte Schalotte
2 EL feingehackte Kräuter (z. B. Petersilie, Schnittlauch, Basilikum, Kerbel, Estragon)

Essig und Öl sollten die gleiche Temperatur haben (am besten Zimmertemperatur), damit sie beim Vermischen nicht gerinnen. Zuerst Essig mit Salz und Pfeffer vermengen, dann das Öl vorsichtig mit dem Schneebesen einrühren. Schalottenwürfel und Kräuter dazugeben.

Die Artischocken können warm oder kalt gegessen werden. Man zupft ein Blatt ab, taucht den unteren Teil in die Vinaigrette-Sauce und streift das Fleisch des Blattes mit den Zähnen ab. Sind die Blätter zu Ende, schneidet man das ›Gras‹ auf dem Artischockenboden ab und legt damit das Beste, den Boden, frei. Ihn genießt man mit dem Rest der Sauce.

Far

Dieser Kuchen aus Weizenmehl wurde früher in der Bretagne auf Hochzeiten serviert. Man braucht zum Backen eine ovale oder rechteckige feuerfeste Form (für die angegebenen Zutaten etwa 30 cm lang und 20 cm breit).
3 Eier
80 g Zucker
125 g Weizenmehl
½ l Milch (Zimmertemperatur)
1 Prise Salz
40 g leicht salzige Butter
etwa 15 in Rum eingeweichte Backpflaumen

Eier, Zucker, Mehl verrühren, bis ein glatter Teig entsteht. Milch vorsichtig unterrühren, salzen und die eingeweichten Backpflaumen dazugeben. Die feuerfeste Form großzügig buttern, mit dem Teig füllen und im vorgeheizten Ofen bei 160 °C etwa eine Stunde backen (mittlere Schiene). Dann zehn Minuten bei 180–190 °C bräunen. Dabei geht der Far stark auf und sollte deshalb anschließend im warmen Ofen langsam abkühlen, damit er nicht zu schnell in sich zusammenfällt und unansehnlich wird. Far schmeckt lauwarm oder kalt zu Kaffee oder Cidre.

Wer alle Geheimnisse der französischen und insbesondere der bretonischen Speisekarten ergründen will, dem sei empfohlen, den Eßdolmetscher Frankreich (herausgegeben von der Zeitschrift essen & trinken) mitzunehmen.

Landkarten

Unerläßlich ist die Michelin **Straßenkarte** Nr. 230 ›Bretagne‹, 1:200000, die mit ihrer großen Genauigkeit bestens zum Start der

Wanderungen führt. Es empfiehlt sich, die Karte erst in Frankreich zu kaufen, da sie dort an jeder Tankstelle, in Zeitungs- und Buchläden zu haben ist und viel weniger kostet als in Deutschland.

Die besten **Wanderkarten** sind die blauen IGN-Karten 1:25000. In der Regel reichen die Karten im vorliegenden Buch aus, wer aber an weiteren Wanderzielen in der Bretagne interessiert ist, kann sich die IGN-Karten in Rennes (Maison de la Randonnée, Adresse s. S. 219 Wandern) oder jeweils im Gebiet in Buch- oder Schreibwarenläden kaufen. Wer Karten oder ein ausführliches Verzeichnis bestellen möchte, schreibe an das Institut Géographique National (IGN), 107, rue La Boétie, 75008 Paris, ✆ (0033) 1-42258790.

Stadtpläne von allen größeren Orten sind im grünen Michelin-Reiseführer ›Bretagne‹ zu finden. Auch viele Hinweise und Beschreibungen aller Orte mit Sehenswürdigkeiten enthält der Band. Er ist ebenso wie die Michelin-Straßenkarte in Frankreich erheblich billiger als in Deutschland.

Literatur

Wer sich literarisch auf die Bretagne einstimmen möchte, dem seien folgende Werke empfohlen:

Balzac, Honoré de: Die Königstreuen. Paris, 1829. (Roman über den royalistischen Aufstand in der Bretagne.)

Chateaubriand, François-René de: Erinnerungen von jenseits des Grabes. Paris, 1848. (Lebenserinnerungen des großen Literaten und Politikers aus St-Malo.)

Châteaubriant, Alphonse de: La Brière. Paris, 1923 (Dt.: Die Moorinsel. Heimatroman aus den südostbretonischen Sümpfen.)

Hugo, Victor: 1793. Paris, 1874. (Roman über den royalistischen Aufstand in der Bretagne.)

Loti, Pierre: Die Islandfischer. Paris, 1886. (Roman über die Liebe und das Meer.)

Renan, Ernest: Erinnerungen aus meiner Kindheit und Jugendzeit. Paris, 1883.

Sévigné, Madame de: Briefe. Troyes, 1725. (Über das gesellschaftliche Leben in der Bretagne.)

Zimmer Bradley, Marion: Die Nebel von Avalon. Frankfurt, 1983. (Roman über König Artus und seine Halbschwester Morgane.)

Museen

Hier sollen nicht alle Museen der Bretagne aufgezählt werden, sondern in einer Auswahl die wichtigsten Ausstellungen zur Megalithkultur, zur bretonischen Volkskunst und Malerei vorgestellt werden.

Zeugnisse der Megalithkultur

Carnac

Prähistorisches Museum Miln – Le Rouzic
10, Place de la Chapelle, ✆ 97-522204
Öffnungszeiten: Juli/August: täglich bis auf Di 10–12, 14–18.30 Uhr
Juni/September: täglich bis auf Di 10–12, 14–18 Uhr
Oktober–Mai: tägl. bis auf Di 10–12, 14–17 Uhr
Zu sehen sind kulturelle Überreste aus der Stein-, Bronze- und Eisenzeit, die in didaktisch hervorragender Aufmachung dargeboten werden.

Vannes
Archäologisches Museum im Château Gaillard
Öffnungszeiten: 9.30–12 und 14–18 Uhr, an Sonn- und Feiertagen geschlossen.
Sehenswert sind die polierten Beile und Halsketten aus der Megalithzeit.

St-Guénolé/Penmarch
Prähistorisches Museum des Finistère
Öffnungszeiten: In der Saison von Juni bis September von 10–12 und 14–18 Uhr, dienstags geschlossen.
Ausstellung der wichtigsten Funde der regionalen Vor- und Frühgeschichte. Vor dem Gebäude stehen Megalithgräber und keltische Grabstelen.

Bretonische Volkskunst

Rennes
Heimatmuseum (Musée de Bretagne)
20, Quai Emile Zola, ✆ 99–285585
Öffnungszeiten: 10–12 und 14–18 Uhr, dienstags und an Feiertagen geschlossen.
Das Museum bietet einen Überblick über Natur, Land und Geschichte der Bretagne, Trachten, Möbel und Werkzeuge aus dem 18.–20. Jh.

Quimper
Heimatmuseum (Musée Départemental Breton) neben der Kathedrale im alten Bischofspalast
Öffnungszeiten: 10–12 und 14–18 Uhr, dienstags und an Feiertagen geschlossen.
Hier sind holzgeschnitzte bretonische Heilige, Möbel, Trachten und Fayencen ausgestellt.

Pont l'Abbé
Heimatmuseum (Musée Bigouden) im Schloß
✆ 98–872444
Öffnungszeiten: Nur in der Saison vom 1. Juni bis 30. September: 9–11.15 und 14–17.45 Uhr, sonntags geschlossen.
Zu sehen sind Trachten und Möbel aus dem Bigoudenland.

Nantes
Heimatmuseum (Musée d'Art Populaire Régional) im Herzogsschloß
Öffnungszeiten: 10–12 und 14–18 Uhr, dienstags und an Feiertagen außer im Juli und August geschlossen.
Ausgestellt sind Trachten (besonders interessant ist die berühmte Haubensammlung), Schrankbetten, Truhen, Zimmer aus der Vendée und von der Halbinsel Guérande, Keramik.

Malerei

Rennes
Museum der schönen Künste (Musée des Beaux Arts)
20, Quai Emile Zola, ✆ 99–285585
Öffnungszeiten: 10–12 und 14–18 Uhr, dienstags und an Feiertagen geschlossen.
Neben italienischen, flämischen und französischen Meistern des 14.–18. Jh. sind auch die französischen Impressionisten (Jongkind, Boudin, Sisley) und die bretonische Schule von Pont-Aven (Emile Bernard, Gauguin, Sérusier) vertreten. Auch Picasso und Utrillo gehören zum reichen Bestand des Museums.

Quimper
Museum der schönen Künste (Musée des Beaux Arts) im ersten Stock des Rathauses nördlich der Kathedrale
Öffnungszeiten: 10–12 und 14–18 Uhr, dienstags und an Feiertagen geschlossen.
Neben den alten Meistern ist den Malern der Schule von Pont-Aven viel Platz gewidmet (Emile Bernard, Sérusier, du Haan). Andere Werke zum Thema Bretagne behandeln z. B. die Flucht des Königs Gradlon aus der untergehenden Stadt Ys.

Pont-Aven
Stadtmuseum (Musée municipal de Pont-Aven)
Place de l'Hotel de Ville, ✆ 98–061443
Öffnungszeiten: nur in der Saison vom 30. 3.–30. 11.: von 10–12.30 und 14–19 Uhr.
Das 1985 gegründete Museum widmet sich der Schule von Pont-Aven und zeigt jedes Jahr zwei bis drei verschiedene Ausstellungen. Ein Dokumentationszentrum versucht, die berühmte Malschule von Pont-Aven verständlich zu machen.

Öffnungszeiten

In Frankreich gibt es keine festen **Ladenschlußzeiten.** In der Regel öffnen die Geschäfte jedoch um 9 Uhr (Bäckerläden und kleine Lebensmittelgeschäfte schon um 7 oder 8 Uhr), schließen mittags um 12.30 und öffnen am Nachmittag wieder von 14 bis 18 oder 19 Uhr. Am Samstag haben alle Geschäfte bis abends geöffnet, viele Bäcker- und Lebensmittelläden sogar am Sonntag vormittag. Dafür ist am Montag vormittag fast alles geschlossen. Sogar einige der großen ›Hypermarchés‹ an den Stadträndern lassen ihre Läden am Montag geschlossen. An anderen Tagen der Woche kann man dort bis 21 oder gar 22 Uhr nach Herzenslust einkaufen.

Die **Banken** haben ebenfalls keine allgemeinen Öffnungszeiten. In der Regel ist vormittags bis 12 Uhr offen, am Nachmittag von 14–17 Uhr. Manche Banken schließen samstags. Ist dies nicht der Fall, sind sie mit Sicherheit montags geschlossen.

Museen haben fast immer von 12–14 Uhr Mittagspause. Einmal pro Woche, meist dienstags, manchmal auch sonntags sind die Museen ganztags geschlossen.

Kirchen sind ebenfalls oft über Mittag geschlossen. Während der Gottesdienste am Samstag und Sonntag erscheint es unhöflich, in der Kirche herumzuwandern und zu photographieren.

Post und Telefon

Eine Ansichtskarte nach Deutschland mußte 1988 mit 2,10 Francs frankiert werden, ein Brief mit 2,20 Francs. Briefmarken sind bei Postämtern (PTT) und in Tabakgeschäften zu bekommen.

Telefonate ins Ausland sind von der Telefonzelle, vom Hotelzimmer oder vom Telegraphenamt aus möglich.

Vorwahl für Deutschland: 1949, für Österreich: 1943, für die Schweiz: 1941. Bei der Vorwahl der Stadt ist stets die Null wegzulassen. Nach 21.00 Uhr sind Auslandsgespräche billiger. Häufig findet man Telefonzellen, die nur mit Magnetkarte (Telecarte) funktionieren. Diese sind in Tabakgeschäften erhältlich und sehr praktisch.

Reisezeit

Wandern kann man in der Bretagne wegen des milden Klimas das ganze Jahr über. Außerhalb der Saison von Oktober bis Mai, sind viele Hotels und fast alle Campingplätze geschlossen. Ferienhäuser und Ferienwohnungen können dagegen das ganze Jahr über gemietet werden und kosten in der Vor- und Nachsaison manchmal nur ⅓ vom Hauptsaisonpreis. Auch die ganzjährig geöffneten Hotels sind in dieser Zeit billiger

(Öffnungszeiten sind in jedem Hotelverzeichnis zu finden). Baden kann man bei schönem Wetter nur von Juni bis Oktober; vorher und nachher sinken die Wassertemperaturen unter 15 °C.

Für die Hauptsaison im Juli und August sollte man Hotels und Ferienhäuser rechtzeitig buchen, da zu dieser Zeit in Frankreich Ferienzeit und daher alles überlaufen ist.

Die idealen Reisemonate mit angenehmen Temperaturen und wenigen Touristen sind die Monate Juni, September und Oktober. Wer ausgefallene Stimmungen liebt, sollte den milden bretonischen Winter mit dem blühenden Ginster und dem tosenden Meer nicht versäumen.

Souvenirs

Gehäkelte Spitzen aus dem Finistère
Erzeugnisse aus den Werkstätten von Locronan (Glasbläserei, Töpfereien, Silberschmiede und Leinenweber)
Schallplatten und Musikkassetten mit bretonischer Folklore (ein Geschäft mit großer Auswahl gibt es in Quimper an der Place au Beurre)
Fayencen aus Quimper
Crêpepfanne, Schaber und Spatel aus Quimper
Keramik aus Dinan (interessant sind beispielsweise Behälter zum Aufbewahren von feuchtem Meersalz)
Meersalz und eingelegter Queller von der Halbinsel Guérande
Buttergebäck aus dem Bigoudenland, aus Pont-Aven und Quimper (die süßen Plätzchen, die mit salziger Butter gebacken werden, schmecken vorzüglich)
Pommeau (Apéritif aus Apfelsaft und Apfelschnaps)
Wein aus dem Muscadetweinbaugebiet (direkt aus der Kellerei und erst am Ende der Reise kaufen)

Thalassotherapie

Die Meeresheilkunde wird inzwischen in sieben Orten der Bretagne in großen Kurkliniken angewandt. In St-Malo (Paramé), Perros-Guirec, Roscoff, Tréboul-Douarnenez, Benodet, Carnac und Quiberon kann man Arthrosen, Rheuma und Erschöpfungszustände mit Meerwasser behandeln lassen. Auskünfte erteilen die französischen Fremdenverkehrsämter in Frankfurt, Wien und Zürich.

Unterkünfte

Hotels: Ein Hotelverzeichnis ›Bretagne‹ einschließlich des Départements Loire-Atlantique wird jedes Jahr neu aufgelegt und gratis vom französischen Fremdenverkehrsamt verschickt. In der Broschüre sind alle klassifizierten Hotels mit Telefon, Öffnungszeiten, Anzahl der Zimmer und Preisen angegeben.

Interessant ist der Hotelführer der *Logis et Auberges de France,* der ebenfalls von den Fremdenverkehrsämtern verteilt wird. Die kleinen und mittleren Familienbetriebe liegen meist außerhalb der größeren Städte, entweder auf dem flachen Land oder in Dörfern und Kleinstädten. Die Zimmerpreise in diesen Ein- oder Zwei-Sternehotels liegen zwischen 60 und 300 Francs. Die Restaurants der ›Logis et Auberges de France‹ sind gemütlich. Oft erstaunlich gut und preiswert ist die einfallsreiche regionale Küche. Menus sind von 40 bis 300 Francs zu haben.

Campingplätze: Die meisten Campingplätze liegen an der Küste, im Landesinneren sind in den letzten Jahren viele neue Anlagen dazugekommen. Ein Verzeichnis aller Campingplätze der Bretagne mit dem Département Loire-Atlantique wird jedes Jahr neu aufgelegt und gratis vom französischen Fremdenverkehrsamt verschickt. Angegeben sind Klassifikationen, Telefonnummern, Öffnungszeiten und die Anzahl der Stellplätze.

Ferienwohnungen und Ferienhäuser: Ein Verzeichnis der bretonischen Agenturen, die Wohnungen und Häuser vermieten *(Agences de Location),* verschicken die französischen Fremdenverkehrsbüros. Die darin verzeichneten Agenturen senden auf Anfrage ihre Angebote. Die bretonischen Fremdenverkehrsämter der Départements (Comité Départemental du Tourisme) in Rennes, St-Brieuc, Quimper, Vannes und Nantes (s. S. 210) verschicken ebenfalls Angebote für Ferienwohnungen und Ferienhäuser *(Loisirs Accueil).* Außerdem bieten viele große deutsche Reiseveranstalter (z. B. Scharnow, DER, ADAC) und die Frankreichspezialisten wie ›France Reisen‹ eine große Auswahl von Ferienhäusern in der Bretagne an.

Gîtes Ruraux: Diese Form des Urlaubs auf dem Lande ist hauptsächlich im Landesinnern der Bretagne möglich. Einige Bauern haben kleine Häuschen zur Verfügung gestellt, die sehr preiswert wochen- oder monatsweise gemietet werden können. Informationen und den Katalog der ›Gîtes Ruraux‹ verschickt:

Gîtes de France
Sachsenhäuser Landwehrweg 108
6000 Frankfurt/Main 70
✆ 069–683599

Gästezimmer *(Chambres d'Hôte):* Die private Vermietung von Gästezimmern wird in Frankreich immer populärer. Wie bei den *Gîtes* Ruraux findet man die Tafeln ›Chambres d'Hôte‹ häufig im Landesinneren. Die preiswerte Übernachtung mit Frühstück ermöglicht nebenbei auch, in guten Kontakt zur bretonischen Landbevölkerung zu kommen.

Veranstaltungskalender

In einer Auswahl hier die wichtigsten Wallfahrten, Musik- und Volksfeste der Bretagne:

3. Sonntag im Mai: Pardon des Heiligen Yves in Tréguier

1. Sonntag nach Pfingsten: Pardon in Rumengol

Letzter Sonntag im Juli: Pardon der Heiligen Barbara in Le Faouët

2. Sonntag im Juli: Große und kleine Troménie in Locronan (Große Troménie alle sechs Jahre: 1995, 2001)

3. Sonntag im Juli: Erdbeerfest in Plougastel-Daoulas

4. Sonntag im Juli und vorangehende Woche: Festival der Cornouaille in Quimper

26. Juli: Großer Pardon in Ste-Anne d'Auray

1. Sonntag im August und die beiden Tage vorher: Dudelsackfestspiele in Brest

1. Sonntag im August: Pardon von Notre-Dame-de-Pénéty in Peresquen

1. Sonntag im August: Fest der Ginsterblüten in Pont-Aven

1. Augusthälfte: Interkeltisches Festival in Lorient

15. August: Festival du Ménez-Hom in Plomodiern

15. August: Fest der Brière in Ile de Fédrun

15. August: Pardon von Notre-Dame-de-la-Clarté in Perros-Guirec

Vorletzter Sonntag im August und die Abende der Woche davor: Fest der blauen Fischernetze in Concarneau

Letzter Samstag und Sonntag im August und der folgende Dienstag: Großer Pardon in Ste-Anne-la-Palud

1. oder 2. Sonntag im September: Großer Pardon in Le Folgoët
8. September: Pardon der Notre-Dame-du-Roncier in Josselin
2. Sonntag im September: Pardon von St-Cornély in Carnac
4. Dezember: Pardon der Heiligen Barbara in Le Faouët

Weitere Veranstaltungshinweise sind in der bretonischen Zeitschrift Armor-Magazine zu finden.

Wandern

Auskünfte über Wanderwege, Wanderführer, Karten und Unterkünfte für Wanderer erteilen in

Paris:
Maison de la Randonnée
10, rue des Feuillantines
75005 Paris
✆ (0033) 1–43250979

in der **Bretagne:**
Maison de la Randonnée
ABRI (Association Bretonne des Relais et Itinéraires)
9, rue des Portes Mordelaises
35000 Rennes
✆ 99–315944 (Mo–Sa 9–19 Uhr geöffnet)

Bei ABRI in Rennes kann man alle blauen IGN-Karten (1:25000) der Bretagne erstehen. Außerdem gibt es hier auch die *Topo Guides des Sentiers de Grande Randonnée* (Führer der Fernwanderwege durch die Bretagne).

Folgende rot-weiß markierte Fernwanderwege sind in eigenen Führern beschrieben:

GR 34: Mont-Saint-Michel – St-Brieuc (280 km)
GR 34: St-Brieuc – Morlaix (460 km)
GR 34-37-39: Tour des Chouans (um Fougères und Vitré) (300 km)
GR 34-34D-380: Tour du Trégor Morlaisien
GR 341: Pontivy – Paimpol
GR 37: Vitré – Plélan-le-Grand (175 km)
GR 37-347: Argoat: Montfort-sur-Meu – Carhaix (285 km)
GR 37: Guerlédan – Huelgoat – Douarnenez
GR 38: Baud – Gourin – Rostrenen; Variante: Plouay – Le Pouldu
GR 39: Vallée de la Vilaine: Rennes – Redon – Guérande
GR 380: Tour des Monts d'Arrée et des Enclos Paroissiaux (226 km)
GR de pays: Tour du Pays Gallo (Côtes-du-Nord)

In Vorbereitung: Tour de Brocéliande und Tour des Montagnes Noires

Wer auf diesen Wegen wandern möchte, muß mit Gepäck gehen, da die Routen keine Rundwanderungen sind. Hotels liegen nicht immer am Weg, besonders im Landesinneren gibt es in vielen Orten keine Unterkunftsmöglichkeiten. Das Problem ist zu lösen, indem man entweder ein kleines Zelt mitnimmt oder in den Unterkünften für Wanderer *(Gîtes d'Étape)* übernachtet. In den Führern *(Topo Guides)* sind nicht nur der Weg und die Landschaft beschrieben, es wird auch bei jedem Ort auf Restaurants, Unterkunftsmöglichkeiten und den eventuellen Anschluß ans öffentliche Verkehrsnetz hingewiesen. Einige der im vorliegenden Buch beschriebenen Wanderwege sind Teilabschnitte der Fernwanderwege ›Grande Randonnée‹ (GR).

Weinbau im Nantais

Muscadet, Gros Plant und Gamay

Das Pays Nantais nennt man auch den ›Weingarten der Bretagne‹. Hier ist der Muscadet zu Hause. Früher gab es in vielen bretonischen Gemeinden Weinbau, da der Wein für die Messe benötigt wurde. Die Ergebnisse waren jedoch aufgrund der nicht ausgereiften Trauben meist sehr unbefriedigend, so daß sich der bretonische Weinbau nach und nach auf das Gebiet um Nantes beschränkte. Hier sind die Böden leicht und steinig, das Klima ist mild. Die schwankenden Temperaturen im Sommer sind allerdings für die von Jahr zu Jahr unterschiedliche Qualität der Weine verantwortlich.

Für den Muscadet wurde die Anbaufläche in den letzten 25 Jahren fast verdoppelt. Der Wein, noch im 19. Jh. nur im Anbaugebiet getrunken, wurde um die Jahrhundertwende von Badeurlaubern aus La Baule und Le Croisic als Spezialität entdeckt und nach Paris gebracht. Bis zum Zweiten Weltkrieg war der Muscadet dann in ganz Frankreich zu einem Begriff geworden und ist seit den 60er Jahren auf dem Siegeszug durch die ganze Welt. Heute wird etwa ¼ der Produktion exportiert; dabei stammen die Kunden nicht nur aus Ländern der EG, sondern reichen bis nach Kalifornien, Japan, Neuseeland und Australien. 1984 hatte der Muscadet, verglichen mit den anderen französischen Weinen die höchsten Zuwachsraten im Export, was sicherlich auch auf das günstige Verhältnis von Preis und Qualität zurückzuführen ist. Unter den A.C.-Weinen ist der Muscadet, gemessen an seiner Qualität, einer der preiswerten Weine.

Wie in allen Bereichen der modernen Landwirtschaft hat auch der Weinbau um Nantes in den letzten drei Jahrzehnten viele Neuerungen und Verbesserungen erlebt. Bis zum Zweiten Weltkrieg besaß ein Bauer im Durchschnitt etwa 4–5 ha, die er in Mischwirtschaft nutzte. Ackerland, Weinberge und Wiesen wechselten sich ab, in den Ställen standen die Rinder, Schweine und Hühner. Erst in den 60er Jahren verschwand diese Wirtschaftsform; man spezialisierte sich ausschließlich auf den Weinbau. Heute bewirtschaftet ein Bauer, häufig auf Pachtbasis, im Durchschnitt etwa 10 ha.

Beim Weinbau und bei der Verarbeitung werden heute moderne Maschinen eingesetzt. Die Presse (Kelter) ist ein horizontal gelagerter, rotierender Behälter, in dem zwei Preßdeckel auf einer sich drehenden Spindel zusammengeführt werden, um die Trauben zu pressen. Die Maschine läuft vollautomatisch mit mehreren Programmen. Die alten Eichenholzfässer haben fast überall ausgedient, da der Wein zur Gärung heute in Tanks aus Edelstahl lagert.

Jüngeren Datums ist die teilweise Einführung der Pflückmaschine, die seit 1970 in Frankreich im Einsatz ist, aber erst im Jahre 1979 im Muscadet-Gebiet Einzug hielt. Der Grund für die langsame Einführung der Pflückmaschine ist darin zu finden, daß die erste Generation der Maschinen für die Muscadet-Weinberge nicht geeignet war, da die Reben zu eng beieinander standen. Darüber hinaus entwickelt sich durch die Beschädigung der maschinell gepflückten Trauben der Wein schneller, altert also auch früher. Da der Muscadet nur sehr jung seinen spritzigen Charakter behält – die wenige Säure wird bald abgebaut –, sucht man nun nach Methoden zur Konservierung des Weines, um schließlich doch die Pflückmaschine im großen Maße einsetzen zu können. Die meisten Bauern arbeiten heute bei der Weinlese immer noch mit Studenten und Arbeitslosen, die gratis untergebracht und verköstigt werden, und in der Stunde etwa 30 FF verdienen.

Eine Besonderheit bei Muscadet und Gros Plant ist die Zusatzbezeichnung *Sur lie*, das bedeutet, daß der Wein direkt von der Bodenhefe, das heißt vom Weingärungssatz, abgefüllt wird. Zwar muß der Most, wie bei allen anderen Weinen auch, einen Tag nach der Pressung abgeschlämmt werden, indem der geklärte Saft über dem niedergegangenen Bodensatz abgezogen wird. Bei der Gärung bildet sich jedoch ein neuer Bodensatz aus abgestorbenen Hefeteilchen, den Mikroorganismen. Diese bleiben bis zur Abfüllung im April oder Mai im Faß, was dem Wein, aufgrund der verbliebenen Kohlensäure, einen prickelnden schwachen Hefegeschmack verleiht.

Weine des Nantais

Alle Weine des 12600 ha großen Gebietes sind klassifiziert, entweder als A.C.- oder als V.D.Q.S.-Weine.

Muscadet: Die weiße Muscadet-Rebe ist identisch mit der Melon de Bourgogne, die in Burgund selbst kaum mehr vorkommt. Seit dem 17. Jh. und verstärkt seit 1709, als ein verheerender Frost alle anderen kälteempfindlichen Sorten zerstörte, wird diese Rebe hier angebaut. Auf 9400 ha werden im Schnitt 350000 hl Wein produziert. Es gibt drei Sorten, die seit 1936 alle mit der begehrten Appellation Contrôlée versehen sind:

a) Muscadet de Sèvre et Maine A.C. ist der beste unter ihnen und hat mit 85% der Produktion auf 8530 ha den größten Anteil. Das Gebiet liegt im Bereich der beiden Flüsse Sèvre und Maine südöstlich von Nantes.
b) Muscadet des Côteaux de la Loire A.C.: Auf 450 ha östlich von Nantes.
c) Muscadet A.C.: Auf 820 ha vor allem südlich und südwestlich von Nantes.

Muscadetweine sind vollblumige, trockene Weißweine, leicht, spritzig und fruchtig, enthalten wenig Säure und sind blaßgelb. Sie passen ideal zu Fischgerichten und Meeresfrüchten sollten jung getrunken werden, und bei 6–8,5° serviert werden.

Gros Plant: Die Gros Plant-Rebe ist identisch mit der Folle Blanche, dem ›Ackergaul unter den Reben‹. Die traditionelle Cognactraube aus der Charente wird seit dem 16. Jh. um Nantes herum angebaut und steht heute bei den weißen Trauben in Frankreich an dritter Stelle (nach Semillon und Ugni Blanc). Seit 1955 ist der Gros Plant als V.D.Q.S. klassifiziert und wird heute vor allem südlich der Loire im gesamten Weinbaugebiet des Nantais angebaut. Auf 2400 ha werden im Durchschnitt 80000 hl im Jahr produziert. Der Säuregehalt ist hoch, das Aroma gering, aber er ist frisch, leicht und trocken, manchmal auch hart und eignet sich besonders gut zu Muschelgerichten; bei 4–6° schmeckt er am besten.

Coteau d'Ancenis Gamay: Auch dieser Wein, der nordöstlich von Nantes wächst, besitzt seit 1955 die V.D.Q.S.-Klassifikation. Die rote Gamay-Rebe, die mit der klassischen Beaujolais-Rebe identisch ist, wird auf 2000 ha angebaut. Im Schnitt werden 8000 hl im Jahr produziert. Der trockene, leichte und fruchtige Rosé- oder Rotwein paßt gut zu Vorspeisen, Aufschnitt und Fleisch. Er kann leicht gekühlt, aber auch zimmerwarm getrunken werden.

Klassifikation und Kontrolle der französischen Weine

Appellation d'Origine Contrôlée (A.C. oder A.O.C.): Diese Klassifikation gibt es seit 1935. Den A.C.-Weinen wird ein genau abgegrenztes Anbaugebiet, die Rebsorte, der Mindestzuckergehalt des Mostes und die Pflanzungsdichte der Reben vorgeschrieben. Der Hektarertrag ist beschränkt (bei unterschiedlichen A.C.-Weinen zwischen 25 und 50 hl/ha), da die Qualität bei steigenden Erträgen pro Weinstock und Hektar sinkt.

Zwei Monate nach der Lese wird der Wein von einer Expertenkommission untersucht und probiert. In Frankreich hat nicht jede Appellation Contrôlée die gleiche Qualität, es gibt unterschiedliche Bewertungen; so werden zum Beispiel die berühmten Lagen in Burgund strenger bewertet als ein Côtes-du-Rhône oder ein Muscadet. Dennoch ist mit der A. C.-Klassifikation eine Mindestqualität garantiert. In Frankreich sind von 71 Mio. Hektolitern Wein im Jahr 22,5% A. C.-Weine.

Vin Délimité de Qualité Supérieure (V.D.Q.S.): 1955 entstand diese Klassifikation aufgrund einer Privatinitiative südfranzösischer Winzer. Auch hier werden Anbaugebiet, Rebsorten und Hektarerträge (etwas höher als bei den A.C.-Weinen) vorgeschrieben. Eine Expertenkommission analysiert und probiert die V.D.Q.S.-Weine, die heute als eine Vorstufe zu den A.C.-Weinen angesehen werden.

Zollbestimmungen

Bei der Rückreise nach Deutschland sind folgende Zollbestimmungen zu beachten, die allerdings 1992 nach Eröffnung des zollfreien EG-Binnenmarktes hinfällig werden: 1,5 l Spirituosen über 22° Alkoholgehalt oder 3 l Spirituosen unter 22° Alkoholgehalt oder 3 l Schaumwein und 5 l sonstigen Wein. 300 Zigaretten oder 150 Zigarillos oder 75 g Zigarren oder 400 g Tabak. 1000 g Kaffee oder 400 g Kaffeeauszüge, 200 g Tee oder 60 g Teeauszüge.

Raum für Reisenotizen

Raum für Reisenotizen

Literatur

Ashe, Geoffrey: König Arthur und die Entdeckung von Avalon. Düsseldorf, 1986

Bouessel, du Bourg, Yann u. a.: La Bretagne, Paris 1982

Boutin, Emile und MarcGuitteny: Le sel Breton, Monaco 1987

Bretagne 2000, Hg.: Fanch Elegoet, Brest 1982

Concini, Wolftraud de: Bretagne, Normandie, Olten 1983

Dilasser, Maurice: Treffpunkt Locronan, Rennes 1982

Dodt, Jürgen: Die Bretagne, eine landeskundliche Skizze, in: Bochumer Geographische Arbeiten, Heft 7, Paderborn 1970

Dodt, Jürgen: Neuere Strukturwandlungen in der Landwirtschaft der Bretagne, in: Zeitschrift für Agrargeographie, Jg. 2, Heft 3, 1984, S. 220–255

Eggs, Ekkehard: Die Bretonen, in: Handbuch der europäischen Regionalbewegungen, Frankfurt 1980

Les éleveurs de pré-salés en baie du Mont-Saint-Michel, in: ArMen Nr. 14, 1988, S. 2–13

Eßdolmetscher Frankreich, Hg.: Zeitschrift essen & trinken. München, 1985

Flatrès, Pierre: La Bretagne, Paris 1986

Flatrès, Pierre: La deuxième ›Révolution agricole‹ en Finistère, in: Etudes Rurales 8, 1963, S. 5–55

Gierloff-Emden, H. G.: Geographische Exkursion: Bretagne und Nord-Vendée, Münchner Geographische Abhandlungen, Band 24, 1981

Grüner Führer: Bretagne. Michelin, 1986

Hülle, Werner: Steinmale der Bretagne, Ludwigsburg 1979

Johnson, Hugh: Der große Weinatlas, Bern 1987

Keller, Hiltgart: Reclams Lexikon der Heiligen und biblischen Gestalten, Stuttgart 1979

Korringa, R.: Farming the flat oysters of the genus ostrea, Amsterdam 1976

Labbé, Yves: Les hommes du Muscadet, in: ArMen Nr. 1, Feb. 1986, S. 4–19

Laurent, Donatien: La troménie de Locronan. Actualité d'un pèlerinage millénaire, in: ArMen Nr. 9, Juni 1987, S. 16–39

Leprohon, Pierre: Paul Gauguin en Bretagne, in: ArMen Nr. 3, Juni 1986, S. 69–82

Le Roux, Charles-Tanguy: Gavrinis. Art et Architecture au Néolitique, in: ArMen Nr. 10, Aug. 1987, S. 36–55

Liehr, Günter: Frankreich. Ein Reisebuch in den Alltag, Hamburg 1986

Oppens, Edith: Die Bretagne, München 1986

Ovazza, Maud: La forêt de Brocéliande. Rennes 1986

Perrin-Chattard, B. und J.-P.: Die besten bretonischen Rezepte, La Guerche-de-Bretagne 1980

Pletsch, Alfred: Frankreich. Stuttgart, 1987 (Klett Länderprofile.)

Reden, Sibylle von: Die Megalith-Kulturen. Köln, 1982

Rother, Frank und Almut: Die Bretagne. Im Land der Dolmen, Menhire und Calvaires. Köln 1984

Rouxel, Abbé: L'Eglise de Tréhorenteuc, Josselin 1987

Schreiber, Hermann: Bretagne, München 1978

Tableaux de l'Economie Bretonne; Hg.: INSEE (Institut National de la Statistique et des Etudes Economiques Direction Regionale de Rennes) 1987

Tanguy, Pierre: De la fraise au bégonia, in: ArMen Nr. 10, Aug. 1987, S. 2–21

Theißen, Ulrich: Frühgemüse aus der Bretagne; in: Geographie im Unterricht, 9. Jg., Nr. 2, S. 41–48, Köln 1984

Waquet, Henri: Histoire de la Bretagne, Paris 1980

Würmli, Marcus: Alle Weine Frankreichs, München 1983

Abbildungsnachweis

Farb- und Schwarzweiß-Abbildungen

Michael Bengel, Köln Schwarzweißabb. S. 57, 82, 84, 152

Max Grönert, Köln Farbabb. Nr. 11, 12; Schwarzweißabb. S. 20, 30, 34, 54, 56, 63, 74, 131, 162, 174, 181, 195

Joachim Kopp, Frankfurt Farbabb. Nr. 1, 4, 6, 7, 10, 14, 15

Karin Lucke, Ottobrunn Schwarzweißabb. S. 11, 26, 28, 67, 71, 88, 119, 138, 148, 158, 167, 187, 196

Renate Moßner, Nürnberg Schwarzweißabb. S. 11, 128, 170, 200

Werner Richner, Saarlouis Umschlagvorder- und Rückseite, Farbabb. Nr. 2, 8, 9

Werner Stuhler, Hergenweiler Schwarzweißabb. S. 36, 37, 76, 93, 94, 125, 134

Hugo Walser, Bayreuth Farbabb. Nr. 3, 5, 13; Schwarzweißabb. S. 2, 35, 51, 144, 158

Klas Winter, Bestwig Schwarzweißabb. S. 24, 43, 46, 59, 160

Die Abbildungen auf Seite 182 wurden mit freundlicher Genehmigung des Magazins ArMen und des Autors Charles-Tanguy Le Roux aus seinem Artikel ›Gavrinis, Art et Architecture au Néolitique‹ in ArMen Nr. 10, August 1987, S. 36–55 entnommen.
Die Abbildungen auf Seite 156 und 205 stammen aus dem Archiv des Verlags.
Karten: DuMont Buchverlag, Köln und Anette Bisanz

Register

Ortsregister

Personenregister

Die Bretagne

Das ›savoir-vivre‹ einer französischen Provinz

Von Pierre Deux. Mit Textbeiträgen von Linda Dannenberg, Pierre Levec und Pierre Moulin. Fotos von Guy Bouchet. 246 Seiten mit 441 farbigen und 25 einfarbigen Fotos, Leinen mit Schutzumschlag

»Dieser Band geht weiter als übliche Reiseführer. Die Autoren versuchen, den Charakter dieser faszinierenden Landschaft nicht allein durch ihre Panoramen und Sehenswürdigkeiten zu reflektieren, sondern gestatten sich intimere Einblicke in die Privatsphäre der Menschen von einst und heute. Da gibt es natürlich Mont St. Michel und St. Michel und St. Malo, natürlich die wildromantischen Klippen und die malerischen Häfen. Aber da gibt es auch den Blick in ein gutbürgerliches Arbeitszimmer, in eine rustikal eingerichtete Küche oder auf einen ganz normalen Wochenmarkt. Verbunden damit ist auch eine Exkursion zu den kulinarischen ›spécialités bretonnes‹ oder zu den Legenden der Kelten. So wird einem vielseitig interessierten Leser ein facettenreiches Bild geboten.«

Goslarsche Zeitung

»Richtig reisen«

- Ägypten
- Kairo
- Sinai und Rotes Meer
- Algerische Sahara
- Arabische Halbinsel
- Bahamas

Belgien
- Belgien mit dem Rad

Bundesrepublik Deutschland
- Berlin
- München
- China
- Cuba
- Dänemark
- Bornholm
- Ferner Osten
- Finnland

Frankreich
- »Richtig wandern«: Bretagne
- »Richtig wandern«: Burgund
- Elsaß
- Korsika
- Paris
- Griechenland
- Kreta
- »Richtig wandern«: Kykladen
- »Richtig wandern«: Nordgriechenland
- »Richtig wandern«: Rhodos
- Großbritannien
- London
- »Richtig wandern«: Nord-England
- »Richtig wandern«: Schottland
- Guadeloupe · Martinique
- Holland
- Amsterdam
- Hongkong mit Macau und Kanton

Indien
- Nord-Indien
- Süd-Indien
- Indonesien
- Von Bangkok nach Bali
- Irland
- Italien
- Friaul – Triest – Venetien
- Neapel
- Oberitalien
- Rom
- Sizilien
- Süditalien
- »Richtig wandern«: Südtirol
- Toscana
- »Richtig wandern«: Toscana und Latium
- Venedig
- Jamaica
- Kanada und Alaska
- Ost-Kanada
- West-Kanada und Alaska

Luxemburg
- Belgien und Luxemburg
- Madagaskar – Komoren
- Malediven
- Marokko
- Mauritius
- Mexiko
- Nepal
- Neuseeland
- Norwegen

Österreich
- Graz und die Steiermark
- Wien
- Ostafrika
- Philippinen
- Portugal
- Réunion
- Schweden
- Die Schweiz und ihre Städte
- Seychellen

Sowjetunion
- Moskau
- Spanien
- Andalusien
- Gran Canaria
- Ibiza/Formentera
- Lanzarote
- Madrid und Kastilien
- »Richtig wandern«: Mallorca
- Teneriffa

Südamerika
- Argentinien – Chile – Paraguay – Uruguay
- Peru und Bolivien
- Venezuela, Kolumbien und Ecuador
- Thailand
- Von Bangkok nach Bali
- Türkei
- Istanbul
- Tunesien

USA
- Florida
- Hawaii und Südsee
- Kalifornien
- Los Angeles
- Neu-England
- New Orleans und die Südstaaten
- New York
- Texas
- Südwesten – USA
- Zentralamerika
- Zypern